I0191719

LE CÔTÉ CACHÉ DES CHOSES
I

UNICURSAL

Copyright © 2018

Éditions Unicursal Publishers
www.unicursalpub.com

ISBN 978-2-924859-35-3

Première Édition, Imbolg 2018

Tous droits réservés pour tous les pays.

C. W. LEADBEATER

LE CÔTÉ CACHÉ DES CHOSES

TOME I

Classiques Théosophiques

UNICURSAL

AVANT-PROPOS [1]

J'ai conçu ce livre et je l'ai écrit au cours des dix ou douze dernières années, mais ce n'est qu'à présent qu'il m'est possible de le publier. Par ce délai, il n'a rien perdu, car un étudiant de l'occulte ne cesse jamais d'apprendre. Dans différentes directions, je sais beaucoup plus maintenant qu'il y a douze ans, tout en voyant plus nettement que jamais quel champ de connaissances infiniment plus vaste il nous reste encore à conquérir.

Beaucoup de questions que j'ai traitées ici ont paru dans *The Theosophist* et dans d'autres publications sous forme d'articles, lesquels ont tous été revus et considérablement augmentés. Je crois que cet ouvrage pourra aider quelques-uns de nos frères à apprécier l'importance de cette portion beaucoup plus considérable de la vie qui se trouve au-delà de la portée de notre vie physique, et à comprendre ce que le Seigneur Bouddha lui-même nous a enseigné :

Les choses invisibles sont les plus nombreuses.

C. W. LEADBEATER.

---

1   Préface de la 2e édition anglaise, Adyar 1919. (NDT)

PREMIÈRE SECTION

CHAPITRE PREMIER

L'OCCULTISME

Le mot "occultisme" est un de ces termes dont on a très mal compris le sens. Dans l'esprit de l'ignorant il était tout récemment encore synonyme de magie, et ses adeptes étaient supposés pratiquer la magie noire, revêtus d'amples robes rouges couvertes de signes cabalistiques, trônant au milieu d'objets étranges, en compagnie d'un chat noir et composant des décoctions sataniques à l'aide d'évocations impies.

Actuellement, même parmi ceux qui, grâce à leur éducation, se sont élevés au-dessus d'une semblable superstition, il subsiste encore beaucoup d'incompréhension. Pourtant, l'origine de ce mot — du latin *occultus* — devrait indiquer immédiatement que l'occultisme est la science de ce qui est caché. Mais ces personnes le considèrent souvent avec mépris comme dénué de sens et de portée pratique, comme ayant des rapports avec les rêves et les prédictions, avec l'hystérie et la nécromancie, avec la recherche de l'élixir de vie et de la pierre philosophale. Les étudiants, qui devraient savoir mieux, en parlent souvent comme si le côté caché des choses était voilé avec intention, comme si la connaissance s'y rapportant et qui devrait être à la portée de tous les hommes était accaparée délibérément par le caprice ou l'égoïsme d'un petit nombre. En réalité rien n'est et ne peut nous être caché, sinon par nos propres limitations. Pour tout homme qui évolue, le monde s'élargit de plus en plus, parce que cet homme est capable d'en apercevoir toujours davantage la grandeur et la beauté.

On pourrait opposer à cette affirmation le fait bien connu qu'à chacune des grandes Initiations, marquant les étapes franchies par le néophyte sur le sentier du progrès supérieur, il lui est donné un ensemble nouveau et défini de connaissances. Cela est tout à fait exact, mais ces connaissances ne peuvent lui être données que parce qu'il a évolué et qu'il a atteint le point où il peut les saisir. Elles ne sont pas plus tenues hors de la portée de l'humanité ordinaire que celle des sections coniques n'est refusée à l'enfant encore aux prises avec la table de multiplication. Quand cet enfant atteindra le niveau où il pourra comprendre les équations du deuxième degré, le professeur sera prêt à lui expliquer les règles qui les régissent. De même, dès qu'un homme a été qualifié pour recevoir les enseignements octroyés à une Initiation, il est initié immédiatement, mais le seul moyen pour nous d'atteindre la faculté d'assimilation en ce qui concerne cette connaissance supérieure, est d'essayer de comprendre nos conditions présentes et d'ordonner intelligemment nos vies en conformité avec les faits que nous découvrons.

L'occultisme est donc l'étude du côté caché de la nature. Ou plutôt, c'est l'étude du "tout" dans la nature, au lieu de cette petite partie seule qui est inclue dans les investigations de la science moderne. Dans l'état actuel de notre développement, la plus grande partie de la nature est entièrement inconnue de la majorité de l'humanité, celle-ci n'ayant jusqu'à présent déployé qu'une infime portion des facultés qu'elle possède. L'homme ordinaire ne fonde donc sa philosophie, pour autant qu'il en ait, que sur des bases tout à fait insuffisantes. Ses actes sont plus ou moins inspirés par le petit nombre de lois qu'il connaît et conséquemment sa théorie de la vie et sa pratique journalière sont nécessairement erronées. L'occultiste adopte un point de vue beaucoup plus large. Il fait entrer en ligne de compte ces forces des mondes supérieurs dont l'action est cachée pour le matérialiste, et ainsi il règle sa vie en obéissance au code complet des lois naturelles, au lieu de n'en référer occasionnellement qu'à une infime portion.

Il est difficile, pour l'homme qui ignore totalement l'occulte, de se rendre compte combien grandes, combien sérieuses et envahissantes sont ses propres limitations. Le seul moyen qui nous permette de les symboliser d'une manière adéquate est de supposer une forme de conscience encore plus limitée que la nôtre et de s'imaginer comment elle différerait de cette dernière. Supposons donc qu'il puisse exister une conscience capable de concevoir les corps solides seulement, les formes liquides et gazeuses étant pour elle tout à fait inexistantes, comme le sont pour l'homme ordinaire les formes éthériques, astrales et mentales. Nous pourrons aisément nous rendre compte comment toute conception adéquate au monde dans lequel nous vivons serait impossible à une conscience de ce genre. Nous trouverons constamment que la matière solide, la seule que nous puissions apercevoir, subit de sérieuses modifications, au sujet desquelles nous ne pourrons formuler aucune théorie rationnelle.

C'est ainsi qu'à chaque averse de pluie, la matière solide de la terre subirait un changement. Chargée d'humidité, elle deviendrait à la fois plus molle et plus pesante, mais la raison d'une semblable transformation serait tout à fait incompréhensible à la conscience que nous postulons. Le vent pourrait soulever des nuages de sable et les transporter d'un lieu à un autre, mais un semblable déplacement de matière solide serait tout à fait inexplicable pour celui qui ne pourrait concevoir l'existence de l'air. Sans multiplier les exemples de ce qui est déjà évident, nous voyons clairement combien une semblable idée du monde serait parfaitement inconcevable pour une conscience limitée à la matière solide. Ce dont nous pouvons moins facilement nous rendre compte cependant, c'est que notre conscience actuelle est aussi en défaut en regard de celle de l'homme développé, que cette conscience théorique le serait vis-à-vis de celle que nous possédons à présent.

Ceux qui étudient la théosophie savent, théoriquement tout au moins, qu'il y a un côté caché à toute chose. Ils savent également que, dans la grande majorité des cas, le côté invisible est beaucoup plus important que celui qui est visible à l'aide de l'oeil physique.

Pour exprimer la même idée à un autre point de vue : les sens, à l'aide desquels nous percevons les objets extérieurs, sont jusqu'à présent imparfaitement développés. C'est pourquoi la notion que nous obtenons de ces objets est partielle. Ce que nous voyons dans le monde autour de nous n'est en aucune façon tout ce que nous pouvons y voir, et un homme qui prendrait la peine de cultiver ses sens trouverait qu'au fur et à mesure de ses progrès, la vie deviendrait pour lui plus riche et plus complète. Pour celui qui aime la nature, l'art, la musique, un vaste champ de jouissances, vivifiées et intensifiées d'une manière incroyable, s'étend devant lui, à sa portée, s'il veut se rendre apte à y pénétrer. Par-dessus tout, pour celui qui aime son prochain, il y a la possibilité d'une compréhension plus parfaite et, par conséquent, d'une utilité plus grande. À présent, nous sommes seulement à mi-chemin sur l'échelle de l'évolution, de sorte que nos sens ne sont qu'à moitié développés. Mais il nous est possible de faire plus rapidement l'ascension de cette échelle. Par un dur travail, nous pourrons faire *dès maintenant* de nos sens ce que ceux de tous les hommes seront dans un avenir éloigné. L'homme qui a réussi à faire cela est appelé souvent un clairvoyant.

Ce mot de "clairvoyant", dont le choix est d'ailleurs fort heureux, signifie "celui qui voit clairement". Mais on en a abusé et on l'a stupidement défiguré, de sorte qu'on l'a associé avec toutes sortes de fraudes et d'impostures ; avec celles des bohémiennes qui, pour quelques sous, disent à une servante quelle couleur aura la chevelure du duc qui l'épousera, ou celles des voyantes extralucides qui, pour un billet, sont supposées lever le voile de l'avenir pour des clientes plus aristocratiques.

Tout cela n'est ni régulier ni scientifique. Très souvent c'est du pur charlatanisme et un vol manifeste. Cependant, pas toujours. Il est en effet possible de prévoir l'avenir jusqu'à un certain point. Cela peut se faire et cela a été fait bien des fois, et quelques-uns de ces praticiens irréguliers possèdent, sans aucun doute, des éclairs de vision supérieure, bien qu'habituellement ils ne puissent compter sur eux, au moment du besoin, d'une manière infaillible.

Mais derrière tout ce vague, il y a un fait reposant sur une base solide, quelque chose qu'on peut atteindre rationnellement et étudier scientifiquement. C'est comme résultat de nombreuses années d'étude et d'expérience que je déclare solennellement ce que j'ai écrit plus haut, à savoir qu'il est possible aux hommes de développer leur sens de façon à percevoir de ce monde merveilleux et splendide où nous vivons, beaucoup plus de choses que n'en peut soupçonner l'homme d'un développement moyen, satisfait de vivre au milieu de la nuit cimmérienne qu'il appelle lumière.

Il y a deux mille cinq cents ans, le plus grand des instructeurs de l'Inde, Gautama le Bouddha, dit à ses disciples :

"Ne vous plaignez pas, ne pleurez pas et ne priez pas, mais ouvrez les yeux et *voyez*. La vérité est tout autour de vous, si seulement vous voulez arracher le bandeau de vos yeux et regarder. Et elle est si belle, si merveilleuse, si différente de tout ce que les hommes ont jamais rêvé ou demandé, et elle existe pour toujours et à jamais !"

Certainement il voulait exprimer beaucoup plus encore que ce que j'écris. Mais ceci est néanmoins un pas dans le sentier conduisant au but glorieux de la parfaite compréhension. Si ce pas ne nous dévoile pas encore *toute* la vérité, il nous en révèle tout au moins une grande partie et écarte pour nous une foule de ces fausses et si communes conceptions, en éclaircissant de nombreux points considérés comme des mystères et des problèmes par ceux qui ne sont pas encore instruits de cette science. Il montre que toutes ces choses étaient pour nous des mystères et des problèmes, uniquement parce que nous voyions jusqu'ici une si faible partie des faits ; parce que nous regardions d'en bas les différents corps matériels comme s'ils constituaient des fragments isolés et séparés, au lieu de nous élever au-dessus d'eux à un niveau d'où ils sont vus comme les parties d'un ensemble puissant. Il nous donne en un instant la clé de nombreuses questions bien discutées, comme par exemple celle de la continuation de l'existence humaine après la mort. Il explique beaucoup de choses étranges que nous enseignent les Églises, éclaire notre ignorance et dissipe notre peur de l'inconnu, en nous montrant un plan rationnellement donné.

En outre, il nous ouvre un monde nouveau en regard de notre vie quotidienne, un monde nouveau qui est pourtant une partie de l'ancien. Il nous montre, ainsi que je le disais en commençant, qu'il y a un côté caché dans tout et que nos actes les plus ordinaires produisent souvent des effets que nous n'aurions jamais connus sans cette étude. Ainsi, nous comprendrons la raison de ce qu'on appelle communément la télépathie, car nous verrons que de même qu'il y a des ondes de chaleur, de lumière ou d'électricité, de même, il y a des ondes produites par la pensée, bien qu'elles soient d'un type de matière plus subtile que les autres et, par conséquent, non perceptible à nos sens physiques. En faisant l'étude de ces vibrations, nous verrons comment agit la pensée et nous apprendrons qu'elle est un pouvoir énorme pour le bien ou pour le mal, un pouvoir que chacun de nous peut transmettre jusqu'à un certain point et que nous pourrons utiliser d'une manière cent fois plus effective lorsque nous en comprendrons les effets. Une étude plus approfondie nous révèlera la méthode de formation de ce qu'on appelle les "formes-pensées" et indiquera comment nous pourrons les utiliser de diverses manières aussi bien pour nous-mêmes que pour les autres.

L'occultiste étudie soigneusement tous ces effets invisibles et par conséquent connaît beaucoup plus complètement que les autres hommes le résultat de ses actes. Il a une notion plus réelle de la vie et il exerce son sens commun en modifiant sa vie conformément à ce qu'il sait. En bien des choses, nous vivons à présent autrement que nos ancêtres des temps médiévaux, parce que nous savons davantage qu'eux. Nous avons découvert certaines lois d'hygiène. Les hommes sages accordent leur vie d'après cette connaissance et c'est pourquoi la durée moyenne de l'existence est certainement plus longue à présent qu'au moyen âge. Il y a cependant encore des fous ou des ignorants qui ne connaissent pas les lois de la santé ou qui ne se soucient pas de les observer. Ils pensent que parce qu'ils ne voient pas les germes de maladie, ceux-ci n'ont aucune importance ; ils n'acceptent pas les idées nouvelles. Ils sont les premiers à en souffrir quand se déclare une maladie épidémique ou qu'un effort inusité est imposé à la collectivité.

Ils souffrent sans nécessité, parce qu'ils retardent. Mais ce n'est pas à eux seuls qu'ils causent du tort, par leur négligence. Les conditions provoquées par leur ignorance ou leur négligence amènent souvent l'infection dans une région qui autrement en eut été préservée.

Le sujet que je vais traiter est précisément le même, mais à un niveau différent. Le microscope a révélé les germes de maladie ; l'homme intelligent a profité de la découverte et réorganisé sa vie, tandis que l'homme inintelligent n'y a prêté aucune attention, et a continué comme auparavant. La clairvoyance révèle l'influence de la pensée et beaucoup d'autres pouvoirs antérieurement insoupçonnés. Une fois de plus, l'homme intelligent met à profit cette découverte et réorganise sa vie en conséquence. Une fois de plus aussi, l'homme inintelligent ne s'embarrasse pas des nouvelles découvertes. Il pense que ce qu'il ne peut voir ne peut avoir pour lui aucune importance ; il continue à souffrir sans nécessité parce qu'il n'est pas de son temps.

Non seulement il souffre d'une peine positive, mais encore il se prive en grande partie du plaisir de vivre. Dans la peinture, la musique, la poésie, la littérature, les cérémonies religieuses, les beautés de la nature, il y a toujours un côté caché, une plénitude, une perfection au-delà de ce qui est purement physique. L'homme capable de voir ou de sentir ce côté caché dispose d'une abondance de joies, lesquelles dépassent de beaucoup la compréhension de l'homme qui les côtoie avec des facultés de perception encore endormies.

Cette perception existe chez tout être humain, bien que non encore développée chez la plupart. Son développement implique généralement beaucoup de temps et un dur labeur, mais il en vaut la peine. Seulement, que personne ne tente l'effort s'il n'a des motifs purs et désintéressés, car celui qui cherche à faire éclore une faculté dans un but qui n'est rien moins qu'élevé, au lieu d'une bénédiction attirera sur lui une malédiction.

Mais l'homme d'affaires, qui n'a pas le temps de soutenir l'effort nécessaire pour développer les pouvoirs latents en lui, n'est pas plus privé des avantages découlant de l'étude occulte que l'homme privé de microscope n'est empêché d'observer l'hygiène dans sa vie. Ce dernier n'a pas vu les germes morbides, mais par le témoignage du spécialiste il sait qu'ils existent et il sait aussi comment s'en préserver. Exactement de même, l'homme qui n'a pour le moment aucune idée de la vision de clairvoyance peut étudier les écrits de ceux qui l'ont acquise, et ainsi profiter des résultats de leur labeur.

Il est vrai qu'il ne pourra encore en apprécier toute la grandeur et la beauté qui sont cachées par l'imperfection de nos sens. Mais il pourra aisément apprendre à éviter le mal invisible et mettre en action les forces visibles du bien. Ainsi, longtemps avant de les *percevoir*, il pourra se prouver cependant leur existence, de même que l'homme qui manie un moteur électrique fait la preuve pour lui-même de l'existence de l'électricité, bien qu'il ne l'ait jamais vue et qu'il ignore complètement sa nature.

Nous devons nous efforcer de comprendre le plus possible le
monde dans lequel nous vivons. Nous ne devons pas rester à l'arrière de la marche de l'évolution. Ne soyons pas des anachronismes,
par manque d'intérêt dans ces nouvelles découvertes qui ne sont
que la présentation sous un autre angle de la sagesse antique. Dans
ce cas comme dans tout autre, "savoir est pouvoir". Pour obtenir les
meilleurs résultats, nous devons toujours faire marcher de concert
la glorieuse trinité du pouvoir, de la sagesse et de l'amour.

Toutefois, il y a une différence entre la connaissance théorique
et la réalisation pratique. J'ai pensé qu'en vue de saisir ces réalités,
il pourrait être d'une certaine utilité aux étudiants d'avoir une description, en ce qui concerne leur sens caché, de quelques simples
actes de la vie journalière, tels qu'ils apparaissent à la vision du
clairvoyant, à celui, mettons, qui a développé en lui la faculté de
voir au moyen des corps astral, mental et causal. Ces actes, vus à
l'aide du véhicule de l'intuition, sont encore infiniment plus grands
et plus parfaits, mais cet aspect est si difficile à décrire qu'il semble
inutile d'en parler. Car à ce niveau, toute expérience réside dans
l'homme au lieu de s'exercer au dehors et la beauté et la gloire de ce
milieu ne sont plus une chose qu'il observe avec intérêt, mais qu'il
sent au plus profond de lui-même, puisqu'elle en est une partie.

Le but de ce livre est de donner quelques aperçus sur le sens
du monde en général, ainsi que de notre vie journalière. Nous étudierons cette dernière en trois parties, qui représenteront l'enchaînement de nos jours de jeunesse, respectivement sous une forme
passive, intermédiaire et active. Nous verrons comment nous subissons les influences, comment nous nous influençons nous-mêmes
et comment, enfin, nous influençons les autres ; et nous conclurons
par l'observation de quelques-uns des résultats qui doivent inévitablement découler d'une plus large diffusion de cette connaissance
des réalités de l'existence.

CHAPITRE II

LE MONDE DANS SON ENSEMBLE

UN APERÇU PLUS VASTE

Lorsque nous considérons le monde qui nous environne, nous ne pouvons nous dissimuler l'existence d'une somme énorme de douleur et de souffrance. S'il est vrai que la faute en incombe indubitablement à ceux qui souffrent, et qu'ils pourraient l'éviter par un peu de discipline personnelle et de sens commun, il y a néanmoins aussi beaucoup d'éléments qui ne procèdent pas directement de nous, mais qui viennent incontestablement du dehors. Il semble souvent que le mal triomphe et que la justice reste impuissante au milieu de l'orage et de l'effort tumultueux de la vie, et pour cette raison beaucoup de personnes désespèrent du résultat final, se demandant s'il existe vraiment un plan de progrès bien défini derrière toute la confusion de ce chaos.

C'est simplement une question de point de vue. L'homme engagé au fort de la mêlée ne peut juger du plan de son général ni du cours du combat. Pour comprendre l'ensemble de celui-ci, il faut se retirer du tumulte et observer le champ de bataille de quelque hauteur.

Il en est exactement de même si l'on veut saisir le plan de bataille de la vie. Nous devons nous en retirer un moment et l'observer de plus haut, non du point de vue du corps mortel, mais de celui de l'âme à jamais vivante. Nous devons tenir compte non seulement de l'infime portion de vie que peuvent voir nos yeux physiques, mais encore de cette totalité immense dont, pour le moment, une grande partie nous est voilée.

Jusqu'à ce que cela soit accompli, nous serons dans la situation d'un homme regardant l'envers d'une grande tapisserie qu'on serait en train de tisser. Pour lui, tout cela n'est qu'un mélange confus de couleurs variées, de bouts de fils pendant en désordre, sans régularité et sans beauté ; il est incapable de rien comprendre au bruit désordonné des machines. Mais dès que nous pourrons, à l'aide de notre connaissance du sens caché de la nature, jeter un regard d'en haut, le dessin commencera à se dérouler sous nos yeux et le chaos apparent deviendra progrès ordonné.

Nous pourrons obtenir une analogie encore plus étroite en nous représentant la vie telle qu'elle serait vue par un microbe entraîné par un flot irrésistible, comme celui qui se précipite dans les gorges du Niagara. Bouillonnant, écumant, tourbillonnant, ce courant possède une force si énorme que le niveau de l'eau est beaucoup plus élevé au milieu que sur les côtés. Le microbe à la surface d'un semblable torrent serait parfois violemment projeté en l'air, ou ballotté de-ci, de-là dans l'écume, ou encore, entraîné en arrière par un remous, et il serait incapable de voir les rives qu'il longe, parce que tous ses sens seraient accaparés par la lutte folle soutenue par lui pour demeurer à la surface de l'eau. Pour lui, cette lutte et cet effort sont tout ce qu'il connaît du monde. Comment pourrait-il connaître la direction du courant ?

Mais l'homme qui se tient sur la rive et qui observe peut voir que tout ce tumulte incompréhensible est purement superficiel, et que le seul fait réellement important est l'entraînement certain et continu de ces millions de tonnes de liquide vers la mer. De plus, si nous supposons encore que le microbe possède quelque notion de progrès et qu'il l'identifie avec le mouvement en avant, il pourra être désillusionné en se trouvant rejeté de côté ou entraîné en arrière par un remous, tandis que le spectateur pourrait voir que le mouvement de recul apparent n'est qu'une illusion, puisque même les petits remous seront tous entraînés en avant avec le reste. On peut dire sans exagération que, pareille à la connaissance du microbe se débattant dans le courant comparée à celle de l'homme le regardant, est la notion de la vie chez l'homme ordinaire comparée à la compréhension de celui qui en connaît le côté caché.

La parabole que nous présente M. Hinton dans ses *Scientific Romances* est cependant encore la meilleure analogie, tout en étant malaisée à suivre, à cause de l'effort d'imagination qu'elle exige. Pour des raisons qui sont fonction de son raisonnement, M. Hinton suppose un grand cadre vertical en bois, sur lequel de haut en bas une multitude de fils sont fortement tendus sous des angles très différents. Si l'on insère horizontalement dans le cadre une feuille de papier, de façon que les fils passent au travers, il est clair que chaque fil fera un petit trou dans le papier. Si alors tout le cadre est mu lentement vers le haut, le papier restant immobile, il se produira divers effets. Un fil perpendiculaire glissera sans difficulté dans son trou, mais un fil tendu obliquement découpera pendant le déplacement une fente dans le papier.

Supposons un instant qu'au lieu d'une feuille de papier, nous ayons une même feuille de cire et que la cire soit suffisamment visqueuse pour se refermer derrière le passage du fil. Alors au lieu de fentes, nous obtiendrons une série de *trous mobiles* et, aux yeux d'un observateur qui ne peut voir les fils qui les forment, ces trous lui paraîtront doués d'un mouvement anormal et inexplicable. Les uns sembleront avancer, d'autres reculer. Il se formera des dessins variés et des combinaisons qui disparaîtront, tous dépendant de la disposition des fils invisibles. Maintenant, dans un envol d'imagination encore plus audacieux, faites abstraction des trous pour ne retenir que les sections minuscules du fil au moment où elles les bouchent, et imaginez que ces sections soient des atomes conscients. Ceux-ci

se figureront être des entités séparées, et trouveront qu'ils se meuvent sans le concours de leur volonté dans ce qui semble être un
labyrinthe confus et inextricable. Cette danse surprenante est la
vie telle qu'ils la connaissent. Pourtant, toute cette complication
apparente, cette agitation sans but, n'est en fait qu'une illusion provoquée par les limitations de la conscience de ces atomes, car en
réalité il n'existe qu'un seul mouvement extrêmement simple, celui
du cadre se déplaçant dans son ensemble vers le haut. Mais l'atome
ne pourra s'en faire la moindre idée, à moins de comprendre qu'il
n'est pas un fragment isolé, mais une *portion de fil*.

"Ces choses sont une allégorie" et celle-ci est fort belle. Car
les fils, c'est nous, notre vrai Soi, nos âmes, et les atomes sont la
représentation de nous-mêmes dans la vie terrestre. Aussi longtemps que nous limiterons la conscience à l'atome et que nous
ne considèrerons la vie que du niveau terrestre, nous ne pourrons
jamais comprendre ce qui se passe dans le monde. Mais si nous
élevons notre conscience jusqu'au niveau de l'âme, le fil dont notre
vie corporelle n'est qu'une portion infime et une expression temporaire, nous verrons qu'il y a au fond de toute cette complexité
une simplicité splendide, et derrière toute cette diversité une unité.
La complexité et la diversité sont des illusions produites par nos
limitations ; la simplicité et l'unité sont réelles.

Le monde dans lequel nous vivons présente un côté caché, car
l'esprit de l'homme ordinaire ne peut le concevoir que d'une manière tout à fait imparfaite suivant trois directions bien distinctes.
D'abord, ce monde s'étend à son propre niveau que l'homme est
pour le moment tout à fait incapable d'apprécier. Deuxièmement,
il possède un aspect supérieur trop subtil pour les conceptions humaines limitées. Troisièmement, il présente un sens et un but dont
l'esprit humain ne peut généralement avoir la moindre idée. Dire
que nous ne voyons pas l'ensemble de notre monde, c'est dire encore trop peu. Ce que nous voyons n'en est qu'une partie absolument insignifiante, aussi belle que celle-ci puisse être. Et de même

que l'extension supplémentaire est infinie comparée à l'idée que nous nous faisons de l'espace, et ne peut être exprimée en termes appropriés, de même l'étendue et la splendeur de l'ensemble défient toute conception possible ici-bas, et ne peuvent s'exprimer en termes empruntés à la portion du monde que nous connaissons.

LA QUATRIÈME DIMENSION

L'extension dont il a été question ci-dessus est souvent appelée la quatrième dimension. Beaucoup d'auteurs s'en sont moqués et ont nié son existence, mais malgré tout un fait subsiste : notre monde physique est en réalité un monde à plusieurs dimensions et tout objet qu'il renferme s'étend, si peu que ce soit, dans une direction inconcevable au degré actuel de notre évolution mentale. Quand nous développons nos sens astraux, nous sommes amenés à un contact de cette dimension tellement direct, que notre esprit est plus ou moins forcé de le reconnaître et que les plus intelligents d'entre nous arrivent à le comprendre progressivement. Cependant, il y a des personnes dont la croissance intellectuelle est moins avancée et qui, même après la mort et dans le monde astral, s'accrochent désespérément à leurs limitations accoutumées. Elles adoptent les hypothèses les plus extraordinaires et les moins rationnelles, pour ne pas admettre l'existence de la vie supérieure dont elles ont si peur.

Comme, pour la plupart, le moyen le plus commode pour arriver à comprendre la quatrième dimension de l'espace est de développer en soi-même le pouvoir de la vue astrale, beaucoup de personnes en arrivent à supposer que la quatrième dimension est l'apanage exclusif du monde astral. Un peu de réflexion montrera que ce n'est pas possible. En principe il n'y a dans l'univers qu'une seule espèce de matière, bien que nous l'appelions physique, astrale et mentale, d'après sa subdivision et sa vitesse vibratoire. Par conséquent, les dimensions de l'espace, si du moins elles existent, sont indépendantes de la matière contenue dans cet espace. Et que celui-ci ait trois dimensions ou quatre ou davantage, la matière qu'il renferme est assujettie à ces conditions, que nous soyons capables de les apprécier ou non.

Pour aider à comprendre ce sujet, peut-être sera-t-il bon de nous rendre compte que, ce que nous nommons l'espace est une limitation de la conscience, et qu'il y a un niveau supérieur où une conscience suffisamment développée en est complètement libérée. Nous pouvons investir cette conscience supérieure du pouvoir de s'exprimer dans n'importe quelle direction, et nous pouvons dès lors imaginer que chaque descente dans un monde plus dense de la matière impose à la conscience une limitation supplémentaire et lui enlève la perception de l'une de ces directions. Nous pouvons supposer qu'au moment où la conscience atteint le monde mental, il ne subsiste plus que cinq de ces dimensions; que lorsqu'elle en sort pour continuer sa descente vers le niveau astral, elle abandonne encore un de ses pouvoirs et se limite à la conception de quatre dimensions; enfin, la descente suivante ou sa sortie du plan astral, qui l'amène dans le monde physique, lui enlève la possibilité de percevoir même la quatrième dimension, de sorte que nous nous trouvons réduits aux trois dimensions qui nous sont familières.

Si nous nous plaçons à ce nouveau point de vue, il est clair que les conditions de l'univers ne sont pas affectées, bien que notre pouvoir d'appréciation ait changé. Quand notre conscience fonctionne dans la matière astrale, nous pouvons percevoir une quatrième dimension qui normalement reste cachée à nos yeux pendant l'utilisation de notre cerveau physique. Nous ne devons cependant pas nous méprendre, et penser que la quatrième dimension n'appartient qu'au monde astral et que la matière physique est située dans un espace différent de l'astral et du mental. Cette supposition ne serait pas justifiée, parce qu'un homme faisant usage de son

cerveau physique peut, par l'exercice, développer la faculté de percevoir quelques-unes des formes de la quatrième dimension.

Je ne désire pas traiter ici à fond ce problème passionnant.
Ceux qui voudraient l'étudier plus à fond n'auraient qu'à consulter
les ouvrages de M. C. H. Hinton: *Scientific Romances* et *The Fourth
Dimension;* le premier, pour toutes les intéressantes possibilités relatives à cette étude, et le dernier pour les moyens par lesquels la
quatrième dimension peut devenir un fait pour l'esprit. Pour nos
desseins actuels il suffit d'indiquer qu'il y a un aspect ou une extension de notre monde lequel, bien que totalement inconnu de l'immense majorité des hommes, mérite d'être pris en considération
et étudié par ceux désireux de comprendre l'ensemble de la vie, au
lieu d'une faible partie seulement.

LE MONDE SUPÉRIEUR

Notre monde physique présente un côté caché encore dans
un autre sens plus élevé et que tous les étudiants en Théosophie
connaissent bien. En effet, on a essayé, dans beaucoup de conférences et de nombreux livres, de décrire les mondes astral et mental,
le royaume invisible qui interpénètre celui qui nous est familier et
en constitue l'élément de beaucoup le plus important. Dans mes
livres sur *Le Plan astral, Le Plan mental* et *L'autre Côté de la Mort,*
j'ai donné beaucoup de renseignements sur cet aspect supérieur de
notre monde. Aussi n'aurai-je plus besoin ici que d'en faire un bref
exposé général, pour ceux d'entre mes lecteurs qui n'auraient pas
encore lu ces ouvrages.

Les physiciens modernes nous disent que l'éther, cette substance hypothétique qu'ils douent de qualités diverses et en apparence
contradictoires, interpénètre la matière. L'occultiste sait qu'il existe
de nombreuses variétés de cette matière plus subtile qui interpénètre l'autre, et que quelques-unes des qualités que lui attribuent les

hommes de science ne lui appartiennent pas le moins du monde, mais bien à la substance primordiale dont elle est la négation. Je ne veux pas ici m'écarter de l'objet de ce livre pour faire une longue dissertation sur les qualités de l'éther. Ceux que la question intéresse pourront se référer au livre sur *La Chimie occulte*. Il suffira de dire que le véritable éther de l'espace existe, comme l'ont supposé les savants, et qu'il possède la plupart des curieuses qualités contradictoires qui lui sont attribuées. Cependant, les mondes inférieurs, constitués de matière plus subtile, ne sont pas composé de cet éther dont nous venons de parler, mais d'une matière édifiée à l'aide des "bulles" qu'il contient. Ce qui nous intéresse pour l'instant, c'est le fait que toute la matière visible pour nous est interpénétrée, non seulement par l'éther, mais aussi par les différentes espèces de matière plus subtile dont il existe beaucoup de degrés de finesse.

Les étudiants en occultisme ont donné le nom de matière astrale au type qui est le plus rapproché de celui du monde physique. L'espèce venant immédiatement au-dessus est appelée mentale, parce que c'est avec sa texture que le mécanisme de la conscience appelée communément le mental a été construit. Il y a en outre d'autres types de matière encore plus subtile, qui ne nous intéressent pas pour le moment. Il faut considérer toute portion de l'espace à laquelle nous avons affaire comme contenant toutes ces variétés. Pratiquement c'est un axiome scientifique que, même dans les formes matérielles les plus denses, il n'y a pas deux particules qui se touchent, mais chacune d'elles flotte isolée dans son champ d'éther, tel un soleil dans l'espace. De la même manière, chaque particule de l'éther physique baigne dans une mer de matière astrale, et chaque particule astrale à son tour flotte dans un océan de matière mentale. Ainsi tous ces mondes supplémentaires n'exigent pas plus d'espace que la portion que nous en connaissons, car en vérité ils constituent uniquement des parties d'un seul et même monde.

L'homme possède en lui la matière à ces différents états plus subtils. En apprenant à y concentrer sa conscience au lieu de borner celle-ci à son cerveau physique, il pourra connaître ces portions inférieures et supérieures du monde, et acquérir un vaste ensemble de connaissances, d'un intérêt et d'une valeur très considérables. La nature de ce monde invisible, son aspect, ses habitants, ses possibilités sont décrits dans les ouvrages cités plus haut. C'est l'existence de ces règnes supérieurs de la nature qui rendent l'occultisme possible, et en réalité peu nombreux sont les départements de la vie où leur influence n'a pas été étudiée. Du berceau à la tombe, nous sommes en rapport intime avec eux pendant le temps que nous appelons notre vie à l'état de veille. Pendant le sommeil et après la mort, nous sommes en contact encore plus intime avec eux, car notre existence s'y trouve presque entièrement confinée.

Le plus grand des changements nombreux et fondamentaux, qui sont inévitables pour l'homme étudiant les faits de la vie, est celui qui se produit dans son attitude en présence de la mort. Ce sujet a été traité à fond ailleurs. Ici, il me suffira de rappeler que la connaissance de la vérité au sujet de la mort enlève à celle-ci toute sa terreur et en grande partie aussi la tristesse qu'elle cause. Elle nous la fait voir sous son jour véritable, et nous fait comprendre la place qui lui est assignée dans le plan de notre évolution. Il est parfaitement possible d'apprendre à *connaître* tous ces faits, au lieu d'accepter aveuglément des croyances de seconde main, ainsi que le font beaucoup de personnes. Savoir signifie : pouvoir, sécurité et félicité.

LE BUT DE LA VIE

Le troisième aspect de notre monde qui est caché aux yeux de la majorité est le plan et le but de l'existence. La plupart des hommes paraissent dans la vie en proie à une agitation sans but apparent, sinon peut-être la lutte purement physique pour faire fortune ou atteindre le pouvoir. En effet, ils pensent vaguement que ces choses leur apporteront le bonheur. Ils n'ont aucune théorie bien définie quant à leur raison d'être ici-bas, aucune certitude quant à l'avenir qui les attend. Ils ne se sont pas encore rendus compte qu'ils sont des âmes et non des corps, et qu'en cette qualité leur développement fait partie d'un vaste plan d'évolution cosmique. Aussitôt que cette vérité, la plus grandiose de toutes, a illuminé l'horizon d'un homme, une transformation s'opère en lui que la religion occidentale appelle conversion, mot bien connu qui a été tristement déformé par des associations impropres. On en a usé, en effet, pour désigner une simple crise émotive, provoquée hypnotiquement par les vagues tumultueuses des sentiments émanant d'une foule follement surexcitée. Sa signification véritable dérive exactement de son étymologie : "retourner avec". Auparavant, l'homme, ne se rendant pas compte du courant formidable de l'évolution, sous l'illusion de l'égoïsme, avait lutté contre lui. Mais le moment où la magnificence de ce Plan divin a éclaté à ses yeux émerveillés, il ne lui reste plus qu'à consacrer toute son énergie à l'effort pour en hâter l'accomplissement, pour "retourner et aller avec" ce courant splendide de l'amour et de la sagesse de Dieu.

Son seul objet alors est de se préparer pour être capable d'aider le monde, et toutes ses pensées et ses actions sont dirigées vers ce but. Il peut oublier un moment sous l'influence de la tentation, mais l'oubli ne peut être que temporaire. Voilà bien le sens du dogme ecclésiastique que l'élu ne peut jamais plus tomber. Il possède le discernement, "l'ouverture des portes de l'esprit", pour nous servir des expressions employées par les religions d'autrefois pour désigner ce changement. Il sait maintenant ce qui est réel et ce qui est irréel, ce qui vaut la peine d'être acquis et ce qui est sans valeur. Il vit comme une âme immortelle, Étincelle du Feu divin, au lieu de vivre comme les bêtes périssables, pour employer une phrase de la Bible. Celle-ci cependant est tout à fait incorrecte, puisque les animaux *ne périssent pas*, si ce n'est dans le sens d'une réabsorption dans leur âme-groupe.

En vérité, devant cet homme s'est dévoilé un aspect de la vérité qui antérieurement, était caché à ses yeux. Il serait même plus exact de dire qu'à présent, pour la première fois, cet homme a réellement commencé à vivre, tandis qu'auparavant il traînait simplement une existence inutile.

DEUXIÈME SECTION
COMMENT NOUS SOMMES INFLUENCÉS

CHAPITRE III

COMMENT NOUS SOMMES INFLUENCÉS : PAR LES PLANÈTES

LES RADIATIONS

La première chose que nous devrons bien comprendre est que tout irradie une certaine influence aux alentours, et que ces alentours rendent le compliment en répandant continuellement leur influence à leur tour. Littéralement, chaque chose — le soleil, la lune, les étoiles, les anges, les êtres humains, les animaux, les arbres, les rochers — *tout* déverse un flot continu de vibrations, d'après sa caractéristique et son type propre. Et cela non seulement dans le monde physique, mais également dans des mondes différents et plus subtils. Nos sens physiques ne peuvent percevoir qu'un nombre limité de ces vibrations. Nous sentons facilement la chaleur déversée par le soleil ou par le feu, mais nous ne sommes d'ordinaire pas conscients du fait que nous-mêmes irradions constamment de la chaleur. Cependant si nous approchons la main d'un radiomètre, cet instrument délicat répondra à la chaleur émanée par la main même à une distance d'un mètre et il se mettra à tourner. Nous disons que la rose a un parfum et que la pâquerette n'en a pas. Cependant la pâquerette répand des particules odorantes tout comme la rose, seulement dans le premier cas elles sont perceptibles à nos sens, tandis que dans l'autre elles ne le sont pas.

Depuis les temps les plus reculés, les hommes ont cru que le soleil, la lune, les planètes et les étoiles exercent une certaine influence sur la vie humaine. De nos jours, la plupart se contentent de se moquer d'une telle croyance, sans avoir aucune connaissance à ce sujet. Et pourtant celui qui veut se donner la peine de faire une étude attentive et impartiale de l'astrologie découvrira beaucoup de choses qui ne pourront être écartées à la légère. Il rencontrera bien des erreurs, sans doute, parmi lesquelles de tout à fait ridicules. Mais il trouvera aussi une certaine proportion de résultats justes, beaucoup trop élevée pour pouvoir être attribuée raisonnablement à une coïncidence fortuite. Ses recherches le convaincront qu'il existe sans l'ombre d'un doute quelque base aux affirmations des astrologues, tandis qu'en même temps il pourra se rendre compte que leurs systèmes sont encore loin d'être parfaits.

Lorsque nous pensons à l'espace immense qui nous sépare même des planètes les plus rapprochées, il nous parait tout de suite évident que nous devons écarter l'idée d'une action physique signe de leur attention, sur nous. De plus, si une telle action existait, il semble que sa force dépendrait moins de la position occupée par la planète dans le ciel que de sa proximité par rapport à la terre, facteur dont les astrologues ne tiennent généralement pas compte. Plus nous examinons cela, moins il semble plausible ou possible de supposer que les planètes peuvent influencer la terre ou ses habitants d'une façon appréciable. Cependant le fait demeure qu'une théorie basée sur cette impossibilité donne des résultats exacts. Peut-être pourra-t-on expliquer cela de la manière suivante : de même que le mouvement des aiguilles d'une montre marque la fuite du temps, sans cependant en être la cause, de même les mouvements des planètes indiquent l'existence de certaines influences, sans produire celles-ci. Examinons quelle lumière les études occultes jettent sur ce sujet un peu embarrassant.

LA DIVINITÉ DU SYSTÈME SOLAIRE

Les étudiants de l'occulte envisagent l'ensemble du système solaire dans toute sa vaste complexité comme la manifestation partielle d'un grand être vivant et unique, et toutes ses parties comme des expressions de certains de Ses aspects. Bien des noms lui ont été donnés. Dans notre littérature théosophique on l'a décrit souvent sous sa dénomination gnostique de *Logos*, le Verbe qui était au commencement avec Dieu, et qui était Dieu. Mais à présent nous Le nommons généralement Divinité solaire. Tous les constituants physiques du système solaire — le soleil avec sa merveilleuse couronne, toutes les planètes et leurs satellites, leurs océans, leurs atmosphères et les différents éthers qui les entourent — tout cela est collectivement Son corps physique, une expression de Lui dans le monde physique.

De la même façon les mondes astrals collectivement — non seulement les mondes astrals appartenant à chacune des planètes physiques, mais aussi les planètes purement astrales de toutes les chaînes du système (telles, par exemple, les globes B et F de notre chaîne) composent Son corps astral, et les mondes mentals collectivement sont Son corps mental, le véhicule par lequel Il Se manifeste à ce niveau spécial. Chaque atome de tous les mondes est un centre où Il est conscient, de sorte qu'il est vrai non seulement que Dieu est omniprésent, mais aussi que tout ce qui existe est Dieu.

Ainsi, nous voyons que la vieille conception panthéiste était exacte, tout en étant seulement un fragment de la vérité, parce que si la nature entière de tous les mondes n'est que Son vêtement, Lui cependant existe en dehors et au-dessus de cette vie prodigieuse au sujet de laquelle nous savons si peu de chose, cette vie parmi les Régents d'autres systèmes. De même que notre vie à tous est littéralement vécue en Lui et est en vérité une partie de Lui, ainsi Sa vie et celle des Divinités solaires d'innombrables systèmes sont une partie d'une vie encore plus immense, celle de la Divinité de l'univers visible. Et si dans les profondeurs de l'espace il existe encore d'autres univers invisibles pour nous, toutes ces Divinités doivent à leur tour faire de même partie d'une vaste et unique Conscience qui embrasse le tout.

LES DIFFÉRENTS TYPES DE MATIÈRE

Il existe dans ces "corps" de la Divinité solaire aux différents niveaux certaines classes, différents types de matière, qui sont assez également répartis sur le système entier. Je ne parle pas ici de notre division habituelle des mondes et de leurs parties, division établie d'après la densité de la matière, de sorte que dans le monde physique, par exemple, nous avons les états solide, liquide, gazeux, éthérique, super-éthérique, sous-atomique et atomique de la matière, états tous physiques, mais différant par la densité. Les types auxquels je fais allusion constituent une série de divisions coupant les autres à angle droit, chacune d'elles contenant de la matière à tous les degrés de densité. Si donc nous numérotons ces différents types, nous aurons de la matière solide, liquide et gazeuse du premier type, de la matière solide, liquide et gazeuse du second type, et ainsi de suite.

Ces différents types de matière sont aussi intimement mêlés que les parties constituantes de notre atmosphère. Imaginez une chambre remplie d'air. Toute vibration imprimée à l'air, comme un son par exemple, serait perceptible dans toutes les parties de la chambre. Supposons qu'il soit possible de produire quelque onde qui affecterait l'oxygène seulement sans toucher l'azote, cette onde serait encore perceptible dans chaque partie de la pièce. Supposons un moment que la proportion d'oxygène soit plus grande dans un coin de la pièce que dans l'autre, alors l'oscillation, tout en étant perceptible partout, serait plus forte dans cet endroit. De même que dans une chambre l'air est composé principalement d'oxygène et d'azote, ainsi la matière du système solaire est composée de ces différents types de matière. Et de même qu'une onde, qui affecterait seulement l'oxygène ou seulement l'azote (si du moins une telle chose était possible), serait néanmoins perçue dans toutes les parties de la pièce, de même un mouvement ou une modification affectant seulement un type de matière produit un effet dans le système solaire tout entier, tout en étant plus fort dans un endroit que dans l'autre.

Cette affirmation est également exacte pour tous les mondes, mais pour plus de clarté limitons-nous à un seul monde. Peut-être cette idée sera-t-elle plus facile à appliquer au monde astral. Nous avons souvent expliqué que dans le corps astral de l'homme se trouve de la matière appartenant à chacune de ces subdivisions astrales, et que la proportion entre les subdivisions plus denses et celles plus subtiles montre dans quelle mesure ce corps est capable de répondre aux désirs grossiers ou plus nobles. Il y a donc là une certaine indication du degré évolutif atteint par un homme. De même aussi il y a dans chaque corps astral de la matière appartenant à chacun de ces types, et, dans ce cas, leurs proportions indiqueront les dispositions de l'homme, s'il est dévotionnel ou philosophique, artiste ou homme de science, pragmatiste ou mystique.

LES CENTRES DE VIE

Or chacun des types de matière dans le corps astral de la Divinité solaire forme dans une certaine mesure un véhicule séparé et peut être pris également pour le corps astral d'une Divinité secondaire — un Ministre — qui serait en même temps un aspect de la Divinité de ce système, une sorte de ganglion ou centre de force existant en Elle. Si en effet ces types diffèrent entre eux, c'est parce que la matière les composant fut émanée à l'origine par tous ces Centres de Vie, et que la matière de chaque type est encore le véhicule spécial et l'expression de la Divinité secondaire par laquelle elle a été émanée, de sorte que la moindre pensée, tout mouvement ou changement en Lui, se répercute instantanément d'une façon ou d'une autre dans toute la matière du type correspondant. Naturellement chacun de ces types de matière possède ses affinités particulières et la possibilité de vibrer sous l'action d'influences qui probablement, n'évoquerait aucune réponse chez les autres types de matière.

Puisque chaque homme possède en lui de la matière appartenant à tous ces types, il est évident que toute modification, toute activité d'un de ces grands Centres de Vie doivent, dans une certaine mesure, affecter tous les êtres d'un même système. Le degré auquel une personne donnée est ainsi influencée dépend de la proportion du type de matière sur lequel l'action s'exerce et qui est présente dans son corps astral. Par conséquent nous avons différents types d'hommes tout autant que de matière. De par leur constitution, par la composition même de leurs corps astrals, quelques-uns sont plus sensibles à telle influence, d'autres à une autre.

Ces types sont au nombre de sept. Les astrologues leur ont souvent attribué les noms de certaines planètes. Chaque type se subdivise en sept sous-types, parce que chacune des "planètes" peut ou bien ne subir pour ainsi dire aucune influence, ou bien au contraire être principalement influencée par l'un des autres six types. En plus des quarante-neuf sous-types bien définis que nous obtenons ainsi, il y a un nombre infini de permutations possibles, de combinaisons d'influences, parfois tellement compliquées qu'il n'est pas facile de les démêler. Cependant cela nous fournit un certain système de classification, d'après lequel nous pourrons classer non seulement les êtres humains, mais aussi les règnes animal, végétal et minéral, ainsi que l'essence élémentale qui les précède dans l'évolution.

Tout ce qui fait partie d'un système solaire appartient à l'un de ces sept grands courants, parce que tout a été émané par un de ces grands Centres de Force, auquel par conséquent il appartient essentiellement, tout en étant inévitablement plus ou moins influencé par les autres aussi. C'est ce qui donne à chaque homme, chaque animal, plante ou minéral, une certaine caractéristique fondamentale qui ne change jamais, laquelle est parfois symbolisée par sa note, sa couleur ou son rayon.

Cette caractéristique n'est pas seulement permanente dans toute la période d'une chaîne, mais pendant toute la durée d'un système planétaire, de sorte que la vie qui se manifeste dans l'essence élémentale du type A animera à un moment donné de son évolution, successivement les minéraux, les plantes et les animaux du type A. Lorsque son âme-groupe se décompose en unités et reçoit la troisième Vague, les êtres humains que produira cette évolution seront des hommes du type A seulement et, dans des circonstances normales, continueront à l'être pendant toute la durée de leur développement, jusqu'à ce qu'ils soient devenus des Adeptes du type A.

Dans les premiers jours de nos études théosophiques, nous avions la conviction que ce plan s'accomplissait jusqu'au bout et que ces Adeptes revenaient à la Divinité solaire par la même Divinité secondaire en Ministre qui les avait émanés. Des recherches ultérieures nous ont prouvé que cette impression demande à être modifiée. Nous trouvons en effet que des groupes d'égos de types très différents s'associent en vue d'un but commun.

Par exemple, pendant les recherches se rapportant d'abord aux vies d'Alcyone, on trouva que certains groupes d'égos gravitaient autour des divers Maîtres, se rapprochant de plus en plus d'Eux au cours des âges. Les uns après les autres, à mesure qu'ils étaient prêts, ces égos parvenaient au stade où ils étaient acceptés comme élèves par l'un ou l'autre Maître. Devenir vraiment un élève d'un Maître signifie entrer avec Lui dans des rapports dont l'intimité dépasse celle de tout lien que nous connaissions sur terre. C'est là un degré d'union avec Lui qu'aucune parole ne saurait rendre parfaitement, bien qu'en même temps l'élève conserve absolument son individualité et son initiative propres.

Chaque Maître devient ainsi un centre dans ce qu'on pourrait représenter comme un vaste organisme, puisque Ses élèves sont véritablement Ses membres. Lorsque nous comprendrons que Lui-même est exactement de la même façon un membre d'un Maître encore plus auguste, nous comprendrons ce vaste organisme qui en réalité est un, tout en étant composé de milliers d'égos parfaitement distincts.

Un tel organisme constitue l'Homme divin, qui se manifeste comme le produit de l'évolution de toute grande race-racine. En Lui, comme dans l'homme terrestre, sont sept grands centres, dont chacun est un puissant Adepte. Dans cet organisme, le Manou et le Bodhisattva occupent respectivement la place des centres correspondant au cerveau et au cœur. Autour d'Eux — ou plutôt à l'intérieur d'Eux, faisant partie d'Eux, tout en restant nous-mêmes dans toute notre plénitude et notre gloire — serons-nous Leurs serviteurs ? Et cette grande figure représente dans sa totalité la fleur de cette race particulière ; elle inclut tous ceux qui ont atteint l'Adeptat par son moyen. Chaque race-racine est représentée ainsi finalement par l'un de ces Hommes divins. Ceux-ci à Leur tour, dans Leur totalité splendide, deviendront Eux-mêmes, au degré suivant de Leur évolution, les Ministres de quelque future Divinité solaire. Cependant chacun d'Eux contient en Lui des hommes de tous les types possibles, de sorte que chacun de ces futurs Ministres représente en vérité, non pas une seule ligne, mais toutes les lignes d'évolution.

Lorsque nous étudierons le système solaire d'un point de vue suffisamment élevé, nous verrons que dans son ensemble il se compose de ces grands Centres de Vie, ou Ministres, et des types de matière par lesquels S'exprime chacun d'Eux. Répétons ici, pour plus de clarté, ce que j'ai déjà écrit sur ce sujet dans le premier volume de *L'Occultisme dans la Nature*, p. 161 et 162.

"Or, chacun de ces grands centres vivants subit, en propre, une sorte de changement en mouvement périodique, correspondant peut-être, mais à un degré infiniment supérieur, aux battements réguliers du cœur humain et à l'inspir et à l'expir dit souffle.

Quelques-uns de ces changements périodiques sont plus rapides que d'autres, de là une série compliquée d'effets; il a été observé en outre que les mouvements des planètes physiques, dans leurs rapports réciproques, fournissent une indication expliquant les effets des fortes influences cosmiques à un moment donné. Chacun de ces centres est localisé, spécialisé, a son foyer principal dans le corps du soleil, et, de plus, un foyer secondaire qui lui, est toujours extérieur au soleil. Ce dernier foyer est toujours une planète physique.

Les relations exactes ne peuvent guère être rendues claires à l'aide de notre phraséologie qui ne concerne que le domaine à trois dimensions; mais on peut les représenter approximativement en disant que chaque centre a un champ d'influence pratiquement coextensif avec le système solaire et que, si on pouvait faire une section de ce champ, on verrait qu'elle a la forme d'une ellipse, que l'un des foyers de cette ellipse est toujours situé dans le soleil, et que l'autre est la planète spéciale gouvernée par ce Logos auxiliaire. Il est probable que dans la condensation graduelle de la nébuleuse incandescente primordiale d'où le système est né, la situation des planètes dans l'espace fut déterminée par la formation de tourbillons, les petits foyers secondaires étant des points auxiliaires de distribution, des ganglions dans le système solaire, pourrait-on dire."

Bien entendu il faut comprendre que nous ne faisons pas allusion ici à la curieuse théorie astrologique qui considère le soleil lui-même comme une planète, mais aux vraies planètes qui gravitent autour de lui.

LEUR INFLUENCE

Les influences appartenant à ces grands types diffèrent beaucoup par leur qualité. Une des manières dont se manifeste cette différence est leur action sur l'essence élémentale vivante, aussi bien dans l'homme qu'en dehors de lui. Rappelez-vous toujours que cette domination s'exerce dans tous les mondes, et pas seulement dans l'astral, bien que nous nous limitions à celle-là en ce moment, pour plus de simplicité. Ces agents mystérieux peuvent et doivent en effet poursuivre d'autres lignes d'activité plus importantes, inconnues de nous jusqu'à présent. Mais ce qui s'impose à l'attention de l'observateur, c'est que chaque Centre produit son effet très spécial sur les multiples variétés d'essence élémentale.

Ainsi on verra que l'un d'eux stimule vivement l'activité et la vitalité de ces sortes d'essence qui appartiennent spécialement au Centre qui les a émanées, tout en faisant obstacle probablement aux autres. L'influence d'un autre se fera sentir fortement sur une série tout à fait différente d'essences appartenant à son Centre, sans affecter probablement le moins du monde la série précédente. Il y a toutes sortes de combinaisons et de permutations de ces pouvoirs mystiques, l'action de l'un d'entre eux étant dans certains cas vivement intensifiée et dans d'autres cas presque neutralisée par la présence d'un pouvoir différent.

Puisque cette essence élémentale est très active dans les corps astral et mental de l'homme, il est clair que toute excitation inusitée de l'une quelconque des classes composant cette essence — toute augmentation soudaine de son activité — doit affecter dans une certaine mesure ses émotions ou son mental. Il est évident aussi que ces forces agiraient différemment sur des hommes différents, à cause des variétés d'essences entrant dans leur composition.

Ces influences n'existent pas ou ne s'exercent pas au profit de l'homme ou à son égard, pas plus que le vent n'existe pour le bateau qui est aidé ou gêné par lui. Elles font partie de l'action de forces cosmiques dont nous ignorons la raison d'être, quoique dans une certaine mesure nous puissions apprendre à les employer et les adapter. De telles farces ne sont en elles-mêmes ni meilleures ni pire que les autres pouvoirs de la nature. Comme l'électricité, ou toute autre grande force naturelle, elles peuvent être bénéfiques ou maléfiques pour nous, d'après l'usage que nous en faisons. De même que certaines expériences réussissent plus facilement quand on les tente à un moment où l'air est fortement chargé d'électricité, tandis que certaines autres rateront probablement dans les mêmes conditions, de même un effort, impliquant l'emploi des pouvoirs de notre nature mentale et émotionnelle atteindra plus ou moins facilement son but, d'après les influences qui prédomineront au moment où on le tentera.

LA LIBERTÉ D'ACTION

Il est pour nous extrêmement important de comprendre qu'une telle pression ne peut en aucune façon dominer la volonté humaine. Tout ce qu'elle peut faire, c'est faciliter en certains cas ou entraver l'action de cette volonté dans telle ou telle direction. En aucun cas l'homme ne peut être induit par elle à agir sans son propre consentement, bien qu'évidemment elle puisse l'aider ou lui faire obstacle dans l'effort qu'il pourra tenter. L'homme vraiment fort n'a pas besoin de se préoccuper des influences qui peuvent se trouver à l'ascendant, mais pour l'homme d'une volonté plus faible il peut être intéressant parfois de savoir à quel moment telle ou telle force peut être appliquée avec avantage. L'homme à la volonté de fer ou l'étudiant du vrai occultisme peuvent écarter ces facteurs comme une quantité négligeable. Mais puisque la plupart des hommes sont encore les jouets sans défense des forces du désir, et n'ont encore développé rien qui mérite le nom de volonté personnelle, leur faiblesse permet à ces influences de prendre dans la vie humaine une importance à laquelle elles n'ont réellement aucun droit.

Ainsi une certaine pression peut occasionnellement produire certaines conditions intensifiant toutes les formes d'excitation nerveuse, et provoquant, par conséquent, partout une grande irritabilité. Ces conditions ne pourront pas faire naître de querelles entre gens sensés. Mais dans des circonstances semblables des disputes s'élèveront bien plus facilement que d'habitude, même sous les plus minimes prétextes, et la foule des gens qui semblent toujours être sur le point de se mettre en colère perdront probablement toute maîtrise à la moindre provocation. Il peut arriver parfois que de telles influences, agissant sur le mécontentement de la jalousie ignorante, raniment ce feu couvant sous la cendre et en fassent jaillir l'incendie de la fureur populaire, créant peut-être une catastrophe générale.

Même dans ce cas nous devons nous garder de la fatale erreur de considérer cette influence comme étant mauvaise, parce que les passions de l'homme en font mauvais usage. La force en elle-même est simplement une vague d'activité envoyée par un des Centres de la Divinité, ayant pour but d'intensifier certaines vibrations et nécessaire peut-être pour produire quelque effet cosmique de vaste envergure. L'augmentation d'activité produite incidemment par ce moyen dans le corps astral d'un être humain lui fournit l'occasion d'éprouver son pouvoir de ménager ses véhicules. Qu'il réussisse ou non, ce sera toujours une leçon qui l'aidera dans son évolution. Karma peut conduire quelqu'un dans une certaine ambiance ou le soumettre à certaines influences, mais ne pourra jamais le forcer à commettre un crime, bien que la situation puisse être telle qu'il lui faudra beaucoup de force de volonté pour éviter ce crime. Il est donc possible qu'un astrologue mette quelqu'un en garde contre les circonstances où il se trouvera à un moment donné, mais toute prophétie au sujet de la conduite qu'il aura dans ces circonstances ne peut être basée que sur des probabilités, bien que nous pourrons

très vite nous convaincre que ces prophéties deviennent souvent
des certitudes pour l'homme ordinaire dont la volonté est faible.
D'après l'extraordinaire mélange de succès et d'insuccès qui ca-
ractérise les prédictions astrologiques modernes, il semble assez
certain que les adeptes de cette science n'ont pas une connaissance
suffisante de tous les éléments nécessaires. Dans les cas où n'entrent que ces facteurs seuls qui sont déjà suffisamment connus, le
succès est certain. Mais dans ceux où des facteurs inconnus entrent
en jeu, le résultat sera un insuccès plus ou moins complet.

CHAPITRE IV

PAR LE SOLEIL

LA CHALEUR DU SOLEIL

C eux que l'astronomie intéresse seront d'avis que le côté occulte de cette science constitue une des études les plus attachantes qui soient à notre portée. Évidemment, ce sujet serait trop abstrus et trop technique pour l'insérer dans un ouvrage tel que celui-ci, qui se rapporte plus particulièrement à tels phénomènes inconnus nous affectant réellement dans notre vie journalière. Mais les rapports du soleil avec cette vie même sont tellement étroits qu'il est nécessaire d'en dire quelques mots.

Le système solaire est véritablement dans son ensemble le vêtement de sa Divinité, mais le Soleil en est la véritable épiphanie — ce qui dans le monde physique est pour nous l'approximation la plus proche d'une de ses manifestations, la lentille à travers laquelle Sa puissance nous éclaire.

Envisagé au point de vue purement physique, le Soleil est une vaste masse de matière incandescente à des températures presque inconcevablement élevées, et dans un état d'électrification si intense qu'il dépasse presque tout ce que nous pouvons concevoir. Les astronomes, supposant que cette chaleur était due uniquement à la contraction, avaient calculé la durée de l'existence passée du soleil ainsi que la période durant laquelle il lui serait possible de conserver dans l'avenir cette température, et se trouvaient incapables de lui accorder plus de quelques centaines de milliers d'années d'existence dans un sens comme dans l'autre, alors que les géologues prétendent d'autre part trouver sur la terre trace de processus s'étendant sur des millions d'années. La découverte du radium a renversé les anciennes théories, mais même avec son aide les astronomes ne se sont pas encore élevés jusqu'à la simplicité de l'explication réelle de la difficulté.

On peut imaginer quelque microbe intelligent vivant à l'intérieur ou à la surface du corps humain, et raisonnant à propos de sa température d'une façon analogue à celle des astronomes. Il pourrait dire que ce corps doit se refroidir graduellement, et pourrait calculer avec exactitude que sa température doit, au bout de tant d'heures ou de minutes, tomber assez bas pour rendre impossible la continuation de l'existence. Cependant, s'il vivait assez longtemps, il découvrirait que le corps humain ne se refroidit pas comme ce devrait être le cas d'après la théorie, et sans aucun doute ce fait lui semblerait très mystérieux, à moins qu'il ne découvre qu'il a affaire non à un feu qui s'éteint, mais à un être vivant, et que tant que la vie subsiste la température ne doit pas s'abaisser. De la même façon, si nous nous rendons compte que le soleil est la manifestation physique de la Divinité solaire, nous verrons que la vie grandiose qui est derrière lui maintiendra assurément sa température aussi longtemps que cela sera nécessaire pour l'évolution complète du système.

LES FEUILLES DE SAULE

Une explication analogue nous offre une solution de quelques autres problèmes de la physique solaire. Par exemple, les taches appelées d'après leur forme "feuilles de saule" ou "grains de riz", et dont la photosphère du soleil est en majeure partie composée, ont souvent intrigué les astronomes par suite des caractéristiques en apparence contradictoires qu'elles présentent. D'après leur position, ces feuilles ou grains ne peuvent être que des masses de gaz incandescents, à une température excessivement élevée, et, par suite, d'une extrême ténuité ; et cependant, bien qu'ils doivent être bien plus légers qu'aucun nuage matériel, ils conservent invariablement leur forme particulière, quelque ballottés qu'ils puissent être par des tempêtes si terribles qu'elles détruiraient instantanément la terre elle-même.

Lorsque nous nous rendons compte que derrière chacun de ces objets étranges se trouve une Vie splendide, qu'ils peuvent être chacun considérés comme le corps physique d'un grand Ange, nous comprenons que c'est cette Vie qui maintient leur agrégation et leur donne leur merveilleuse stabilité. Les qualifier de corps physiques est peut-être susceptible d'induire en erreur, vu que pour chacun de nous la vie physique semble si importante et occupe une place si prépondérante au stade actuel de notre évolution. Mme Blavatsky nous a dit que nous ne pouvons pas vraiment les appeler des habitants du soleil, étant donné que les Êtres solaires ne seraient guère visibles au télescope, mais que ce sont les réservoirs de l'énergie vitale solaire, ces êtres participant eux-mêmes à la vie qu'ils distribuent.

Nous dirons plutôt que les feuilles de saule sont des manifestations sur le plan physique, entretenues par les Anges solaires dans un but spécial, et au prix d'un certain sacrifice ou limitation de leur activité sur les plans supérieurs qui sont leur résidence normale. Si nous nous souvenons que c'est par l'intermédiaire de ces "feuilles de saule" que la lumière, la chaleur et la vitalité du soleil nous parviennent, nous verrons facilement que le but de ce sacrifice est de faire descendre jusqu'au plan physique certaines forces qui autrement demeureraient non manifestées, et que ces grands Anges agissent comme des canaux, des réflecteurs, des agents de spécialisation pour la force divine. Ils accomplissent en définitive sur des plans cosmiques et pour un système solaire ce que nous-mêmes, si nous sommes assez sages pour tirer parti de nos privilèges, pouvons faire sur une échelle microscopique dans notre petit cercle, comme on le verra dans un autre chapitre.

LA VITALITÉ

Nous sommes tous familiers avec la sensation de joie et de bie-nêtre que nous apporte la lumière du soleil, mais seuls les étudiants de l'occultisme connaissent pleinement les causes de cette sensation. En même temps que le soleil inonde son système de lumière et de chaleur, il y déverse constamment une autre force encore insoupçonnée de la science moderne, une force à laquelle on a donné le nom de *vitalité*. Cette vitalité est déversée sur tous les plans, et se manifeste dans chaque monde — monde physique, monde émotionnel, monde mental, etc. — mais pour l'instant nous nous occuperons plus spécialement de son apparition sur le plan le plus bas, où elle pénètre dans quelques atomes physiques, accroissant immensément leur activité et leur donnant de l'animation et de l'éclat.

Il ne faut pas confondre cette force avec l'électricité, bien que sous certains rapports elle lui ressemble. La Divinité émane trois grandes formes d'énergie; peut-être y a-t-il encore des centaines d'autres formes dont nous ne savons rien, mais en tout cas ces trois formes existent. Chacune d'elles a sa manifestation propre sur tous les plans que nos étudiants ont jusqu'à présent atteints, mais pour le moment nous les considèrerons alors qu'elles se montrent dans le plan physique. L'une d'elles apparaît comme électricité, une autre comme vitalité, et la troisième est le feu serpentin, dont j'ai déjà parlé dans *l'Occultisme dans la Nature*.

Ces trois forces demeurent distinctes, et aucune d'entre elles ne peut être convertie en l'une des deux autres. Elles n'ont aucun rapport avec les trois grandes effusions appelées Vagues de vie. Celles-là sont des efforts définis faits par la Divinité solaire, tandis que celles-ci semblent plutôt être des résultats de Sa vie, Ses qualités manifestées sans effort visible.

Lorsque l'électricité se précipite à travers les atomes, elle les fait dévier et les maintient dans une certaine position, cet effet étant tout à fait distinct du taux spécial de vibration qu'elle leur impose, et s'ajoutant à lui. Mais l'action de la vitalité diffère sous bien des rapports de celle de l'électricité, de la lumière et de la chaleur. Toutes les variantes de cette dernière force occasionnent des oscillations de l'atome en son ensemble, oscillations dont l'amplitude est énorme par rapport aux dimensions de l'atome; mais l'autre force que nous appelons vitalité vient à l'atome non du dehors, mais de l'intérieur.

LE GLOBULE DE VITALITÉ

L'atome n'est lui-même rien autre que la manifestation d'une force. La Divinité solaire crée par sa volonté une certaine forme que nous appelons un atome physique ultime, et par cet effort de Sa volonté, quelque quatorze milliards de bulles se trouvent maintenues dans cette forme particulière. Il est nécessaire d'insister sur le fait que la cohésion des bulles dans cette forme dépend entièrement de cet effort de volonté, de sorte que s'il était suspendu un seul instant, les bulles devraient se séparer, et le monde physique tout entier cesserait d'exister en moins de temps qu'il n'en faut à l'éclair pour jaillir. Il est donc vrai que le monde n'est qu'une illusion, même à ce point de vue, et pour ne rien dire du fait que les bulles dont est formé l'atome ne sont elles-mêmes que des trous dans le koïlon, l'éther véritable de l'espace.

C'est donc la force de volonté du Logos qui, continuellement exercée, maintient l'atome dans son état actuel d'agrégation; et lorsque nous essayons d'examiner l'action de cette force nous voyons qu'elle ne pénètre pas dans l'atome en venant du dehors, mais qu'elle jaillit en lui, ce qui signifie qu'elle y entre en venant des dimensions supérieures. Le même fait est vrai de cette autre force que nous appelons vitalité; elle entre dans l'atome par l'intérieur en compagnie de la force qui maintient l'atome dans son état d'agrégation, et n'agit pas sur lui entièrement de l'extérieur, comme le font les autres variétés de force que nous appelons lumière, chaleur ou électricité.

Lorsque la vitalité jaillit ainsi à l'intérieur de l'atome, elle lui infuse une vie additionnelle, et lui confère un pouvoir d'attraction, de sorte qu'il attire immédiatement autour de lui six autres atomes, qu'il dispose dans une forme déterminée, produisant ainsi ce que l'on appelle dans la *Chimie Occulte* un hyper-méta-proto-élément. Mais cet élément diffère de tous ceux qui ont été jusqu'à présent observés, par le fait que la force qui le crée et le maintient agrégé provient du second Aspect de la Divinité solaire et non du troisième. Ce globule de vitalité est représenté à la page 238 du livre *La Chimie Occulte*, où il se trouve à gauche de la ligne supérieure du diagramme. Il constitue le petit groupe qui forme la perle excessivement brillante visible au-dessus du serpent mâle ou positif de l'élément chimique appelé oxygène, et il constitue le cœur du globe central dans le radium.

Ces globules se détachent nettement parmi tous ceux que l'on peut voir flotter dans l'atmosphère, par suite de leur éclat et de leur activité extrême, de la vie intense qu'ils manifestent. Ce sont probablement les *vies ardentes* si souvent mentionnées par Mme Blavatsky, bien qu'elle paraisse donner à ce terme deux sens différents. Dans la *Doctrine Secrète*, vol. IV, pages 276-277, ce mot semble se rapporter au globule en son ensemble, tandis que dans le volume I, page 250, il se rapporte probablement aux atomes qui ont reçu en premier lieu un surplus de vitalité, et dont chacun attire autour de lui six autres atomes.

Quoique la force qui vivifie ces globules soit tout à fait différente de la lumière, elle parait cependant dépendre de la lumière pour se manifester. Dans la lumière brillante du soleil cette vitalité jaillit continuellement, les globules sont engendrés avec une grande rapidité et en nombre incroyable ; mais lorsque le temps est nuageux il y a une grande diminution dans le nombre des globules formés, et durant la nuit leur formation parait complètement suspendue. Par conséquent on peut dire que durant la nuit nous vivons sur le stock fabriqué au cours de la journée précédente, et bien que l'épuisement complet de ce stock paraisse pratiquement impossible, il devient néanmoins fort réduit lorsqu'il y a une succession de jours sombres. Une fois chargé, le globule reste à l'état d'élément sous-atomique, et ne parait pas éprouver de changement ou perdre de sa force jusqu'au moment où il est absorbé par une créature vivante.

L'ABSORPTION DE LA VITALITÉ

Cette vitalité est absorbée par tous les organismes vivants, et il semble que leur existence en nécessite une provision suffisante. Dans le cas de l'homme et des animaux supérieurs la vitalité est absorbée par le centre ou tourbillon qui dans le double éthérique correspond à la rate. On se souviendra que ce centre a six pétales, formés par le mouvement ondulatoire des forces qui engendrent le tourbillon. Mais ce mouvement ondulatoire est lui-même occasionné par d'autres forces qui rayonnent du centre de ce tourbillon. Représentons-nous ce point central du tourbillon comme le moyeu d'une roue, nous pourrons alors considérer ces dernières forces comme des rais qui rayonnent du moyeu en lignes droites. Les forces qui engendrent le tourbillon tournoient autour du centre, passant alternativement au-dessous et au-dessus des rais, comme pour tresser une sorte de panier éthérique, ce qui produit l'apparence de six pétales séparés par des dépressions [2].

Lorsque l'unité de vitalité sillonne l'atmosphère, elle parait presque incolore malgré son éclat et peut être comparée à la lumière blanche. Mais aussitôt qu'elle est attirée dans le tourbillon du centre de force de la rate, elle est décomposée et se divise en courants dont les couleurs sont différentes, bien que ne correspondant pas exactement à notre division du spectre solaire. Alors que ses atomes constitutifs sont entraînés dans le tourbillon, chacun des six rais en saisit un, de sorte que tous les atomes chargés de jaune s'élancent le long d'un rai, ceux chargés de vert en suivent un autre, et ainsi de suite, tandis que le septième atome disparaît dans le centre du tourbillon, dans le moyeu de la roue pour ainsi dire. Ces rayons s'élancent alors dans différentes directions, pour exécuter chacun son travail spécial dans la vitalisation du corps. Comme je l'ai dit, les divisions ne sont pas exactement celles que nous reconnaissons ordinairement dans le spectre solaire, mais ressemblent plutôt à la disposition des couleurs telle que nous la voyons sur les plans supérieurs dans le corps causal, le corps mental et le corps astral.

Par exemple, ce que nous appelons indigo est réparti entre le rayon violet et le rayon bleu, de sorte que nous ne trouvons là que deux divisions au lieu de trois; mais d'un autre côté ce que nous appelons le rouge est divisé en deux parties rouge rose et rouge foncé. Les six couleurs rayonnantes sont donc le violet, le bleu, le vert, le jaune, l'orangé, le rouge foncé; tandis que le septième atome ou atome rouge-rose s'engouffre dans le centre du tourbillon (il vaudrait mieux dire le premier atome puisqu'il s'agit là de l'atome original dans lequel la force apparut en premier lieu). La vitalité

---

2   Voir *Les Centres de force dans l'Homme*, par C. W. Leadbeater, et *Le Double éthérique*, par le Maj. A. É. Powell.

est donc évidemment de constitution septuple, mais elle s'élance à travers le corps par cinq courants principaux, comme cela est décrit dans certains livres indous [3], car après leur sortie du centre splénique, le bleu et le violet s'unissent en un rayon, et une fusion semblable s'opère entre l'orangé et le rouge foncé.

1° Le rayon violet-bleu s'élance vers la gorge, où il semble se diviser, les éléments bleu pâle s'arrêtant pour se diffuser dans le centre qui est à la gorge et le vivifier, tandis que le bleu foncé et le violet continuent leur route jusqu'au cerveau. Le courant bleu foncé se répand dans la partie inférieure et la partie centrale du cerveau, tandis que le violet en inonde la partie supérieure et paraît donner une vigueur spéciale au centre de force du sommet de la tête, se diffusant principalement à travers les 960 pétales de la portion extérieure de ce centre.

2° Le rayon jaune se dirige vers le cœur, mais après y avoir fait son travail il se rend aussi partiellement vers le cerveau et s'y répand, en se dirigeant principalement vers la fleur à douze pétales qui est au milieu du centre de force le plus élevé.

3° Le rayon vert inonde l'abdomen et, tout en s'établissant spécialement dans le plexus solaire, vivifie évidemment le foie, les reins et les intestins, ainsi que l'appareil digestif en général.

4° Le rayon rose circule dans tout le corps en suivant les nerfs, et est clairement la vie du système nerveux. Il est ce que l'on appelle communément la vitalité : la vitalité spécialisée qu'un homme peut facilement déverser sur un autre qui en manque. Si les nerfs ne sont pas abondamment approvisionnés de cette lumière rosée ils deviennent sensibles et extrêmement irritables, de sorte qu'il est presque impossible à la personne ainsi affectée de demeurer dans une position, bien qu'elle ne trouve que peu de soulagement

---

3   "La vie principale leur dit : "Ne tombez point dans l'erreur. Moi-même, me divisant en cinq, je maintiens ce corps par mon assistance". *Prashnopanishad* II, 3. "De celui-ci procèdent ces sept flammes". id. III, 5.

à en changer. Le bruit le plus faible, le contact le plus léger lui sont excessivement pénibles. Si les nerfs de cette personne reçoivent un abondant influx de vitalité spécialisée provenant d'une personne en bonne santé, le soulagement est immédiat et une sensation de bienêtre et de paix descend sur le malade. Un homme doué d'une santé robuste absorbe et spécialise d'habitude beaucoup plus de vitalité qu'il ne lui en faut pour les besoins de son propre corps, de sorte qu'il émet sans cesse un torrent d'atomes roses, et déverse inconsciemment de la force sur ses compagnons plus faibles sans rien perdre lui-même ; cependant, par un effort de volonté il peut rassembler cette énergie superflue et la diriger intentionnellement vers quelqu'un qu'il désire aider.

Le corps physique a une certaine conscience instinctive et aveugle qui lui est propre, et qui correspond dans le monde physique à l'élémental du désir dans le corps astral. Cette conscience cherche toujours à protéger le corps du danger, ou à lui procurer ce dont il a besoin ; elle est complètement indépendante de la conscience de l'homme lui-même, et agit également bien quand l'égo est absent du corps physique durant le sommeil. Tous nos mouvements instinctifs lui sont dus, et c'est par son activité que le fonctionnement du système du grand sympathique se poursuit incessamment sans que nous y pensions ou en ayons connaissance.

Alors que nous sommes ce que nous appelons éveillés, cet élémental physique est perpétuellement occupé à se défendre ; il ne se départit pas un instant de sa vigilance, et maintient les nerfs et les muscles tendus. Durant la nuit ou à tout autre moment où il nous arrive de dormir, il permet aux nerfs et aux muscles de se relâcher, et se consacre spécialement à l'assimilation de la vitalité ainsi qu'à la réparation du corps physique. Il accomplit cette tâche avec une plus grande efficacité durant la première partie de la nuit, parce qu'alors la vitalité est abondante, tandis qu'immédiatement avant l'aube la provision de vitalité provenant de l'action du soleil au cours de la journée précédente est presque complètement épuisée.

C'est ici la raison de la sensation de prostration et d'engourdis-sement qui se fait sentir dans les dernières heures de la nuit, et c'est aussi la raison pour laquelle les malades meurent si souvent à ce moment-là. Cette même idée est exprimée par le vieux pro-verbe "Une heure de sommeil avant minuit en vaut deux après". L'activité de cet élémental physique explique le puissant pouvoir réparateur du sommeil, que l'on peut observer même lorsqu'il s'agit d'un somme très court.

Cette vitalité est vraiment la nourriture du double éthérique, elle lui est tout aussi nécessaire que la nourriture substantielle l'est à la partie grossière du corps physique. Il s'ensuit que lorsque pour une raison quelconque (maladie, fatigue, vieillesse extrême) le corps est incapable de préparer la vitalité nécessaire à la nourriture de ses cellules, cet élémental physique cherche à s'emparer, pour son propre usage, de la vitalité qui a déjà été préparée dans le corps d'autres personnes; et il arrive souvent que nous nous trouvons faibles et épuisés après être restés quelque temps assis à côté d'une personne qui manque de vitalité, car elle a aspiré chez nous les ato-mes roses avant que nous ayons pu en extraire l'énergie.

Le règne végétal absorbe aussi cette vitalité, mais dans la plu-part des cas ne semble en utiliser qu'une faible partie. Bien des arbres en tirent presque exactement les mêmes éléments que ceux employés par la partie supérieure du corps éthérique de l'homme, et par suite, quand ces végétaux ont utilisé ce qui leur est néces-saire, les atomes qu'ils rejettent sont précisément ceux chargés de la lumière rose nécessaire aux cellules du corps physique de l'homme. Tel est particulièrement le cas du pin et de l'eucalyptus, d'où il s'ensuit que le simple voisinage de ces arbres donne la santé et la force aux personnes qui souffrent d'un manque de cette par-tie du principe vital — les personnes nerveuses, comme nous les appelons. Ces personnes sont nerveuses parce que les cellules de leur corps sont affamées; la nervosité ne peut être soulagée qu'en nourrissant ces cellules, et la façon la plus commode de le faire est souvent de leur fournir de l'extérieur la vitalité particulière dont elles ont besoin.

5° Le rayon rouge-orangé se rend à la base de l'épine dorsale, et de là aux organes de la génération, auxquels une partie de ses fonctions se rapporte étroitement. Ce rayon parait comprendre non seulement l'orangé et le rouge foncé, mais aussi une certaine quantité de violet foncé, comme si le spectre était circulaire et que la série des couleurs recommençât sur une octave inférieure. Chez l'homme normal ce rayon donne leur énergie aux désirs de la chair, et parait aussi pénétrer dans le sang et maintenir la chaleur du corps ; mais si un homme refuse avec persistance d'obéir à sa nature inférieure, ce rayon peut, par des efforts prolongés et résolus, être dévié vers le haut pour se rendre au cerveau, où ses trois éléments constitutifs subissent une modification remarquable. L'orangé s'élève dans la gamme des couleurs jusqu'au jaune pur, et produit une intensification marquée des pouvoirs de l'intellect ; le rouge foncé devient cramoisi et accroît fortement le pouvoir d'affection altruiste ; tandis que le violet foncé est transmué en un adorable violet pâle et vitalise la partie spirituelle de la nature humaine. L'homme qui réalise cette transmutation trouvera que les désirs des sens ne le troublent plus, et lorsqu'il devient nécessaire pour lui d'éveiller le feu serpentin, il sera à l'abri du danger le plus sérieux de ce processus. Quand un homme a définitivement achevé cette transmutation, le rayon rouge-orangé passe directement dans le centre à la base de l'épine dorsale, et de là s'élève dans le canal de la colonne vertébrale, pour atteindre le cerveau.

VITALITÉ ET SANTÉ

L'écoulement de la vitalité dans ces divers courants régit la santé des parties du corps avec lesquelles ils ont affaire. Si, par exemple, une personne souffre d'une mauvaise digestion, le fait est de suite visible pour l'homme en possession de la vision éthérique, parce que l'action ou l'écoulement du courant vert est ralenti, ou son volume plus réduit qu'il ne devait l'être. Lorsque le courant jaune est abondant et fort, cela indique que l'action du cœur est forte et régulière, ou plutôt le courant jaune produit cette force et cette régularité. Se répandant autour du centre cardiaque, il pénètre aussi dans le sang qui est chassé à travers le cœur, et l'accompagne dans tout le corps. Cependant il en reste assez pour qu'une partie se rende au cerveau, et l'aptitude aux hautes pensées philosophiques et métaphysiques semble dépendre dans une large mesure du volume et de l'activité de ce courant jaune, ainsi que de l'éveil correspondant de la fleur à douze pétales qui se trouve au milieu du centre de force au sommet de la tête.

La pensée et les émotions d'une nature hautement spirituelle semblent dépendre en grande partie du rayon violet, alors que le pouvoir de pensée ordinaire est stimulé par l'action du bleu mélangé d'une partie du jaune. On a observé que dans certaines formes d'idiotisme l'écoulement vers le cerveau de la vitalité (courants jaune et bleu-violet) est presque entièrement obstrué. Une activité ou un volume extraordinaire du bleu pâle distribué au centre qui est à la gorge a pour corollaire la santé et la force des organes physiques de cette partie du corps. Elle donne par exemple la force et l'élasticité aux cordes vocales, de sorte qu'une activité et un éclat spécial de ce courant s'observent chez les orateurs et les grands chanteurs. La faiblesse ou la maladie d'une partie quelconque du corps s'accompagne d'une insuffisance dans l'écoulement de la vitalité vers cette partie du corps.

À mesure que les différents courants d'atomes exécutent leur travail, la vitalité dont ils sont chargés leur est enlevée, précisément comme s'il s'agissait d'une charge électrique. Les atomes portant le rayon rose deviennent graduellement plus pâles à mesure qu'ils voyagent le long des nerfs et sont éventuellement chassés hors du corps à travers les pores de la peau, constituant ainsi ce qui est appelé "l'aura de santé" dans le livre *L'Homme visible et invisible*. Lorsqu'ils quittent le corps, la plupart d'entre eux ont perdu leur lumière rosée, de sorte que l'aspect général de l'émanation est bleuâtre. La partie du rayon jaune qui est incorporée au sang et voyage avec lui perd de la même façon sa couleur distinctive.

Lorsque les atomes ont été ainsi vidés de leur charge de vitalité, ils entrent dans quelques-unes des combinaisons qui se forment constamment dans le corps, ou s'échappent par les pores ou les voies ordinaires. Les atomes vides du rayon vert, qui est principalement associé avec les processus de la digestion, semblent faire partie des matières usées ordinaires du corps, et sont expulsés avec celles-ci; c'est aussi le sort des atomes du rayon rouge-orangé chez l'homme ordinaire. Les atomes appartenant aux rayons bleus, dont le rôle se rapporte au centre situé à la gorge, quittent généralement le corps avec l'haleine expirée; et ceux qui composent les rayons bleu foncé et violet s'échappent habituellement du centre du sommet de la tête.

Lorsque l'étudiant a appris à faire dévier les rayons rouge-orangé, de façon à les faire monter le long de l'épine dorsale, les atomes vidés de ces rayons ainsi que ceux du rayon violet-bleu s'écoulent du sommet de la tête comme une cascade incandescente, qui est fréquemment représentée sous la forme d'une flamme dans les anciennes statues du Bouddha et d'autres saints personnages. Lorsqu'ils sont vidés de la force vitale, les atomes sont de nouveau exactement semblables aux atomes ordinaires; le corps absorbe ceux dont il a besoin, de sorte qu'ils font partie des diverses combinaisons qui s'opèrent constamment, tandis que ceux qui ne sont pas nécessaires pour de telles fins sont rejetés par les canaux qui se trouvent être convenables.

L'écoulement de la vitalité dans un centre ou à travers lui, ou même l'intensification de ce centre, ne doivent pas être confondus avec le développement tout à fait différent des centres qui est occasionné par l'éveil du feu serpentin à un stade ultérieur de l'évolution humaine. Tous nous absorbons de la vitalité pour la spécialiser, mais peu d'entre nous l'utilisent complètement, parce que sous différents rapports notre vie n'est pas aussi pure, saine et raisonnable qu'elle devrait l'être. Celui qui rend plus grossier son corps par l'usage de la viande, de l'alcool ou du tabac, ne peut jamais utiliser pleinement sa vitalité, comme le peut faire un homme dont la vie est plus pure. Il peut arriver que des individus menant une vie impure soient souvent plus forts dans leur corps physique que certaines personnes plus pures ; c'est là un effet de leurs karmas respectifs, mais, toutes choses égales, l'homme qui mène une vie pure est immensément avantagé.

VITALITÉ N'EST PAS MAGNÉTISME

Il ne faut pas confondre la vitalité qui circule le long des nerfs avec ce que nous appelons habituellement le magnétisme humain, le fluide nerveux que l'homme engendre en lui-même. C'est ce fluide qui maintient le long des nerfs la circulation constante de matière éthérique qui correspond à la circulation du sang dans les veines ; et de même que l'oxygène est porté par le sang à toutes les parties du corps, de même la vitalité est entraînée le long des nerfs par ce courant éthérique. Les particules de la portion éthérique du corps humain changent constamment, tout comme celles du corps physique dense ; avec la nourriture que nous prenons et l'air que nous respirons nous absorbons de la matière éthérique, et celle-ci est assimilée par la partie éthérique du corps. La matière éthérique est rejetée constamment par les pores, de même que la matière gazeuse, de sorte que lorsque deux personnes sont l'une près de l'autre chacune absorbe nécessairement une grande partie des émanations physiques de l'autre.

Lorsqu'une personne en magnétise une autre, l'opérateur rassemble par un effort de volonté une forte quantité de ce magnétisme et le projette dans le sujet, repoussant le fluide nerveux de sa victime et y substituant le sien. Comme le cerveau est le centre de cette circulation nerveuse, une telle manœuvre met la partie influencée du corps du sujet sous la domination du cerveau de l'expérimentateur et la soustrait à l'autorité de la victime, qui ressent ainsi ce que le magnétiseur lui ordonne de ressentir. Si le cerveau du sujet est vidé de son magnétisme propre et rempli de celui de l'opérateur, le sujet ne peut penser et agir que selon la volonté de ce dernier ; il est pour le moment complètement dominé.

Même lorsqu'un magnétiseur cherche à effectuer une guérison et déverse de la force sur le patient, il lui donne inévitablement avec cette vitalité une grande partie de ses propres émanations. Il est évident qu'une maladie dont sera atteint le magnétiseur pourra facilement être transmise au sujet de cette façon. Une autre considération encore plus importante est que même si la santé du magnétiseur est parfaite au point de vue médical, il faut tenir compte qu'il y a des maladies mentales et morales aussi bien que des maladies physiques, et qu'elles aussi sont fréquemment transmises, puisque le magnétiseur déverse sur le sujet de la matière astrale et de la matière mentale en même temps que le courant de matière physique.

La vitalité, de même que la lumière et la chaleur, est continuellement déversée par le soleil, mais des obstacles empêchent fréquemment la terre d'en recevoir une pleine mesure. Dans les climats froids et mélancoliques qualifiés par dérision de tempérés, il arrive trop souvent que durant des jours le ciel soit couvert d'un linceul funèbre de lourds nuages, ce qui a une influence sur la vitalité tout autant que sur la lumière ; cela n'en arrête pas complètement le passage, mais en diminue sensiblement la quantité. Il s'ensuit que par temps sombre et couvert la vitalité baisse, et toutes les créatures vivantes ressentent un désir instinctif de soleil.

Lorsque les atomes vitalisés sont ainsi plus parcimonieusement répandus, l'homme dont la santé est robuste voit s'accroître son pouvoir d'absorption ; il épuise un espace plus grand, et maintient ainsi sa force au taux normal. Mais les malades et les personnes insuffisamment douées de force nerveuse, qui ne peuvent agir ainsi, souffrent souvent à l'extrême et se trouvent devenir plus faibles et plus irritables sans savoir pourquoi. Pour le motif ci-dessus la vitalité est à un niveau plus bas en hiver qu'en été, car même lorsque les courtes journées d'hiver sont ensoleillées, ce qui est rare, il faut encore faire face aux longues et monotones nuits d'hiver, durant lesquelles nous devons subsister sur la vitalité que le jour a emmagasinée dans notre atmosphère. Au contraire, les longs jours d'été, lorsqu'ils sont ensoleillés et sans nuages, chargent si complètement l'atmosphère de vitalité que les courtes nuits d'alors ne l'épuisent guère.

En étudiant cette question de la vitalité, l'occultiste ne peut manquer de reconnaître qu'en dehors de son rapport avec la température, la lumière solaire est un des facteurs les plus importants dans l'obtention et la conservation d'une santé parfaite, un facteur à l'absence duquel rien ne saurait complètement suppléer. Étant donné que cette vitalité est déversée non seulement sur le monde physique, mais sur les autres mondes aussi, il est évident que si sous d'autres rapports les conditions sont satisfaisantes, les facultés d'émotion ainsi que l'intellect et la spiritualité seront à leur plus haut point sous un ciel clair et avec l'aide inappréciable de la lumière du soleil.

Toutes les couleurs de l'espèce de vitalité qui vient d'être décrite sont éthériques, et néanmoins on voit que leurs fonctions présentent certaines correspondances avec la signification attribuée à des couleurs semblables dans le corps astral. Il est clair que des pensées et des sentiments purs et droits réagissent sur le corps physique et augmentent son pouvoir d'assimiler la vitalité nécessaire à son bienêtre. On rapporte que le Seigneur Bouddha dit un jour que le premier pas sur la route de Nirvana est une santé physique parfaite, et assurément, la façon d'atteindre cette santé parfaite est de suivre le noble Sentier octuple qu'Il a indiqué. "Cherchez plutôt le Royaume de Dieu, et sa justice, et toutes ces choses vous seront données par surcroît". Cela est vrai, et la santé physique elle-même est comprise dans ces choses.

CHAPITRE V

PAR LES ENTOURAGES NATURELS

LE TEMPS ET LA TEMPÉRATURE

L es caprices du temps sont passés en proverbe, et bien que l'observation et l'étude des phénomènes météorologiques nous permette de hasarder quelques prédictions limitées, les causes ultimes de la plupart des changements atmosphériques nous échappent encore, et continueront à nous échapper jusqu'à ce que nous nous rendions compte qu'outre l'action de la chaleur et du froid, des radiations et de la condensation, d'autres considérations doivent nécessairement intervenir. La terre elle-même est vivante; notre globe de matière sert de corps physique à une vaste entité qui n'est pas un adepte ou un ange, non plus qu'un être hautement développé, mais plutôt quelque chose que l'on pourrait s'imaginer comme une sorte de gigantesque esprit de la nature, pour qui l'existence de notre terre représente une incarnation. Son incarnation précédente fut évidemment la lune, étant donné que cette planète était la quatrième de la dernière chaîne, et naturellement aussi son incarnation prochaine sera la quatrième planète de la chaîne qui succèdera à la nôtre quand l'évolution de notre chaîne terrestre sera terminée. De sa nature ou du caractère de son évolution nous ne pouvons savoir que peu de choses; cela d'ailleurs n'a aucune importance pour nous, étant donné que nous ne sommes pour cet être que de minuscules microbes, des parasites de son corps, et fort probablement il ne se doute même pas de notre existence, car nous ne pouvons rien faire sur une échelle assez vaste pour l'affecter.

Pour cet être, l'atmosphère entourant la terre doit être comme une sorte d'aura, ou mieux encore, peut correspondre à la pellicule de matière éthérique qui dépasse faiblement la surface du corps physique de l'homme; et de même que toute altération ou tout désordre survenant chez l'homme affecte cette pellicule d'éther, de même, tout changement d'état chez cet esprit de la terre influence l'atmosphère. Certains de ces changements doivent être périodiques et réguliers, comme les mouvements produits en nous par la respiration, l'action du cœur, ou même par un mouvement comme la marche; d'autres doivent être irréguliers et occasionnels, comme le seraient les changements produits chez un homme par un tressaillement soudain ou une forte émotion.

Nous savons qu'une émotion violente, toute astrale dans son origine qu'elle soit, produit des phénomènes chimiques et des variations de température dans le corps physique humain. Ce qui correspond à une telle émotion chez l'esprit de la terre pourra donc occasionner aussi des changements chimiques dans son corps physique, ainsi que des variations de température dans leur voisinage. Or, les variations température dans l'atmosphère se traduisent par du vent; des variations soudaines et violentes amènent des tempêtes; et des changements chimiques au-dessous de la surface de la terre occasionnent assez fréquemment des tremblements de terre et des éruptions volcaniques.

Aucun étudiant de l'occultisme ne tombera dans l'erreur commune qui consiste à regarder comme choses mauvaises des manifestations extérieures telles que les tempêtes ou les éruptions volcaniques, du fait qu'elles détruisent parfois des vies humaines; il reconnaîtra en effet que, quelle qu'en soit la cause immédiate, tout ce qui arrive fait partie du jeu de la grande loi immuable de justice, et que Celui qui fait toutes choses les fait certainement bien. On considèrera cependant cet aspect des phénomènes naturels dans un chapitre suivant.

Il n'est pas contestable que les hommes ne soient fortement et diversement influencés par le temps. L'opinion générale est qu'un temps sombre est déprimant; mais cet effet est principalement dû au déficit dans la vitalité, occasionné par le manque de lumière solaire, comme cela a été expliqué. Certaines personnes cependant se plaisent réellement dans la pluie, la neige ou le vent violent. Elles trouvent dans ces phénomènes violents quelque chose qui leur procure une sensation nettement agréable, accélère leurs vibrations et s'harmonise avec la note fondamentale de leur nature. Cet effet n'est vraisemblablement pas du tout entier au phénomène physique; probablement le changement subtil dans l'aura de l'esprit de la terre, qui produit le phénomène ou coïncide avec lui, est un de ceux avec lesquels leur caractère sympathise. Un cas encore plus caractéristique de cette influence est celui de l'orage. Chez beaucoup de personnes l'orage provoque un sentiment curieux de frayeur accablante tout à fait hors de proportion avec le danger physique dont il est censé s'accompagner. Chez d'autres, au contraire, il produit un sentiment d'exultation intense. L'influence de l'électricité sur les nerfs physiques joue sans doute un rôle dans la production de ces sensations anormales, mais leur cause véritable est plus profonde.

L'effet produit sur différentes personnes par ces manifestations dépend de la prépondérance dans leur tempérament de certains types d'essence élémentale qui, par suite de cette vibration sympathique, étaient appelés par les chercheurs du moyen âge: terrestre, aqueux, aérien ou ardent. D'une manière tout à fait semblable, l'effet des diverses parties de l'entourage sera plus ou moins marqué sur les individus selon qu'ils possèdent en plus ou moins grande quantité l'un ou l'autre de ces éléments constitutifs. Pour l'homme qui répond facilement aux influences terrestres, la nature du sol sur lequel est édifiée sa maison est d'une importance capitale, mais il lui importe relativement peu d'être ou non dans le voisinage de l'eau; alors que l'homme qui répond avec facilité aux radiations de l'eau ne se souciera guère de la nature du sol aussi longtemps qu'il aura sous les yeux ou dans le voisinage l'océan ou un lac.

LES ROCHES

Tous les objets de la nature rayonnent continuellement une influence sur nous, et il en est ainsi de la terre même sur laquelle nous marchons. Chaque type de roche ou de sol a son influence propre, les différences qu'ils présentent sont grandes, et par suite leur effet n'est nullement négligeable. Trois facteurs contribuent à la production de cet effet: la vie de la roche elle-même, l'espèce d'essence élémentale propre à sa contrepartie astrale, et la catégorie d'esprits de la nature qu'elle attire. La vie de la roche n'est autre que la vie de la deuxième grande Vague de vie arrivée au stade où elle anime le règne minéral; l'essence élémentale est une vague postérieure de cette même vie divine, qui est d'une chaîne en retard sur la première et n'a encore atteint que le monde astral dans sa descente dans la matière. Les esprits de la nature appartiennent à une évolution totalement différente, dont nous traiterons en son temps.

Ce dont il faut se rappeler pour le moment c'est que chaque espèce de sol — granit ou grès, craie, argile ou lave — a son influence propre sur les êtres qui vivent à sa surface, une influence qui ne cesse jamais. Nuit et jour, été comme hiver, année après année, cette pression continuelle s'exerce et joue son rôle dans la formation des races et des régions, des types généraux aussi bien que des individus. Ces choses ne sont pas encore bien comprises de la science ordinaire, mais il n'est pas douteux qu'avec le temps ces effets n'en viennent à être étudiés en détails: les médecins de l'avenir en tiendront compte, et ordonneront à leurs malades un changement de sol aussi bien que d'air.

Une série d'influences nouvelles et entièrement distinctes sont mises en jeu partout où il y a de l'eau, que ce soit un lac, une rivière ou la mer; les différents aspects de ces influences sont puissants dans ces trois formes de l'eau, mais apparaissent particulièrement énergiques et faciles à observer dans la dernière forme. Il faut ici encore considérer les trois mêmes facteurs: la vie de l'eau elle-même, l'essence élémentale qui la pénètre, et le type d'esprits de la nature qui lui sont associés.

LES ARBRES

Une forte influence émane aussi du règne végétal, et les diverses espèces de plantes et d'arbres diffèrent notablement par leurs effets. Les personnes qui n'ont pas étudié tout spécialement le sujet ne peuvent apprécier pleinement la force, les aptitudes et l'intelligence manifestées dans la vie végétale. J'ai déjà écrit sur ce sujet dans *Le Crédo Chrétien* (p. 36), de sorte que je ne me répèterai pas ici, et j'attirerai plutôt l'attention sur le fait que les arbres — et tout spécialement les vieux arbres — ont une individualité forte et définie, méritant bien le nom d'âme. Cette âme, quoique temporaire en ce sens qu'elle n'est pas encore une entité susceptible de se réincarner, possède néanmoins une force et une intelligence considérables dans son domaine particulier.

Un arbre a des préférences et des antipathies bien tranchées et, pour la vision clairvoyante, montre clairement par une effusion de rose éclatant la jouissance que lui cause le soleil ou la pluie, ainsi que le plaisir marqué qu'il ressent en la présence de ceux qu'il a appris à aimer, ou qui éveillent en lui des vibrations sympathiques. Emerson parait s'être rendu compte de ce fait, car dans ses *Réminiscences*, Hutton lui fait dire de ses arbres "Je suis sûr que mon absence leur pèse; ils semblent s'incliner vers le sol quand je m'en vais, et je sais qu'ils se rassérènent et s'épanouissent lorsque je leur reviens et donne une poignée de main à leurs branches inférieures".

Les vieux arbres des forêts représentent un haut degré de développement dans la vie végétale, et en quittant le règne végétal ils ne passent pas dans les formes les plus basses de la vie animale. Dans certains cas, leur individualité est même suffisamment distincte pour leur permettre de se manifester temporairement en dehors de leur forme physique, et lorsque cela se produit, elle prend souvent la forme humaine. Peut-être les choses sont-elles disposées différemment dans d'autres systèmes solaires, mais dans le nôtre la Divinité a choisi la forme humaine pour servir de temple à la plus haute intelligence, cette forme étant destinée à être portée jusqu'à la perfection ultime au cours de la réalisation du Plan de la Divinité. Il en résulte que les formes inférieures de vie ont toujours tendance à s'élever vers cette forme et, à leur façon primitive, s'imaginent la posséder.

Il arrive donc que des créatures comme les gnomes ou les elfes, dont le corps est d'une nature fluidique étant constitué de matière astrale ou éthérique qui est plastique sous l'influence de la volonté, adoptent habituellement une forme se rapprochant de l'apparence humaine. C'est aussi pourquoi, lorsque l'âme d'un arbre peut s'extérioriser et devenir visible, elle se montre presque toujours sous la forme humaine. Les dryades des temps classiques étaient sans doute de telles extériorisations, et l'apparition occasionnelle de ces formes peut expliquer le culte des arbres, si répandu. *Omne ignotum pro magnifico;* et s'il advenait à l'homme primitif de voir sortir d'un arbre une forme humaine immense et grave, il était assez probable que dans son ignorance il allait établir un autel en cet endroit et adorer l'apparition, sans comprendre qu'il était lui-même bien supérieur en évolution à cette entité, supériorité que celle-ci reconnaissait en prenant la forme humaine.

Le côté occulte de l'instinct des plantes est aussi extrêmement intéressant. Leur but principal, de même que pour certains êtres humains, est toujours de fonder une famille et de reproduire leur espèce ; et elles éprouvent certainement un sentiment de joie intense de leur succès, de la couleur et de la beauté de leurs fleurs, et de leur aptitude à attirer les abeilles et les autres insectes. Il est hors de doute que les plantes sentent l'admiration que l'on éprouve à leur égard et s'en réjouissent ; elles sont sensibles à l'affection humaine et la rendent à leur façon.

Si l'on tient compte de tout ceci, on comprendra facilement que les arbres exercent beaucoup plus d'influence sur les êtres humains que l'on ne le soupçonne habituellement, et que la personne qui s'applique à cultiver des relations sympathiques et amicales avec tous ses voisins végétaux, animaux et humains, pourra recevoir d'eux et leur donner beaucoup de choses dont l'homme ordinaire ne se doute pas, et rendra ainsi sa vie plus pleine, plus large et plus complète.

LES SEPT TYPES

La classification du règne végétal adoptée par les occultistes est basée sur les sept grands types mentionnés dans le chapitre précédent traitant des influences planétaires et chacun de ces types est subdivisé en sept sous-types.

Si nous essayons de nous représenter sous forme de tableau le règne végétal, ces divisions seront évidemment perpendiculaires, et non pas horizontales. Nous n'aurons pas dans un type les arbres, dans un autre les arbrisseaux, dans un autre les fougères, dans le quatrième les herbes ou les mousses ; mais au contraire, nous trouverons des arbres, des arbrisseaux, des fougères, des herbes et des mousses dans chacun des sept types, de sorte que ces divisions perpendiculaires comprendront chacune des représentants de toutes les étapes de l'échelle ascendante.

On peut exprimer ceci en disant que, quand la deuxième Vague de Vie est prête à descendre, sept grands canaux, ayant chacun sept subdivisions, s'ouvrent devant elle ; mais les canaux à travers lesquels elle passe lui communiquent une certaine coloration, une série de caractéristiques formant son tempérament, qu'elle ne perd jamais complètement. Ainsi, bien qu'elle ait besoin pour s'exprimer de matière appartenant à tous les types, elle manifeste toujours le sien propre d'une manière prépondérante, et peut être reconnue comme appartenant à ce type et à nul autre, jusqu'à ce que, son évolution terminée, elle retourne en tant que puissance spirituelle glorieuse vers la Divinité, d'où elle est à l'origine sortie sous forme d'une simple potentialité non développée.

Le règne végétal n'est qu'une simple étape de cette route immense, et cependant les différents types y sont visibles tout comme ils le sont dans le règne animal ou le règne humain. Chaque type du règne végétal a son influence propre qui peut être calmante et favorable pour un individu, pénible ou irritante pour un autre, et nulle pour un troisième selon le type auquel ils appartiennent ou l'état dans lequel ils se trouvent à ce moment. L'étude et la pratique sont nécessaires à l'étudiant pour lui permettre d'assigner aux diverses plantes et arbres leur type particulier, mais la différence entre le magnétisme émis par le chêne et le pin, le palmier et le banyan, l'olivier et l'eucalyptus, la rose et le lys, la violette et le tournesol, ne peut échapper aux personnes sensitives. Il y a dans les impressions évoquées par une forêt anglaise et la jungle tropicale ou la brousse de l'Australie ou de la Nouvelle Zélande la même différence qu'entre les antipodes.

LES ANIMAUX

Durant des milliers d'années l'homme a mené une vie si pleine de cruauté que toutes les créatures sauvages le craignent et l'évitent, de sorte que l'influence du règne animal sur lui est pratiquement limitée à celle des animaux domestiques. Dans nos relations avec ceux-ci notre influence sur eux est naturellement bien plus puissante que la leur sur nous, et cependant cette dernière n'est nullement négligeable. L'homme qui s'est véritablement acquis l'amitié d'un animal est souvent aidé et fortifié dans une grande mesure par l'affection dont il est l'objet. Étant plus évolué, l'homme est naturellement capable d'un plus grand amour que l'animal, mais l'affection de l'animal est habituellement plus concentrée, et il sera plus enclin que l'homme à y mettre toute sa force.

Le fait même que l'homme est plus développé lui donne des intérêts multiples entre lesquels son attention se divise; l'animal déverse souvent toute la force de sa nature dans un canal unique, et produit ainsi un effet excessivement puissant. L'homme a cent autres choses à penser, et le courant de son amour ne peut manquer d'être variable; lorsque le chien ou le chat se prennent véritablement d'une grande affection pour quelqu'un, elle remplit toute leur vie, et ils dirigent constamment vers l'objet de leur amour un courant régulier de force, facteur dont la valeur n'est nullement méprisable.

D'une façon analogue l'homme assez cruel pour être un sujet de crainte et de haine de la part des animaux domestiques, devient par une juste rétribution un centre vers lequel convergent des forces d'antipathie; car une telle attitude éveille une profonde indignation chez les esprits de la nature et les autres entités astrales et éthériques, aussi bien que chez tous les hommes consciencieux, qu'ils soient vivants ou morts.

LES ÊTRES HUMAINS

Puisqu'il est incontestablement vrai qu'aucun homme ne peut se permettre d'être détesté ou craint même de son chat ou de son chien, il est clair que la même remarque s'appliquera avec une force encore plus grande aux êtres humains qui nous entourent. Il n'est pas facile d'exagérer l'importance qu'a pour un homme l'estime de ceux avec qui il est en rapports constants. Ainsi, on ne saurait apprécier trop haut la valeur pour le maître d'école de l'attitude qu'ont envers lui ses élèves, pour le marchand des sentiments de ses employés, pour l'officier du dévouement de ses hommes ; et ceci tout à fait en dehors des effets manifestes produits dans le monde physique. Si un homme placé dans une de ces situations est capable d'éveiller l'affection enthousiaste de ses subordonnés, il deviendra le foyer vers lequel convergent constamment ces forces en de nombreux courants. Non seulement ceci l'élève et le fortifie dans une grande mesure, mais cela lui permet encore, s'il comprend quelque chose au fonctionnement des lois occultes, d'être bien plus utile à ceux qui éprouvent pour lui cette affection, et d'obtenir d'eux beaucoup plus qu'il n'en pourrait autrement obtenir.

Le fait qu'un tel résultat se produit ne veut pas dire que l'opinion de cet homme soit partagée par ses subordonnés ; l'attitude mentale de ces derniers n'a aucun rapport avec l'effet particulier que nous étudions maintenant ; c'est uniquement là une question de sentiments forts et bienveillants. Si les sentiments sont par malheur d'une espèce contraire, si l'homme est craint ou méprisé, des courants d'antipathie s'écoulent perpétuellement vers lui, qui affaiblissent les vibrations de ses véhicules supérieurs ou les rendent discordantes, et lui ôtent ainsi la possibilité de travailler avec fruit et d'une façon satisfaisante avec ceux qui sont sous ses ordres.

Il ne s'agit pas seulement ici de la force des sentiments émis par les personnes de l'entourage. Les semblables s'attirent dans le monde astral comme dans le monde physique. Il y a toujours des masses de pensées vagues flottant à la dérive dans l'atmosphère, certaines bonnes, d'autres mauvaises, mais toutes sont également prêtes à renforcer une pensée délibérée appartenant à leur propre type. Il y a aussi les esprits de la nature de basse catégorie, qui se délectent aux vibrations grossières de la colère et de la haine, et sont par conséquent très désireux de se jeter dans tout courant de cette nature. En agissant ainsi ils intensifient les vibrations de ces courants et leur donnent un surcroît de vie. Tout ceci tend à renforcer l'effet produit par les courants convergents de pensées et de sentiments antipathiques.

On a dit que l'on peut juger un homme d'après ses fréquentations. Il est vrai aussi dans une grande mesure que l'homme est *fait* par ses fréquentations, car les individus avec lesquels il est en contact habituel l'influencent sans cesse inconsciemment, et l'amènent de plus en plus à s'harmoniser avec les ondulations qu'ils émettent. La personne qui est souvent en présence d'un homme large d'esprit et détaché du monde a là une belle occasion d'acquérir elle-même cette largeur de vues et ce détachement du monde, car une pression régulière quoique imperceptible dans cette direction est exercée constamment sur elle, de sorte qu'il lui est plus facile de progresser dans cette direction que dans toute autre. Pour la même raison, l'homme qui passe son temps à flâner dans les cabarets en compagnie d'individus désœuvrés et vicieux a toutes les chances de devenir désœuvré et vicieux lui-même. L'étude du côté caché des choses confirme pleinement le vieux proverbe selon lequel la mauvaise compagnie corrompt les bonnes mœurs.

L'influence énorme d'un contact étroit avec une personnalité plus avancée est bien comprise en Orient, où l'on reconnaît que la partie la plus importante et la plus effective de entraînement du disciple est de vivre constamment en présence de son instructeur, de baigner dans son aura. Les divers véhicules de l'instructeur vibrent tous d'une vibration soutenue et puissante dont le taux est plus haut et plus régulier que celui qu'il est possible à l'élève de

maintenir, bien qu'il puisse parfois y atteindre durant un court espace de temps. Mais par leur pression constante, les fortes vagues
de pensées de l'instructeur amènent graduellement celles de l'élève
à leur diapason supérieur. Ainsi, une personne qui n'a pas encore
l'oreille très musicale éprouve de la difficulté à monter correcte-
ment la gamme toute seule, mais si elle se joint à une voix plus
forte et déjà parfaitement exercée, sa tâche devient plus facile. Cet
exemple peut servir d'analogie lointaine.

Le fait important ici est que la note dominante de l'instructeur
résonne continuellement, de sorte que son action influence l'élève
jour et nuit sans que l'un ou l'autre ait besoin d'y penser spécialement. Il est évident que les véhicules du disciple, comme ceux de
toute autre personne, sont continuellement en train de se modifier
et de croître, mais les ondulations puissantes émanant de l'instructeur rendent cette croissance facile dans la bonne direction, et excessivement difficile dans toute autre direction — un peu comme
les attelles dont on entoure un membre brisé évitent qu'il ne se
déforme au cours de sa consolidation.

Aucun homme ordinaire, agissant automatiquement et sans
intention délibérée, ne sera capable d'exercer fut-ce la centième
partie de l'influence attentivement dirigée dont est capable un instructeur spirituel. Mais le nombre peut dans une certaine mesure
compenser l'insuffisance de la force individuelle, de sorte que la
pression incessante quoique imperceptible exercée sur nous par
les opinions et les sentiments des personnes avec lesquelles nous
sommes en contact, nous conduit fréquemment à adopter à notre
insu un grand nombre de leurs préjugés. Il n'est réellement pas
désirable qu'un homme reste constamment dans le même milieu
et n'entende ainsi qu'une catégorie d'opinions. Il est éminemment
nécessaire qu'il sache quelque chose des autres milieux, car ce n'est
que de cette façon qu'il pourra apprendre à voir partout ce qu'il y
a de bien. Ce n'est que par une compréhension parfaite des deux
côtés d'une question que l'on peut se former une opinion méritant

le nom de jugement. La personne pleine de préjugés est toujours et nécessairement une personne ignorante ; la seule façon dont elle puisse dissiper son ignorance est de sortir de son petit cercle étroit, d'apprendre à regarder les choses par elle-même et de voir ce qu'elles sont en réalité et non pas ce que les supposent être les personnes qui n'en connaissent pas le premier mot.

LES VOYAGES

L'importance de l'influence exercée sur nous par l'entourage ne s'aperçoit que quand nous en changeons momentanément, et la méthode la plus efficace de le faire est d'aller voyager dans un pays étranger. Mais voyager ne signifie pas se précipiter d'un gigantesque caravansérail dans un autre, en fréquentant sans cesse ses compatriotes et en critiquant toute les coutumes qui diffèrent de celles de sa ville natale. Cela signifie plutôt vivre tranquillement pendant quelque temps dans un pays étranger, en cherchant à connaître réellement ses habitants et à les comprendre ; c'est étudier les coutumes, rechercher leur origine, voir ce qu'il y a de bon en elles, au lieu de les condamner sommairement du fait qu'elles diffèrent des nôtres. L'homme qui agit ainsi parviendra bientôt à distinguer les traits caractéristiques des diverses races, comprendra les différences fondamentales que l'on note par exemple entre l'Anglais et l'Irlandais, l'Indou et l'Américain, le Breton et le Sicilien, et se rendra néanmoins compte que l'une ne doit pas être considérée comme meilleure que l'autre, mais qu'elles sont les couleurs différentes dont l'ensemble forme l'arc-en-ciel, les différents mouvements qui tous sont nécessaires dans le grand oratorio de la vie.

Chaque race joue son rôle en fournissant des possibilités d'évolution aux égos qui ont besoin de son influence, à ceux qui manquent précisément des caractéristiques qu'elle possède. Chaque race a derrière elle un ange puissant, l'Esprit de la race, qui sous la

direction du Manou lui conserve ses qualités spéciales et la guide
dans la direction assignée. Une nouvelle race naît lorsque dans le
plan de l'évolution un nouveau type de tempérament est nécessaire ; une race meurt lorsque tous les égos à qui elle pouvait être utile
l'ont traversée. L'influence de l'Esprit d'une race pénètre entièrement la région ou le pays sur lequel s'étend son autorité, et constitue évidemment un facteur de la plus grande importance pour les
visiteurs tant soit peu sensitifs.

Le touriste ordinaire est trop souvent emprisonné dans une
triple armure de préjugés de race agressifs. Il est si plein de vanité
au sujet de la supériorité présumée de son propre pays qu'il est
incapable de voir qu'il y a du bon chez les autres. Le voyageur plus
sage qui consent à ouvrir son cœur à l'action des forces supérieures
trouvera en elles une source précieuse d'enseignement et d'expérience. Mais pour qu'il en soit ainsi, il lui faut d'abord adopter
l'attitude convenable ; il doit être prêt à écouter plutôt qu'à parler, à
apprendre plutôt qu'à se vanter, à apprécier plutôt qu'à critiquer, et
chercher plutôt à comprendre qu'à condamner témérairement.

Le but véritable des voyages est de faire atteindre ce résultat, et
nous avons pour les entreprendre de bien plus grandes facilités que
nos grands-pères. Les moyens de communication sont si perfec-
tionnés qu'il est maintenant possible pour presque tout le monde
de faire rapidement et à peu de frais des voyages qui auraient, il
y a un siècle, été impossibles si ce n'est à la classe riche et oisive.
Parallèlement à ces facilités de communications s'est opérée la diffusion des nouvelles concernant les pays étrangers, au moyen du
télégraphe et des journaux, de sorte que les personnes même qui
ne quittent pas leur pays sont beaucoup mieux renseignées sur les
contrées étrangères qu'il n'était possible de l'être autrefois. Sans ces
facilités la Société théosophique n'aurait pu être fondée, ou tout
au moins n'aurait pu revêtir son caractère actuel, ni atteindre son
niveau présent d'utilité.

Le premier but de la Société théosophique est de contribuer à l'établissement de la fraternité universelle, et rien n'aide tant à créer des sentiments fraternels entre les nations comme les relations constantes et directes. Lorsque les gens ne se connaissent que par ouï-dire, toutes sortes de préjugés absurdes s'accréditent; mais lorsqu'ils en viennent à se connaître intimement, chacun trouve que les autres sont en définitive des êtres humains fort semblables à lui-même, ayant les mêmes intérêts et les mêmes buts, les mêmes joies et les mêmes tristesses. Autrefois, les nations vivaient en grande partie dans un état d'isolement égoïste, et si l'une d'elles était victime d'une calamité quelconque elle ne pouvait habituellement compter que sur ses propres ressources. Maintenant le monde entier est uni par des liens si étroits que, s'il y a une famine aux Indes, l'Amérique envoie des secours; si un tremblement de terre dévaste un pays d'Europe, les souscriptions en faveur des sinistrés affluent de toutes parts. Quelque lointaine que puisse encore être la réalisation parfaite de la fraternité universelle, il est clair que nous en approchons tout au moins; nous n'avons pas encore appris à nous fier entièrement les uns aux autres, mais nous sommes cependant prêts à nous aider mutuellement et cela nous approche déjà sensiblement de l'instant où nous formerons réellement une seule famille.

Nous savons que les voyages sont souvent recommandés comme traitement de bien des maladies physiques, spécialement de celles qui se manifestent par des formes diverses de troubles nerveux. La plupart d'entre nous trouvent les voyages fatigants, mais néanmoins incontestablement récréatifs, bien que nous ne nous rendions pas toujours compte que cet effet n'est pas seulement dû au changement d'air et d'impressions physiques, mais tient aussi au fait que nous venons en contact avec une catégorie différente des influences éthériques et astrales qui sont associées aux localités et aux régions.

L'océan, les montagnes, les forêts ou les chutes d'eau, possèdent tous leur type spécial de vie (vie astrale et éthérique aussi bien que vie physique) et par conséquent émettent une catégorie particulière d'impressions et d'influences. Un grand nombre de ces entités invisibles émettent de la vitalité, et en tout cas les vibrations qu'elles irradient éveillent à l'activité des parties de notre double éthérique, de notre corps astral et de notre corps mental qui n'avaient pas l'habitude de vibrer, cet état analogue à l'exercice de muscles habituellement inutilisés, c'est-à-dire fatigant au début, quoique distinctement sain et utile à la longue.

L'habitant des villes est accoutumé à son entourage et généralement ne se rend pas compte de son horreur jusqu'à ce qu'il le quitte quelque temps. Habiter une rue affairée, c'est, au point de vue astral, vivre au bord d'un égout à ciel ouvert, d'un ruisseau de boue fétide qui sans cesse, projette des éclaboussures et émet de mauvaises odeurs en roulant ses flots. Nulle personne, si peu impressionnable soit-elle, ne peut supporter ceci indéfiniment sans en être contaminée, et de temps à autre un séjour à la campagne est nécessaire tant au point de vue moral qu'au point de vue de la santé physique. En passant de la ville à la campagne, nous laissons aussi en grande partie derrière nous la mer houleuse des passions et des activités humaines antagonistes, et les pensées humaines qui continuent à agir sur nous sont habituellement moins égoïstes et plus hautes. En présence d'une des merveilles de la nature, comme les chutes du Niagara, presque tous les individus se trouvent temporairement sortir d'eux-mêmes et de leur petit cycle de soucis journaliers et de désirs égoïstes; leurs pensées deviennent ainsi plus nobles et plus larges, et les formes-pensées qu'ils laissent derrière eux sont proportionnellement moins irritantes et plus secourables. Ces considérations montrent une fois de plus qu'afin de tirer d'un voyage tout le bénéfice possible, il faut prêter attention à la nature et lui permettre d'agir sur nous. Celui qui est constamment enveloppé dans ses pensées égoïstes, sombres et mélancoliques, qui est accablé par des embarras d'argent, ou qui s'appesantit sur sa maladie et ses faiblesses, ne pourra guère en recevoir l'influence curative.

Un autre fait dont il importe de tenir compte est que certains endroits sont saturés d'une catégorie spéciale de pensées. L'examen de ce sujet appartient plutôt à un autre chapitre, mais nous pouvons tout au moins dire ici que l'état d'esprit dans lequel les touristes visitent habituellement certains lieux réagit fortement sur les autres visiteurs. En Angleterre, les lieux de villégiature populaires donnent une impression d'exubérance et d'insouciance ; on y éprouve nettement le sentiment d'être temporairement délivré des soucis des affaires, d'être en vacances et bien résolu à en profiter, sentiment à l'influence duquel il est difficile de se soustraire. C'est ainsi que l'homme harassé et surmené qui passe dans un de ces endroits ses vacances bien gagnées, en obtient un résultat tout à fait différent de celui qu'il aurait obtenu en se bornant à rester tranquillement chez lui. Se reposer à la maison serait probablement moins fatigant, mais aussi beaucoup moins stimulant.

Aller se promener à la campagne, c'est faire un voyage sur une petite échelle, et pour en apprécier les effets salutaires, il faut tenir présent à l'esprit ce qui a été dit sur les différentes espèces de vibrations émises par les diverses variétés d'arbres, de plantes et même de terrains ou de roches. Toutes ces vibrations agissent comme des espèces de massages bienfaisants sur les corps éthérique, astral et mental, et tendent à relâcher la tension que les soucis de notre vie journalière exercent continuellement sur certaines parties de ces véhicules.

Des bribes de vérité se rapportant à ce sujet peuvent parfois se retrouver dans les traditions des paysans. Par exemple, une croyance très répandue veut que dormir sous un pin avec la tête au nord soit très fortifiant. Dans certains cas cette pratique est salutaire pour la raison que la surface de la terre est parcourue par des courants magnétiques dont les hommes ordinaires n'ont aucune connaissance. Ces courants, par leur pression régulière et douce, dissipent graduellement les enchevêtrements formés dans les véhicules, fortifient les particules du corps astral et de la partie éthérique du corps physique, ce qui les harmonise davantage et incite au repos et au calme. Quant au rôle joué par les pins, il est dû, en premier lieu au fait que leurs radiations rendent l'homme sensible à ces courants magnétiques, et provoquent en lui un état dans lequel il leur est possible d'agir sur lui ; et en second lieu, comme on l'a précédemment expliqué, ces arbres émettent constamment de la vitalité dans l'état particulier où elle est le plus facilement absorbée par l'homme.

CHAPITRE VI

PAR LES ESPRITS DE LA NATURE

UNE ÉVOLUTION À PART

Un autre facteur qui, sauf certaines restrictions, exerce une grande influence sur nous est l'esprit de la nature.

Nous pouvons, dans une certaine mesure, considérer les Esprits de la nature d'un pays comme les habitants primitifs de nos champs, habitants chassés par l'invasion de l'homme comme il en a été des animaux sauvages. Tout comme ces derniers, les esprits de la nature évitent les grandes villes et les endroits où les hommes s'assemblent, de sorte que dans ces centres leur influence est une quantité négligeable. Mais dans toute campagne tranquille, dans les bois et les champs, sur la montagne ou en haute mer, les esprits de la nature sont constamment présents et, quoique se montrant rarement, leur influence est puissante et se fait sentir partout, comme le parfum des violettes remplit l'air quoiqu'elles se cachent modestement parmi les feuilles.

Les esprits de la nature constituent une évolution à part, très distincte, à ce degré, de celle de l'humanité. Nous connaissons déjà la direction prise par le second déversement de la Vague de vie dans les trois règnes élémentals pour descendre au règne minéral, remonter ensuite par les règnes végétal et animal, et atteindre l'individualité au niveau humain. Il est dit qu'après l'acquisition de l'individualité, l'évolution de l'humanité mène graduellement aux échelons du Sentier, puis s'élève toujours plus haut jusqu'à l'Adeptat et aux glorieuses possibilités qui se trouvent au-delà.

Telle est bien notre ligne d'évolution humaine, mais il ne faut pas que nous commettions l'erreur de croire que c'est la seule qui existe. Même dans ce monde à nous, la vie divine nous pousse en avant par plusieurs courants dont le nôtre n'est quantitativement parlant pas du tout le plus important. Pour nous aider à le bien comprendre, il faut se rappeler que, tandis que l'humanité dans sa manifestation physique occupe seulement une très petite partie de la surface de la terre, des entités, à un niveau correspondant sur d'autres lignes d'évolution, non seulement fourmillent bien plus que l'homme sur la terre, mais habitent en même temps les énormes espaces de la mer, des champs et de l'air.

LES COURANTS DE L'ÉVOLUTION

A ce degré d'évolution nous trouvons que ces courants se suivent parallèlement, mais qu'ils sont à ce moment fort distincts. Les esprits de la nature, par exemple, n'ont été et ne seront jamais membres d'une humanité telle que la nôtre, et cependant la vie animant l'esprit de la nature vient du même Logos que la nôtre et retournera à Lui tout comme la nôtre. En somme, on peut considérer ces courants comme se dirigeant côte à côte jusqu'au niveau minéral, mais dès qu'ils commencent à s'élever dans leur évolution, la divergence se manifeste. Ce degré d'"immétallisation" est naturellement celui auquel la vie est le plus profondément immergée dans la matière physique, mais, tandis que quelques-uns des courants conservent des formes physiques, même à d'autres degrés plus élevés de leur évolution, devenant ainsi à mesure qu'ils avancent une manifestation de plus en plus expressive de la vie, il y en a d'autres qui tout à coup se dépouillent de la matière physique grossière et n'emploient que des corps composés de matière éthérique pendant le restant de leur évolution dans ce monde.

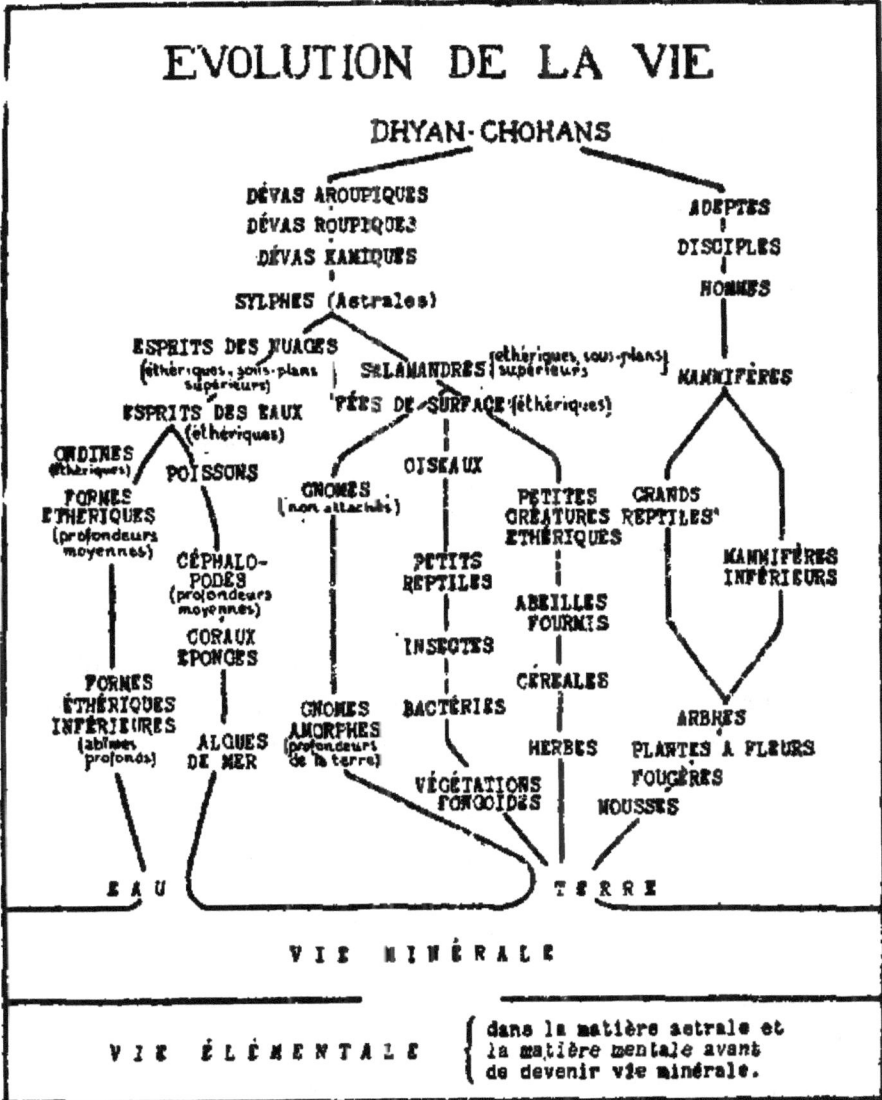

EVOLUTION DE LA VIE

DHYAN-CHOHANS

DÉVAS AROUPIQUES
DÉVAS ROUPIQUES
DÉVAS KAMIQUES

ADEPTES
DISCIPLES
HOMMES

SYLPHES (Astrales)

ESPRITS DES NUAGES (éthériques, sous-plans supérieurs)

SALAMANDRES (éthériques, sous-plans supérieurs)

MAMMIFÈRES

FÉES DE SURFACE (éthériques)

ESPRITS DES EAUX (éthériques)

ONDINES (éthériques)

POISSONS

GNOMES (non attachés)

OISEAUX

PETITES CRÉATURES REPTILES ÉTHÉRIQUES

GRANDS REPTILES'

FORMES ÉTHÉRIQUES (profondeurs moyennes)

CÉPHALO-PODES (profondeurs moyennes)

PETITS REPTILES

MAMMIFÈRES INFÉRIEURS

CORAUX ÉPONGES

INSECTES

ABEILLES FOURMIS

FORMES ÉTHÉRIQUES INFÉRIEURES (abîmes profonds)

ALGUES DE MER

GNOMES AMORPHES (profondeurs de la terre)

BACTÉRIES

CÉRÉALES

ARBRES

HERBES

PLANTES A FLEURS FOUGÈRES

VÉGÉTATIONS FONGOIDES

MOUSSES

EAU   TERRE

VIE MINÉRALE

VIE ÉLÉMENTALE   { dans la matière astrale et la matière mentale avant de devenir vie minérale.

Un de ces courants, par exemple, après avoir parcouru le degré d'évolution dans lequel il fait partie du règne de la monade minérale, au lieu de passer dans le règne végétal, prend des véhicules de matière éthérique dont l'habitat est l'intérieur de la terre, et vit ainsi réellement dans le roc solide. Il est difficile pour beaucoup de personnes qui étudient le sujet de comprendre comment il est possible pour une créature de n'importe quelle espèce d'habiter ainsi la substance solide du roc ou la croûte terrestre. Il faut se rappeler cependant que pour des êtres possédant des corps de matière éthérique, la substance du roc n'est nullement un obstacle à leurs mouvements ou à leur vision. Certes, la matière physique dans son état solide est leur élément, leur habitat naturel, le seul auquel ils sont accoutumés et dans lequel ils sont chez eux. Nous ne pouvons guère comprendre ces vagues inférieures. Cependant, ces êtres évoluent d'une façon ou d'une autre vers un degré où, quoique habitant encore le roc solide, ils vivent près de la surface de la terre au lieu de ses profondeurs, et les plus avancés d'entre eux peuvent de temps à autre s'en détacher pour peu de temps.

On a vu quelquefois, et peut-être plus fréquemment encore entendu ces êtres dans les cavernes ou les mines, et on les décrit dans la littérature du moyen âge sous le nom de gnomes. La matière éthérique de leurs corps n'est pas visible pour les yeux physiques dans les conditions ordinaires, de sorte que, lorsqu'on les voit, il doit se produire l'une ou l'autre de ces deux choses ou bien ils se matérialisent en attirant à eux de la matière physique, ou bien le spectateur éprouve une augmentation de sa sensibilité visuelle qui le rend capable de répondre aux longueurs d'onde des éthers supérieurs et de voir ce qui n'est normalement point perceptible pour lui. La légère stimulation temporaire de la faculté nécessaire dans ce but n'est pas si rare ni si difficile à acquérir et, d'un autre côté, la matérialisation est facile pour les êtres qui sont justes au-delà des limites de la visibilité. On les verrait donc beaucoup plus fréquemment qu'on ne le fait, s'il n'y avait de leur part une profonde opposition au voisinage des êtres humains, opposition qu'ils partagent avec les autres types d'esprits de la nature.

Le degré suivant de leur avancement les mène à la subdivision communément appelée celle des fées, type d'esprits de la nature vivant habituellement à la surface de la terre, comme nous, quoique ne se servant que d'un corps éthérique. Puis ils passent par les esprits de l'air et enfin dans le royaume des anges de la façon que nous expliquerons plus tard.

Il faut se rappeler que la Vague de vie qui se trouve au niveau minéral se manifeste non seulement par les roches formant la croûte solide de la terre, mais aussi par les eaux de l'Océan ; et, de même que la première peut passer par des formes éthériques inférieures de vie (inconnues pour le présent à l'homme) dans l'intérieur de la terre, de même la seconde peut passer par les formes éthériques inférieures correspondantes qui ont leur habitat dans les profondeurs de la mer. Dans ce cas aussi, le degré suivant mène à des formes plus définies, quoique encore éthériques, qui habitent les profondeurs moyennes et se montrent très rarement à la surface. Le troisième degré (correspondant à celui des fées pour les esprits des roches) doit rejoindre les nombreux esprits des eaux qui vivent joyeusement dans les vastes plaines de l'Océan.

Comme tous ces êtres n'ont que des corps de matière éthérique, on voit que les entités qui suivent ces lignes de développement passent à côté des règnes végétal et animal comme du règne humain.

Il y a cependant d'autres types d'esprits de la nature qui entrent dans ces deux royaumes, végétal et animal, avant de diverger. Dans l'Océan, par exemple, il y a un courant de vie qui après avoir quitté le niveau minéral, entre dans le règne végétal sous forme d'algues, puis passe aux coraux, aux éponges et aux gros céphalopodes des profondeurs moyennes pour arriver à la grande famille des poissons et atteindre à ce moment-là seulement le rang d'esprits des eaux.

On verra que ceux-ci gardent un corps physique dense jusqu'à un niveau beaucoup plus élevé ; et de même nous voyons que les fées de la terre proviennent non seulement du rang des gnomes, mais aussi moins évolués des couches du règne animal, car nous trouvons une ligne de développement qui atteint le règne végétal sous la forme de croissances fongoïdes minuscules, puis passe par les bactéries et les animalcules de différentes espèces, les insectes et les petits reptiles, pour s'élever à la jolie famille des oiseaux, et enfin, après bien des incarnations dans ces derniers, atteint la tribu encore plus joyeuse des fées. Un autre courant encore diverge de la vie éthérique à un point intermédiaire, car il arrive au règne végétal sous la forme de graminées et de céréales et dévie alors vers le règne animal pour former les curieuses communautés des fourmis et des abeilles, et ensuite par une série d'êtres éthériques correspondant de très près à ces dernières. Ce sont certains esprits de la nature ressemblant à ces petits oiseaux mouches que l'on voit continuellement voltiger sur les fleurs et les plantes où ils jouent un si grand rôle dans la production de leurs diverses variations ; leur enjouement est souvent utilisé pour aider la spécialisation et la croissance des éléments végétaux impliqués.

Cependant, pour éviter une confusion il est nécessaire ici d'établir soigneusement une distinction. On peut diviser ces petits êtres qui s'occupent des fleurs en deux grandes classes, quoique bien entendu il existe de nombreuses variétés dans chacune d'elles. Ceux de la première classe, si beaux qu'ils soient, peuvent être appelés des élémentals à proprement parler, car ils ne sont en réalité que des formes-pensées et par conséquent ce ne sont pas du tout des êtres vivants. Ou plutôt devrais-je dire que ce ne sont que des êtres vivants temporaires. Car, tout en étant très actifs et affairés durant leur courte existence, ils ne possèdent pas une vie réelle, capable d'évoluer et de se réincarner. Après avoir terminé leur tâche, ils se désagrègent, se dissolvent dans l'atmosphère, tout comme nos formes-pensées. Ce sont en effet des formes-pensées des grands Êtres ou anges chargés de guider l'évolution dans le règne végétal.

Lorsqu'il vient à un de ces grands Êtres une idée nouvelle se rapportant à une des espèces de plantes ou de fleurs dont il est chargé, il crée souvent une forme-pensée dans le but de matérialiser cette idée. Celle-ci prend généralement la forme soit d'un modèle éthérique de la fleur elle-même, ou d'un petit être qui reste près de la plante ou de la fleur durant tout le temps que les boutons se forment, pour les modeler graduellement d'après la forme et la couleur imaginées par l'ange. Mais dès que la plante a terminé sa croissance ou que la fleur s'est épanouie, son travail est terminé. Alors, ainsi que je viens de le dire, la forme-pensée se dissout, car son âme n'était pas autre chose que la volonté d'accomplir ce travail particulier.

Mais il existe une autre espèce de petits êtres qu'on voit fréquemment jouer parmi les fleurs, et cette fois-ci il s'agit de vrais esprits de la nature. De ceux-ci également il y a de nombreuses variétés. Une des formes les plus répandues ressemble, comme je l'ai dit plus haut, à un petit oiseau-mouche bourdonnant autour des fleurs exactement comme un colibri ou une abeille. Ces charmants petits êtres ne deviendront jamais humains, parce qu'ils ne suivent pas le même courant évolutif que nous. La vie qui les anime actuellement s'est élevée à travers les graminées et les céréales, comme le froment en l'avoine, pendant son évolution dans le règne végétal et ensuite au stade animal, a passé dans les fourmis et les abeilles. À présent, elle a atteint le niveau de ces minuscules esprits de la nature et au stade suivant elle animera quelques-unes de ces gracieuses fées aux corps éthériques, qui vivent à la surface de la terre. Plus tard, ils deviendront des salamandres ou esprits du feu, et plus tard encore des sylphes ou esprits de l'air, n'ayant que des corps astraux. Enfin, ils traverseront les différentes étapes du grand royaume des anges.

CHEVAUCHEMENT DES LIGNES D'ÉVOLUTION

Chaque fois que la Vague de vie passe d'un règne à l'autre, on constate une très grande latitude pour la variation des espèces. Tous ces règnes chevauchent les uns sur les autres. On peut voir cela très clairement dans la ligne qui aboutit directement à l'homme, car nous trouvons que la vie qui atteint les plus hauts niveaux dans le règne végétal ne passe jamais au règne animal par le niveau le plus bas, mais, au contraire, y arrive à un degré assez avancé. Laissez-moi vous rappeler l'exemple que j'ai déjà donné. C'est ainsi que la vie qui a animé quelque grand arbre de nos forêts ne peut jamais descendre pour animer un essaim de moustiques, ni même une famille de rats, de souris ou de quelque autre petite bête sauvage ; tandis que ce sont là des formes fort appropriées à la portion de la Vague de vie qui a quitté le règne végétal au niveau des pâquerettes et des pissenlits.

Dans tous les cas, l'échelle de l'évolution doit être gravie, mais on dirait que la partie la plus élevée d'un règne se trouve jusqu'à un certain point parallèle à la partie la moins élevée du règne au-dessus, de sorte qu'il est possible que, dans quelques cas, le transfert se fasse de l'un à l'autre à des niveaux très différents. Le courant de vie qui entre dans le règne humain semble éviter entièrement les degrés les plus bas du règne animal ; c'est-à-dire que la vie qui va s'élever au rang de l'humanité ne se manifeste jamais sous forme d'insectes ou de petits reptiles. Elle entre dans le règne animal quelquefois au niveau des plus grands reptiles, ou encore plus souvent passe directement des formes les plus élevées de la vie végétale dans les mammifères.

D'une façon similaire, quand le plus avancé des animaux domestiques s'est individualisé, il ne lui a pas toujours fallu descendre à la forme du sauvage tout à fait primitif pour sa première incarnation humaine. Le schéma précité montre quelques-unes de ces lignes de développement sous la forme commode de tableaux, mais *il ne faut point les considérer comme complets.* Sans doute, il y a d'autres lignes qui n'ont point encore été observées, et certainement il y a aussi toutes sortes de variations et de possibilités pour passer d'une ligne à l'autre à des niveaux différents ; de telle manière que tout ce que nous pouvons faire en ce moment c'est d'esquisser simplement le sujet.

Comme on le voit aussi sur le schéma, plus tard toutes les lignes d'évolution convergent encore une fois. Du moins il ne semble pas, pour notre faible vue, y avoir de différences dans la gloire de ces Êtres augustes et, si nous en savions davantage, nous pourrions faire nos tableaux d'une façon plus complète. Quoi qu'il en soit, nous savons que de même que l'humanité se trouve au-dessus du règne animal, de même au-delà de l'humanité se trouve à son tour le grand royaume des anges. L'une des sept possibilités qui s'ouvrent devant l'Adepte est celle de rejoindre les rangs des anges. Ce même royaume est aussi le degré suivant pour les esprits de la nature mais nous avons dans cette question un autre exemple de ce chevauchement dont il a été parlé précédemment, car l'Adepte arrive à ce royaume à un degré très élevé, en sautant à la fois trois de ses degrés, tandis que le pas suivant dans le progrès, pour le plus haut type d'esprit de la nature, c'est d'entrer dans la classe la plus basse des anges, commençant ainsi au dernier degré de cette échelle particulière au lieu d'y monter à moitié chemin.

C'est en entrant dans le royaume des anges que l'esprit de la nature reçoit la divine Étincelle de la troisième Vague de vie et atteint ainsi l'individualité, tout comme l'animal quand il passe au règne humain. Un autre point de similitude est le suivant : l'animal n'obtient son individualisation que par le contact avec l'humanité, de même l'esprit de la nature l'obtient par son contact avec l'ange, en lui devenant attaché, en travaillant pour lui plaire jusqu'à ce qu'il apprenne lui-même à faire le travail de l'ange. L'esprit de la nature le plus avancé n'est donc pas exactement un être humain éthérique ou astral, car il n'est pas encore un individu ; et cependant il est plus qu'un animal éthérique ou astral, son niveau intellectuel étant beaucoup plus élevé que ce que nous pouvons trouver dans le règne animal, et il égale même celui de la moyenne de l'humanité sur bien des points. D'un autre côté, quelques-unes des variétés les moins avancées ne possèdent qu'une somme limitée d'intelligence et semblent être à peu près sur le pied d'égalité avec les oiseaux mouches, les abeilles ou les papillons avec lesquels ils ont beaucoup de ressemblance. Comme on peut le voir sur le schéma, ce seul nom d'esprit de la nature couvre un très grand segment de l'arc d'évolution, y compris des degrés correspondant aux règnes végétal et animal tout entiers, et à l'humanité même, presque jusqu'au niveau actuel de notre propre race.

Quelques-uns des types inférieurs n'ont pas un aspect agréable au sens esthétique, mais cela est également vrai pour les espèces inférieures des reptiles et des insectes. Il y a en effet des tribus peu développées, aux appétits grossiers, dont l'extérieur correspond naturellement à leur stade d'évolution. Ces masses informes, aux énormes bouches rouges et béantes, qui vivent des émanations éthériques repoussantes du sang et des chairs en putréfaction, sont aussi horribles à la vue qu'au sentiment de toute personne à l'esprit pur. Il en est de même des êtres rapaces, ressemblant à des crustacés rouge-brun, qui planent sur les maisons mal famées, ou des monstres sauvages pareils aux pieuvres qui se repaissent des orgies de l'ivrogne et se délectent aux fumées de l'alcool. Mais mêmes ces harpies-là ne sont pas mauvaises en elles-mêmes, si repoussantes soient-elles aux yeux de l'homme. Celui-ci ne viendrait jamais en contact avec elles s'il ne se dégradait au point de descendre à leur niveau, en devenant l'esclave de ses passions inférieures.

Seuls les esprits de la nature appartenant à des espèces aussi primitives et déplaisantes approchent volontiers l'homme ordinaire. D'autres, d'espèces semblables, mais un peu moins matériels cependant, jouissent de la sensation qu'ils éprouvent en se baignant dans des radiations astrales d'une grossièreté particulière, telles que

celles produites par la colère, l'avarice, la cruauté, l'envie, la jalousie
ou la haine. Les personnes qui cèdent à ces sentiments peuvent
être assurées que ces vautours à charognes du monde astral les
entourent constamment. Dans la bousculade provoquée par leur
anticipation impatiente d'une explosion de passion, ils frissonnent
d'une horrible joie et font tout ce qu'ils peuvent, avec des tâtonne-
ments maladroits et aveugles, pour la provoquer ou l'intensifier. Il
est difficile d'admettre que de telles horreurs puissent faire partie
du même règne que ces joyeux esprits que nous allons décrire plus
loin.

LES FÉES

Le type le mieux connu de l'homme est celui dit des fées. Ce
sont des êtres qui vivent normalement à la surface de la terre, bien
qu'ils puissent passer dans l'intérieur du sol à volonté, puisqu'ils
ont des corps de matière éthérique. Leurs formes sont nombreuses
et variées, mais le plus fréquemment humaines dans leurs contours
et d'une taille un peu plus petite, habituellement avec certains
traits ou membres exagérés d'une façon quelque peu grotesque.
La matière éthérique étant plastique et pouvant se façonner par le
pouvoir de la pensée, les fées peuvent prendre à volonté n'importe
quelle apparence, mais elles ont sans aucun doute des formes définies qui leur sont propres, et qu'elles gardent quand elles n'ont pas
à en prendre une autre pour un but spécial et qu'elles n'emploient
pas à leur volonté pour produire un changement de forme. Elles
ont aussi leurs couleurs propres qui marquent la différence entre
leurs tribus ou espèces, tout comme les oiseaux ont différents plu-
mages.

Il y a un nombre infini de subdivisions ou races parmi les
fées, et les individus de ces subdivisions varient en intelligence et
en disposition, de même que les êtres humains. De même, aussi,

comme les êtres humains, ces diverses races habitent différentes contrées, ou quelquefois différentes parties d'une même contrée, et les membres d'une même race ont une tendance générale à rester ensemble comme le font les hommes d'une même nation. Ces êtres sont en somme distribués comme les autres règnes de la nature. Comme chez les oiseaux, dont quelques-uns de leurs genres sont évolués, certaines variétés sont particulières à une région, d'autres sont communes dans un pays et rares dans un autre, tandis que d'autres encore se trouvent presque partout. Comme chez les oiseaux encore, il est avéré que c'est dans les pays tropicaux que l'on trouve les ordres aux couleurs les plus brillantes.

LES TYPES NATIONAUX

Les types prédominants dans les différentes parties du monde se distinguent en général nettement et sont en quelque sorte caractéristiques. Peut-être est-ce l'influence de ces caractéristiques au lent cours des siècles qui a moulé les hommes, les animaux et les plantes qui vivent dans telles ambiances déterminées, et il en serait de même à l'égard des esprits de la nature. C'est ainsi qu'il n'y a pas de contraste mieux marqué que celui qui existe entre les nabots aux couleurs orange et pourpre ou écarlate et or, vifs et joyeux, qui dansent dans les vignes de la Sicile, et les créatures gris-vert, à l'air presque pensif, qui se meuvent si lentement parmi les chênes et les landes couvertes de bruyères de la Bretagne, ou les "bonnes gens" or-brun qui hantent les versants des collines d'Ecosse.

En Angleterre, la variété vert-émeraude est probablement la plus commune, et je l'ai vue aussi dans les bois de France, de Belgique et de la Saxe, puis en Amérique, dans le fond du Massachusetts et sur les rives du Niagara. Les vastes plaines du Dakota sont habitées par une espèce blanche et noire que je n'ai pas vue ailleurs, et la Californie possède une espèce charmante, blanche et or, qui semble unique aussi. En Australie, le type le plus fréquent est une créature très distincte d'une couleur d'un bleu de ciel lumineux et merveilleux.

Mais il y a une grande différence entre les habitants éthériques de la Nouvelle-Galle du Sud ou de Victoria et ceux des régions plus tropicales du Queensland septentrional. Ces derniers ressemblent beaucoup à ceux des Indes hollandaises. Java parait être spécialement peuplée par ces gracieux petits êtres. Les espèces les plus répandues dans cette île présentent deux types très distincts, tous deux monochromes l'un d'un bleu indigo à reflets métalliques; l'autre une gamme de toutes les nuances connues du jaune, effet curieux, mais d'un charme tout à fait extraordinaire. Une autre variété locale qui frappe par ses couleurs éclatantes présente des zébrures alternativement jaunes et vertes, comme un maillot de sport. Ce type annelé constitue probablement une race spéciale à cette partie du monde, car j'ai vu une disposition semblable, rouge et jaune, dans la péninsule de Malacca; vert et blanc, de l'autre côté du détroit, à Sumatra. Cette île immense se réjouit également de posséder une tribu d'une couleur exquise: héliotrope pâle, que je n'ai vue auparavant que dans les montagnes de Ceylan. Dans la Nouvelle-Zélande, on en voit surtout d'un bleu profond à reflets argentés, tandis que dans les île du Pacifique (?) on rencontre une variété d'un blanc argenté qui resplendit de toutes les couleurs de l'arc-en-ciel, telle une figurine de nacre.

Dans l'Inde, nous en rencontrons de toutes les nuances, depuis ceux aux tons délicats du vert et du rose tendres ou du bleu pâle et du rose primevère des régions montagneuses, jusqu'au somptueux mélange de couleurs étincelantes, d'une intensité et d'une profusion presque barbares, qui caractérisent les plaines.

Dans certaines parties de ce merveilleux pays, j'ai vu le type noir et or qui se trouve plus généralement dans le désert africain, et aussi une espèce qui ressemble à une statuette faite d'un brillant métal rouge comme était l'orichalque de l'Atlantide. Un peu semblable à cette dernière est une variété très curieuse qui semble coulée dans le bronze et polie ; elle parait choisir pour demeure le voisinage immédiat des perturbations volcaniques, car les seuls endroits où on l'ait vue jusqu'à présent sont les versants du Vésuve et de l'Etna, ainsi que dans l'intérieur de Java, dans les île Sandwich, au Parc de Yellowstone, dans l'Amérique du Nord et dans une région septentrionale de la Nouvelle-Zélande. Plusieurs points semblent indiquer, en matière de conclusion, que ce sont là les survivants d'un type primitif qui représente une espèce de degré intermédiaire entre le gnome et la fée. Dans quelques cas, des endroits très voisins se trouvent habités par des classes très différentes d'esprits de la nature. Par exemple, comme il a déjà été mentionné, les fées vert-émeraude sont communes en Belgique et, cent milles plus loin, en Hollande, on n'en voit presque pas une seule, mais à leur place se montre une espèce couleur pourpre foncé, à l'air grave.

SUR UNE MONTAGNE SACRÉE EN IRLANDE

Un fait curieux est que l'altitude au-dessus du niveau de la mer semble affecter la distribution ou la répartition de ces êtres : ceux qui appartiennent aux montagnes n'ayant presque jamais rien à voir avec ceux des plaines. Je me souviens bien, lorsque j'ai fait l'ascension des traditionnelles collines sacrées de l'Irlande, avoir remarqué les lignes bien définies de démarcation entre les différents types. Les pentes inférieures, comme les plaines environnantes, étaient remplies de cette petite race rouge et noire fort active et malfaisante, qui pullule dans tout le sud et l'ouest de l'Irlande et qui est spécialement attirée vers les centres magnétiques établis en ces lieux, il y a près de deux mille ans, par les prêtres magiciens de la vieille race milésienne, pour assurer et perpétuer leur domination sur le peuple d'Erin en le gardant sous l'influence de la grande illusion. Pourtant, après une heure d'ascension, on ne voyait plus un seul de ces personnages rouges et noirs, mais à leur place et en grand nombre, sur les pentes de la montagne, le type bleu et brun au caractère plus doux qui dans des temps très reculés, devait une obéissance spéciale aux Tuatha-de-Danaan. Ce type a aussi sa zone et ses limites bien définies, et pas un esprit de la nature de l'un ou de l'autre type ne s'aventure à violer l'espace réservé autour du sommet sacré pour les grands anges verts qui veillent là depuis plus de deux mille ans en gardiens fidèles d'un des centres de la force vivante qui relie le passé au futur de cette mystique terre d'Erin. De taille beaucoup plus élevée que celle de l'homme, ces formes géantes, d'une couleur semblable à celle des nouvelles feuilles du printemps, d'un aspect doucement lumineux, indescriptible, veillent sur le monde avec des yeux merveilleux qui brillent comme des étoiles, pleins de la paix de ceux qui vivent dans l'éternel, attendant avec la calme certitude de la connaissance que le moment désigné sonne à l'horloge du temps.

On sent bien, dans leur force, le pouvoir et l'importance du côté caché des choses quand on contemple un spectacle comme celui-là. D'ailleurs, ce côté n'est point si caché, car les différentes influences sont assez fortes et assez distinctes, pour que, si l'on est tant soit peu sensitif, on ne puisse pas en être instruit. Ce n'est point sans une bonne raison que les traditions locales prétendent que celui qui passe une nuit sur le sommet de la montagne sacrée se réveille le matin poète ou fou; poète, s'il s'est montré capable de répondre à l'exaltation de tout son être produite par l'énorme magnétisme qui a influé sur lui pendant son sommeil; fou, s'il n'a pas été assez fort pour en supporter la tension.

LA VIE ET LA MORT DES FÉES

La moyenne de la vie des différentes subdivisions de ces esprits de la nature varie beaucoup ; chez quelques-unes elle est très courte, et chez d'autres beaucoup plus longue que la vie humaine. Leur existence est aussi soumise au principe universel de la réincarnation, mais les conditions n'étant pas les mêmes que chez l'homme, son mode d'action diffère légèrement. Ces êtres ne présentent point le phénomène correspondant à ce que nous appelons naissance et croissance ; une fée vient au monde pleinement développée, comme l'insecte. Elle vit sa vie courte ou longue, sans aucune apparence de fatigue ou besoin de repos et sans aucun signe perceptible d'âge à mesure que les années passent. Mais, à la fin, il vient un temps où son énergie semble s'être épuisée, où elle devient comme fatiguée de la vie. Quand cela se produit, son corps devient de plus en plus diaphane jusqu'à ce que cet être ne soit plus qu'une entité astrale vivant alors pendant un certain temps sur ce plan parmi les esprits de l'air qui représentent pour elle le degré suivant de son développement. En passant par cette vie astrale, l'entité vient se fondre dans son âme-groupe, où (si elle est suffisamment avancée) elle peut avoir un certain degré d'existence consciente avant que la loi cyclique n'agisse une fois de plus en éveillant en elle le désir de la séparation. À ce moment, ce désir pousse de nouveau le cours de son énergie en dehors et, agissant sur l'astral plastique et sur la matière éthérique, matérialise pour elle un corps convenable de son type pour l'expression de son développement ultérieur.

On peut donc voir que la naissance et la mort sont beaucoup plus simples pour l'esprit de la nature que pour nous, et la mort ne s'accompagne pas pour lui de l'idée de douleur. En effet, sa vie entière semble très simple, une sorte d'existence joyeuse, irresponsable, telle que la pourrait mener un groupe d'enfants entourés de conditions physiques exceptionnellement favorables. Il n'y a point de sexe chez les esprits de la nature, point de maladies non plus, ni de lutte pour l'existence, de sorte qu'ils sont exempts des causes les plus connues de la souffrance humaine. Ils ont de vives affections et sont capables de former des amitiés étroites et durables, dont ils tirent une joie profonde, sans déceptions. La jalousie et la colère sont possibles chez eux, mais semblent s'évanouir très vite devant le plaisir enthousiaste ressenti à l'impression des opérations de la nature qui est leur caractéristique la plus marquée.

LEURS PLAISIRS

Ils glorifient la lumière resplendissante du soleil, mais ils dansent avec un égal plaisir au clair de la lune; ils partagent la joie et la satisfaction de la terre lorsqu'elle a soif et que la pluie vient rafraîchir les fleurs et les arbres, mais ils sont aussi heureux lorsque la neige tombe; ils sont contents de se laisser bercer paresseusement dans le calme d'un après-midi d'été, et ils s'abandonnent gaiement aussi à la course des vents. Non seulement ils admirent, avec une intensité que nous ne pouvons comprendre, la beauté d'une fleur ou d'un arbre, la délicatesse de ces couleurs ou la grâce de sa forme, mais ils prennent un vif intérêt et un profond plaisir dans tous les processus de la nature, dans la poussée de la sève, dans l'épanouissement des bourgeons, dans la formation et la chute des feuilles. Naturellement, cette caractéristique est utilisée par les grands Êtres qui ont charge de l'évolution, et les esprits de la nature sont employés à aider à l'assortiment des couleurs et à l'arrangement des variations. Ils s'occupent aussi beaucoup de la vie des oiseaux et des insectes, à l'éclosion des œufs, à l'épanouissement des chrysalides, et veillent d'un oeil jaloux aux ébats des agneaux et des paons, des levrauts et des écureuils.

Un autre estimable avantage que possède une évolution éthérique sur celle qui se rapproche des parties les plus denses du plan physique, c'est la suppression du besoin de manger. Le corps des fées prend sans difficulté la nourriture qui lui est nécessaire en l'absorbant sans restriction de l'éther qui l'entoure nécessairement; ou plutôt, ce n'est point à proprement parler que la nourriture soit absorbée, mais il se fait constamment un échange de particules:

celles qui ont épuisé leur vitalité sont rejetées et d'autres qui en sont pleines viennent les remplacer. Quoique ne mangeant pas, les esprits de la nature prennent au parfum des fleurs un plaisir analogue à celui que les hommes éprouvent au goût de la nourriture. L'arôme est pour eux plus qu'une simple question d'odorat ou de goût, car ils s'y baignent et s'en pénètrent, de telle sorte que toutes les parties de leur corps en sont en même temps imprégnées. Ce qui remplace chez eux le système nerveux est beaucoup plus délicat que nos nerfs et est sensible à bien des vibrations qui passent toutes inaperçues pour nos sens plus grossiers ; de la sorte ils peuvent déceler ce qui correspond à l'odeur de bien des plantes et des minéraux qui n'en ont aucune pour nous.

Leurs corps n'ont pas plus de structure interne qu'un nuage ; ils ne peuvent donc être ni blessés ni tailladés, et ne sont affectés ni par le froid ni par la chaleur. Il y a même une classe de ces entités dont les membres semblent se plaire surtout en se baignant dans le feu ; ils accourent de tous côtés lorsqu'il y a une grande conflagration et ne font que s'élever avec les flammes dans une joie sauvage, comme les enfants qui recommencent sans cesse le jeu de toboggan. Ce sont les esprits du feu, les salamandres de la littérature du moyen âge. L'esprit de la nature ne peut ressentir une douleur corporelle que lorsqu'elle vient d'une émanation ou d'une vibration déplaisante ou discordante, mais comme il peut se déplacer rapidement, il lui est facile d'y échapper. Autant qu'on a pu l'observer jusqu'à présent, il ne connaît point des tourments de la peur qui jouent un si grand rôle dans la vie animale, laquelle, dans notre ligne d'évolution, correspond généralement au niveau des fées.

CONTES DU PAYS DES FÉES

La fée a une imagination très fertile, et une grande partie de ses plaisirs journaliers avec ses compagnes consiste à bâtir pour elles toutes sortes de situations bizarres et impossibles. Elle est comme un enfant qui raconte des histoires à ses camarades, mais avec cette supériorité sur l'enfant que ses compagnes peuvent voir en même temps la matière éthérique et la matière astrale inférieure, parce que les formes bâties par sa vive imagination sont nettement visibles pour elles au fur et à mesure que son histoire se déroule.

Sans doute beaucoup de ces narrations nous sembleraient enfantines et bizarrement limitées dans leur action, parce que l'intelligence que possède la fée travaille dans des directions bien différentes de la nôtre, mais pour elle ces narrations sont d'un réel intense et une source de plaisir sans fin. La fée qui a développé ce talent de fiction d'une façon peu commune jouit d'une grande affection et d'un grand honneur de la part de ses compagnes et a autour d'elle un auditoire permanent. Quand un être humain a la chance d'apercevoir un tel groupe, il l'explique généralement avec des idées préconçues dérivées de ses propres conceptions, et prend la fée guide pour un roi ou une reine, selon la forme que ce guide a jugé à propos de prendre à ce moment. En réalité, l'état des esprits de la nature n'a besoin d'aucune espèce de gouvernement, sauf de la surveillance générale qui s'exerce sur lui, probablement à l'insu de la plupart, sinon des membres les plus élevés, par les Dévarajas et leurs sous-ordres.

LEUR ATTITUDE ENVERS L'HOMME

La grande majorité des esprits de la nature n'aiment pas et évitent les hommes, et il ne faut pas s'en étonner. Pour eux, l'homme leur apparaît comme un démon ravageur, détruisant et pillant tout sur son passage.

L'homme, en effet, se plaît à tuer, souvent dans d'horribles tortures, toutes les belles créatures sur lesquelles les esprits de la nature aiment à veiller ; il abat les arbres, il foule la verdure, il coupe les fleurs et les jette pour les laisser mourir ; il remplace toute la belle vie sauvage de la nature par son mortier et ses briques hideuses, et le parfum des fleurs par les vapeurs méphitiques de ses substances chimiques ou par la fumée de ses fabriques qui souillent tout. Est-ce donc étrange de penser que les fées nous regardent avec horreur et s'éloignent de nous comme nous le faisons d'un reptile venimeux ? Non seulement nous portons la dévastation sur tout ce qu'elles ont de plus cher, mais la plupart de nos habitudes et de nos émanations leur sont désagréables. Quelques-uns d'entre nous empoisonnent leur air pur avec les odieuses émanations de l'alcool et du tabac. Nos désirs, nos passions sans cesse déréglés engendrent un flot impétueux de courants astraux qui les dérangent, les ennuient et leur cause le même sentiment de dégoût que nous éprouverions si on nous vidait un baquet d'eau sale sur la tête. Pour elles, se trouver auprès de la plupart des hommes, c'est vivre dans un ouragan perpétuel, dans un ouragan déchaîné sur une fosse d'aisance. Elles ne sont assurément point des anges sublimes possédant la connaissance parfaite qui donne la patience parfaite ; elles sont simplement des enfants heureux, et, en somme, bien disposés ; beaucoup d'entre elles ne sont pas même cela, mais plutôt semblables à de jeunes chats exceptionnellement intelligents. Pouvons-nous donc nous étonner, quand nous outrageons leurs sentiments les meilleurs et les plus élevés, qu'elles nous détestent, qu'elles nous évitent, et qu'elles n'aient pas confiance en nous ?

Il y a des exemples où, par une intrusion ou un ennui moins que motivés de la part de l'homme, elles ont été provoquées et amenées à des représailles directes non dépourvues de méchanceté avérée. Il faut dire, et ceci est en la faveur de leur règne tout entier, que même sous l'influence d'une provocation intolérable, de tels cas sont rares, et que leur mode habituel de repousser un importun et de lui jouer des tours, enfantins et malins souvent, mais pas sérieusement dangereux. C'est ainsi qu'elles prennent un malicieux plaisir à le dérouter ou à le tromper en lui faisant perdre son chemin dans la lande, en le faisant marcher autour d'un cercle toute la nuit lorsqu'il croît aller droit devant lui, ou en lui faisant croire qu'il voit des palais ou des châteaux là où ceux-ci n'existent pas réellement. On peut trouver plus d'un exemple confirmant cette curieuse caractéristique des fées dans les histoires de village, chez les paysans de n'importe quelle localité montagneuse isolée.

LEUR POUVOIR DE FASCINATION

Ce qui est d'un grand secours aux fées pour jouer leurs tours, c'est le pouvoir qu'elles ont de jeter un charme sur ceux qui s'abandonnent à leur influence, de sorte que leurs victimes du moment ne voient et n'entendent que ce que les fées leur imposent, exactement comme les sujets hypnotisés ne voient, n'entendent, ne sentent et ne croient que ce que le magnétiseur veut. Les esprits de la nature n'ont cependant point le pouvoir qu'a l'hypnotiseur de dominer parfois la volonté humaine, sauf dans le cas d'une personne exceptionnellement faible d'esprit ou qui se laisse aller à un tel état de terreur que sa volonté se trouve temporairement annihilée. Les fées ne peuvent que tromper nos sens et ne peuvent pas aller au-delà mais en cela elles sont passées maîtres sans conteste, et les cas ne sont point rares dans lesquels elles ont jeté leur charme sur un nombre considérable de personnes à la fois. C'est en invoquant leur aide dans l'exercice de ce pouvoir particulier que les jongleurs indiens exécutent les plus merveilleux de leurs tours, comme le célèbre tour du panier, ou cet autre dans lequel ils jettent en l'air une corde qui demeure rigide sans aucun support pendant que le jongleur y monte et disparaît. Les spectateurs, par le fait, sont tous hallucinés, et on leur fait s'imaginer qu'ils assistent à une série d'évènements qui en réalité, n'ont pas eu lieu.

Le pouvoir de fascination consiste simplement à créer une image mentale claire et forte, et à projeter ensuite dans l'esprit d'une autre personne. Pour la plupart des hommes cela parait parfaitement impossible, parce qu'ils n'ont jamais tenté la chose de leur vie et n'ont point la moindre notion à ce sujet. Le mental de la fée n'a certes pas l'étendue et la portée de celui de l'homme, mais il est parfaitement accoutumé à ce travail qui consiste à créer des images et à les imprimer chez les autres, puisque c'est la principale occupation de la vie journalière de ces créatures. Il n'est donc pas surprenant qu'avec cette pratique constante la fée devienne experte dans ce genre de travail, qui devient encore plus simple pour elle lorsque, comme dans le cas des tours indiens, exactement la même image doit être produite de nouveau des centaines de fois, parce qu'alors tous les détails se forment eux-mêmes sans effort, comme le résultat d'une habitude inconsciente.

En essayant de comprendre exactement comment tout cela se fait, il faut se rendre compte qu'une image mentale est une chose très réelle, une construction définie dans la matière mentale, comme il a été expliqué dans le livre *Les Formes-Pensées* (p. 34 et suivantes). Nous devons aussi nous rappeler que la ligne de communication entre l'esprit et le cerveau physique dense passe par les contreparties éthérique et astrale de ce cerveau, qu'il est possible de produire à volonté une impression sur l'une ou l'autre de ces contreparties.

Certains esprits de la nature exercent fréquemment leur talent de mimique et de malfaisance en apparaissant dans les séances spirites spécialisées aux phénomènes physiques. Ceux qui ont eu l'occasion d'assister à de telles séances se rappelleront avoir eu des exemples de leurs plaisanteries, de leurs railleries grossières et bêtes quoique généralement non méchantes; ces plaisanteries indiquent presque toujours la présence de quelques-unes de ces créatures malignes; cependant elles sont dues quelquefois aussi à l'arrivée de personnes décédées qui pendant leur vie terrestre, ont été assez déraisonnables pour considérer ces insanités comme amusantes et qui depuis leur décès n'ont pas encore appris la sagesse.

QUELQUES EXEMPLES DE LEUR AMITIÉ

D'un autre côté il y a des exemples dans lesquels quelques esprits de la nature se sont liés d'amitié avec des êtres humains vivants ; et leur ont offert toute l'assistance dont ils étaient capables, comme dans les certaines histoires bien connues de ces "brownies" d'Ecosse, ou des fées allume-feu de la littérature spirite. Il est même noté que, dans de rares occasions, certains hommes favorisés ont été admis à assister aux divertissements des fées et à partager leur vie pour quelque temps.

On dit que des animaux sauvages s'approchent avec confiance de quelques yoguis indiens, reconnaissant en eux des amis de toutes les créatures vivantes ; de même les fées s'empressent autour de celui qui est entré sur le Sentier de Sainteté, car elles trouvent ses émanations moins orageuses et plus agréables que celles de l'homme dont l'esprit reste encore fixé sur les choses de ce monde. Quelquefois on a remarqué que des fées s'attachent à de petits enfants et leur témoignent un grand intérêt, spécialement à ceux qui sont rêveurs et imaginatifs, parce qu'ils sont capables de voir les formes-pensées dont de tels enfants s'entourent et de s'en réjouir. Il y a même des cas où ces êtres ont pris en affection un bébé extraordinairement séduisant et ont essayé de l'emporter dans leurs propres retraites avec la seule intention de le sauver de ce qui leur semble être une horrible destinée, celle de grandir et de devenir un vulgaire être humain ! Certaines vagues traditions de pareilles tentatives expliquent les histoires et les légendes d'enfants substitués, quoiqu'il y en ait aussi une autre raison dont nous parlerons plus tard.

Il y a eu des époques (plus souvent dans le passé que dans le temps présent) où certaine classe de ces entités, correspondant *grosso modo* à l'humanité, comme taille et apparence, avait pris l'habitude de se matérialiser fréquemment, de se faire un corps physique temporaire, mais bien défini, pour entrer par ce moyen en relations fort peu désirables avec des hommes ou des femmes qui voulaient bien se trouver sur leur chemin. De ce fait, peut-être, proviennent quelques-unes des histoires de faunes et de satyres relatées dans les auteurs classiques du passé, lesquelles cependant se rapportent aussi parfois à une évolution subhumaine tout à fait différente.

LES ESPRITS DES EAUX

Si nombreuses que soient les fées à la surface de la terre, presque partout loin des habitations de l'homme, elles sont surpassées en nombre par les esprits des eaux, les fées de la surface de la mer. Il y a là autant de variétés que sur la terre. Les esprits de la nature de l'Océan Pacifique, par exemple, diffèrent de ceux de l'Atlantique, et ceux de la Méditerranée ne ressemblent ni aux uns ni aux autres. Les types qui se plaisent dans le bleu glorieux et indescriptible des océans tropicaux sont complètement différents de ceux qui s'ébattent dans nos mers froides et grises du nord. Les esprits des lacs, des rivières et des chutes d'eau sont encore dissemblables, car ils ont bien plus de points communs avec les fées de la terre que les néréides de la haute mer.

Les néréides, comme leurs sœurs de la terre, ont toutes les formes, mais peut-être imitent-elles plus fréquemment celle de l'homme. Pour parler d'une façon générale, elles tendent à prendre des formes plus grandes que les fées des bois et des montagnes ; la majorité de celles-ci est petite, tandis que l'esprit des mers, qui copie habituellement l'homme, adopte sa taille aussi bien que sa forme. Pour éviter un malentendu, il est d'ailleurs nécessaire d'insister constamment sur le caractère protéen de toutes ces formes ; toutes ces créatures, qu'elles appartiennent à la terre, à la mer ou à l'air, peuvent se rendre temporairement plus grandes ou plus petites à volonté, prendre enfin telle forme qu'il leur plaît de choisir.

Théoriquement., il n'y a point de restriction à ce pouvoir, mais en pratique il a ses limites, quoique larges. Une fée possédant une taille normale d'une trentaine de centimètres peut atteindre en s'agrandissant les proportions d'un homme de six pieds, mais l'effort impliquerait une tension considérable et ne pourrait pas se maintenir plus de quelques minutes. Pour prendre une forme autre que la sienne, il faut que l'entité soit capable de la concevoir clairement, et elle ne peut garder cette forme que tant que son esprit y fixe son attention ; aussitôt que sa pensée dévie, elle commence à reprendre son apparence naturelle.

Quoique la matière éthérique puisse être moulée par le pouvoir de la pensée, elle n'obéit pas, naturellement, aussi instantanément que la matière astrale. On peut dire que la matière mentale change actuellement avec la pensée, et la matière astrale si vite après elle, que l'observateur ordinaire peut à peine noter la différence ; mais avec de la matière éthérique on peut sans difficulté en voir et suivre l'agrandissement et la diminution. Il s'ensuit qu'un sylphe, dont le corps est en matière astrale, change comme un éclair d'une forme à l'autre, tandis qu'une fée, qui est éthérique, grossit ou décroît rapidement, mais pas instantanément.

Peu d'esprits de la terre ont une taille gigantesque, mais cette stature semble très commune dans la haute mer. Les créatures de la terre tissent fréquemment dans leurs fantaisies des fragments de vêtements humains et se montrent avec des coiffures, des ceintures ou des habits bizarres ; mais je n'ai jamais rien vu de semblable parmi les habitants de la mer. Presque tous les esprits de la surface des eaux semblent posséder le pouvoir de sortir de leur propre élément et de flotter ou de voler dans l'air à une courte distance ; ils se plaisent à jouer dans l'écume bondissante ou à chevaucher les brisants. Ils sont moins enclins à éviter l'homme que leurs frères de la terre, peut-être parce que l'homme a beaucoup moins d'opportunité de s'immiscer à eux. Ils ne descendent pas à une grande profondeur au-dessous de la surface, jamais, dans aucun cas, au-delà de la portée de la lumière ; de sorte qu'il y a toujours un espace considérable entre leur domaine et celui des créatures éthériques bien moins évoluées des profondeurs moyennes mentionnées sur le diagramme.

LES FÉES D'EAU DOUCE

Quelques très jolies espèces habitent les eaux en certains endroits dont l'homme ne leur a pas encore rendu les conditions impossibles. Il est assez naturel que la saleté et les substances chimiques qui souillent les eaux près des grandes villes leur soient un objet de dégoût ; mais apparemment elles ne font aucune objection en ce qui concerne les roues hydrauliques dans un coin tranquille à la campagne, car on peut les voir quelquefois s'amuser dans les biez. Elles semblent se plaire spécialement dans les chutes d'eau, comme font leurs sœurs de la mer sur les crêtes déferlantes des vagues. Et le plaisir que cela leur procure est tel, qu'elles osent même quelquefois s'approcher alors plus que d'habitude des hommes dont elles haïssent d'ordinaire la présence. Au Niagara, par exemple, on peut encore en voir quelques-unes pendant l'été, quoiqu'elles restent généralement bien loin vers le centre des chutes et des rapides. Comme les oiseaux de passage, elles quittent en hiver les eaux du nord qui sont gelées pendant des mois, pour chercher une demeure temporaire dans des climats plus à leur convenance. Une gelée de courte durée ne semble pas les inquiéter et le froid peu vif a apparemment peu ou point d'effet sur elles, mais elles n'aiment pas les perturbations dans leurs conditions ordinaires. Quelques-unes de celles qui habitent communément les rivières se transportent à la mer quand les rivières sont gelées ; d'autres semblent ne point aimer l'eau salée et préfèrent émigrer à des distances considérables plutôt que de se réfugier dans l'Océan.

Il est une intéressante variété de fées des eaux; ce sont les esprits des nuages, entités dont la vie se passe presque entièrement parmi "les eaux qui sont au-dessus du firmament". On devrait dès lors peut-être les classifier comme intermédiaires entre les esprits des eaux et ceux des airs; leurs corps sont faits de matière éthérique, comme les précédents, mais ils sont capables de rester hors de l'eau pendant une période relativement longue. Leurs formes sont souvent énormes et d'une texture peu dense. Ces esprits semblent proches parents de quelques-uns des types d'eau douce, et cependant ils consentent à s'immerger quelque temps dans l'eau de la mer quand les nuages qui sont leur habitat favori disparaissent. Ils demeurent généralement dans le silence lumineux du domaine des nuages, et leur passe-temps favori consiste à mouler leurs nuages en des formes étranges et fantastiques ou à les arranger en rangs compacts comme ce que nous appelons un ciel pommelé.

LES SYLPHES

Nous arrivons maintenant à l'étude du type le plus élevé des esprits de la nature, constituant le point où convergent à la fois les lignes de développement de toutes les créatures terrestres et maritimes. Je veux parler des sylphes, ou esprits de l'air. Ces entités sont bien au-dessus de toutes les autres variétés dont nous venons de parler, par le fait qu'elles se sont libérées du fardeau de la matière physique et que leur véhicule le plus bas est le corps astral. Leur intelligence est supérieure à celle des êtres éthériques, au même niveau que celle de l'homme ordinaire, mais ne possèdent pas encore une individualité permanente capable de se réincarner. Parce qu'elles sont plus évoluées, elles peuvent, avant même de se détacher de leur âme-groupe, comprendre la vie dans une plus large mesure que ne le font les animaux. Il arrive donc souvent qu'ils se rendent compte que l'individualité leur manque, ce qui leur inspire le désir intense de l'obtenir. Voilà la vérité qui se trouve à la base des traditions répandues partout, relativement à l'ardente aspiration de cet esprit de la nature pour obtenir une âme immortelle.

Pour les sylphes, la méthode normale pour obtenir celle-ci consiste à s'associer avec les membres du stade supérieur au leur — les anges astraux — et à les aimer. Un animal domestique, tel qu'un chien ou un chat, progresse par le développement de son intelligence et de son affection qui découle de son association étroite avec son maître. Non seulement l'amour qu'il porte à son maître l'incitera à faire des efforts déterminés pour le comprendre, mais les vibrations mentales de celui-ci, par leur influence constante exercée sur son mental rudimentaire, éveillent graduellement en lui une activité grandissante. De même l'affection que lui porte son maître fait naître en retour un sentiment toujours plus vif. Que cet homme s'applique ou non à apprendre quelque chose à l'animal, le rapport étroit qui les unit aide en tout cas, même sans effort défini, le développement de l'être le moins avancé. Éventuellement, le développement de cet animal l'élèvera au niveau où il lui sera possible de recevoir la troisième Vague de vie et de s'arracher à son âme-groupe par l'individualisation.

Or, tout cela se produit exactement aussi entre l'ange astral et l'esprit de l'air, excepté que dans leur cas l'évènement est habituellement produit d'une manière beaucoup plus intelligente et efficace. Il n'y a pas un homme sur mille qui pense ou sache quelque chose au sujet de l'évolution de son chien ou de son chat. Encore moins l'animal comprend-il la possibilité qui l'attend. Mais l'ange comprend nettement le plan naturel et, en beaucoup de cas, l'esprit de la nature sait aussi ce dont il a besoin, de sorte qu'il coopère d'une façon intelligente pour l'obtenir. Chacun de ces anges astraux a donc généralement plusieurs sylphes qui sont attachés à lui, qu'il instruit et qu'il éduque et qui en tout cas, se baignent dans son atmosphère mentale et lui rendent son affection. Les Dévarajas se servent d'un grand nombre de ces anges comme des agents dans la répartition du Karma, devoir qui leur incombe. C'est pourquoi les esprits de l'air sont fréquemment les sous-agents de cette activité et qu'ils acquièrent beaucoup de connaissances utiles en exécutant les tâches qui leur sont assignées.

L'Adepte sait comment utiliser les services des esprits de la nature lorsqu'il en a besoin, et il y a beaucoup de travaux qu'il peut leur confier. Le numéro de février 1907 de la revue *Board Views* contient un admirable récit de la manière ingénieuse dont un esprit de la nature s'acquitta de la tâche qui lui fut confiée.

Il avait été chargé de distraire une personne malade de l'influenza. Pendant cinq jours, il réussit à produire un spectacle presque ininterrompu des visions les plus étranges et les plus captivantes. Ses efforts furent couronnés du succès le plus éclatant, car la malade écrivit dans une lettre que ses soins "avaient produit l'heureux effet de transformer ce qui, dans des circonstances ordinaires aurait été des jours de fatigue et de malaises inexprimables, en une expérience merveilleusement intéressante".

Il montra une variété étonnante de tableaux, des masses mouvantes de rochers, vues non pas de l'extérieur mais de l'intérieur, et présentant ainsi toutes sortes de figures d'entités. Il montra aussi des montagnes, des forêts, des avenues, et parfois de vastes ensembles architecturaux, des portions de colonnes corinthiennes, des fragments de statues, de grandes voûtes, ainsi que des fleurs et des palmes merveilleuses, se balançant comme sous l'effet d'une brise légère. Parfois il semblait avoir pris les objets physiques de la chambre à coucher et les avoir tissés dans une sorte de scène à transformations magiques. D'après la nature du spectacle produit, on peut même conjecturer quel fut le type d'esprit de la nature employé à cette charitable tâche. Le magicien de l'Orient s'efforce à l'occasion d'obtenir l'assistance des esprits de la nature plus élevés pour ses exhibitions, mais cette entreprise n'est pas sans présenter de dangers. Il doit en effet se servir soit de l'invocation soit de l'évocation, c'est-à-dire qu'il devra ou bien attirer leur attention comme un suppliant qui leur proposerait un marché quelconque, ou bien s'efforcer de déclencher des influences qui leur imposeront obéissance, tentative qui en cas d'insuccès, provoquera une hostilité déterminée, laquelle se terminera probablement par sa fin prématurée ou qui le mettra en tout cas en une posture ridicule ou désagréable.

De même que pour les fées inférieures, il existe parmi les esprits de l'air de nombreuses variétés toutes différentes comme pouvoirs, comme intelligence, comme habitudes aussi bien que comme apparence. Naturellement, ils sont moins confinés dans une localité déterminée que les autres espèces que nous venons de d'écrire, bien qu'ils semblent reconnaître également les limites de certaines zones d'altitudes, certaines espèces se tenant toujours près de la surface de la terre, tandis que d'autres ne s'en approchent pour ainsi dire jamais. En règle générale, ils partagent l'aversion commune pour le voisinage de l'homme et ses désirs inquiets, mais il y a des occasions où ils sont disposés à le supporter en faveur d'un amusement ou de la flatterie.

LEURS AMUSEMENTS

Parfois ils retirent une jouissance extraordinaire d'un genre de sport consistant à animer différentes formes-pensées. Ainsi un auteur occupé à écrire un roman construit de fortes formes-pensées pour tous les personnages et les fait mouvoir comme des marionnettes sur sa minuscule scène. Mais quelquefois un groupe de joyeux esprits de la nature s'emparera de ses formes-pensées pour jouer un drame qu'ils improviseront sous l'inspiration du moment, de sorte que le romancier tout consterné sentira ses fantoches lui échapper et développer en quelque sorte une volonté à eux.

L'amour des maléfices, qui est une caractéristique si marquée chez quelques fées, persiste dans une large mesure parmi les types inférieurs des esprits de l'air, de sorte que les personnifications produites par eux assument parfois un caractère moins innocent. Les personnes dont le mauvais Karma les a soumises à la domination de la théologie calviniste, mais qui ne possèdent ni assez d'intelligence ni assez de foi pour rejeter certaines doctrines blasphématoires, construisent parfois dans leur frayeur d'horribles formes-pensées d'un diable imaginaire, auquel la superstition fait jouer un rôle si proéminent dans l'univers. J'ai le regret de dire que certains malicieux esprits de la nature ne peuvent résister à la tentation de se revêtir de ces formes horribles et se font un malin plaisir de brandir des cornes, d'agiter une queue fourchue et de vomir des flammes pendant leur course échevelée. Aucun mal n'en résulte pour celui qui comprend ces démons de pantomime, mais de temps en temps il arrive que des enfants nerveux et impressionnables entrevoient ces choses. Cela peut leur causer une grande frayeur si on ne les a pas élevés avec sagesse.

Il n'est que juste vis-à-vis de l'esprit de la nature de se rappeler qu'étant lui-même incapable de s'effrayer, il ne comprend pas le moins du monde la gravité des résultats produits par lui, et qu'il considère probablement la frayeur de l'enfant comme une simulation faisant partie du jeu. Nous ne pouvons guère rendre l'esprit de la nature responsable du fait que nous laissons nos enfants être liés par les chaînes d'une basse superstition, et que nous négligeons le fait fondamental que Dieu est amour et que son amour parfait écarte toute crainte. Si par hasard notre esprit de la nature terrifie ainsi un enfant vivant et mal instruit, il faut, d'autre part, inscrire à son crédit qu'il procure les plaisirs les plus vifs aux enfants que nous appelons "morts", car une de leurs grandes joies consiste justement à jouer avec eux et à les distraire de cent manières différentes.

Les esprits de l'air ont découvert le parti qu'ils pouvaient tirer des séances spirites, dont quelques-uns deviennent de fidèles habitués, généralement sous un nom tel que *Daisy* (Pâquerette) ou *Sunflower* (Tournesol). Ils sont capables de produire une séance très intéressante, car ils connaissent naturellement très bien la vie astrale et ses possibilités. Ils répondront facilement aux questions, dans les limites de leur savoir, bien entendu, et, en tout cas, avec un semblant de profondeur lorsque le sujet les dépasse un peu. Ils savent produire des rapts, des mouvements et des lumières sans difficulté, et sont prêts à faire n'importe quelle communication qu'on pourra leur demander. Ils ne croient pas le moins du monde tromper ainsi ou causer un préjudice, mais se réjouissent naïvement de leur succès à jouer un rôle, et des trésors de dévotion effrayée et d'affection répandus sur ces "chers esprits" et ces "guides angéliques". Ils apprennent à partager la joie des participants à la séance, et sont assurés de faire du bon travail en consolant ainsi les affligés.

Comme ils vivent dans l'astral, la quatrième dimension est un fait très ordinaire de leur existence, ce qui simplifie beaucoup les nombreux tours qui nous paraissent merveilleux, comme d'enlever des objets d'une boite fermée ou d'apporter des fleurs dans une chambre close. Les désirs et les émotions des assistants leur sont connus. Rapidement ils acquièrent la faculté de lire toutes les pensées, sauf les pensées abstraites, et lorsqu'on leur fournit les matériaux appropriés, ils sont capables de produire des matérialisations. On voit donc que même sans aucune assistance extérieure il leur est possible d'organiser une soirée agréable et variée, comme cela leur est arrivé souvent, d'ailleurs. Je ne veux pas dire du tout que les esprits de la nature soient les seules entités qui opèrent pendant les "séances". L'"esprit" qui se manifeste est parfois exactement ce qu'il prétend être. Il n'en est pas moins vrai que souvent il n'en est pas ainsi. L'assistance ordinaire n'a absolument aucun moyen pour distinguer entre la vérité et la contrefaçon.

UN DÉVELOPPEMENT ANORMAL

Ainsi que nous l'avons déjà dit, le progrès normal pour un esprit de la nature consiste à atteindre l'individualisation en s'associant avec un ange, mais il y a des entités qui se sont écartées de cette règle. L'intensité affectueuse du sylphe pour l'ange est le facteur principal de ce changement; les cas anormaux sont ceux où cette affection s'est portée sur un être humain. Cela implique un tel écart de l'attitude générale montrée par ces êtres vis-à-vis de l'humanité, que le cas se présente évidemment très rarement. Mais lorsqu'il se produit et que l'amour soit assez fort pour conduire à l'individualisation, l'esprit de la nature abandonne son propre courant évolutif pour entrer dans le nôtre, de sorte que l'égo récemment développé s'incarnera non comme ange, mais en tant qu'homme.

La tradition de cette possibilité se trouve à la base de toutes les histoires où un esprit non-humain devient amoureux d'un homme et aspire ardemment obtenir une âme immortelle afin de pouvoir passer l'éternité avec lui. En s'incarnant, un tel esprit constitue généralement un très curieux type d'homme, affectueux et émotif, mais capricieux, étrangement primitif dans certains sens et sans notion aucune de responsabilité. Le cas s'est produit où un sylphe, fortement attiré par un homme ou une femme sans avoir tout à fait l'intensité d'affection nécessaire pour obtenir l'individualisation, avait essayé de forcer l'entrée dans l'évolution humaine en prenant possession du corps d'un bébé au moment de la mort, lorsque le possesseur original venait de le quitter. L'enfant semblait alors renaître à la vie, être arraché du gouffre même de la mort, mais paraissait très changé, être devenu d'un caractère morose et irritable, à la suite de l'inévitable contrainte causée par le corps physique dense.

Si le sylphe était capable de s'adapter au corps, rien ne l'empêcherait de le garder durant toute la durée normale de la vie. Si alors il réussissait à développer une affection suffisamment ardente pour briser le lien l'unissant à son âme-groupe, il se réincarnerait ensuite de la manière habituelle comme un être humain. Sinon, cette vie une fois terminée, il rentrerait dans son propre courant évolutif. On remarquera que nous avons dans ces faits la vérité qui se trouve à la base de la tradition largement répandue, au sujet des enfants changés en nourrice, tradition qu'on trouve dans tous les pays du nord-ouest de l'Europe, en Chine, ainsi que dans l'Amérique du Nord, parmi les indigènes des rives du Pacifique, à ce que l'on assure.

AVANTAGES DE CETTE ÉTUDE

Le règne des esprits de la nature constitue un très intéressant champ d'études, auquel on n'a prêté que peu d'attention. Bien que la littérature occulte parle souvent d'eux, aucun essai n'a été tenté, que je sache, pour les classifier scientifiquement. Cette vaste région de la nature attend toujours son Cuvier ou son Linné. Peut-être, lorsque nous aurons une foule suffisante d'investigateurs, pourrons-nous espérer que l'un d'eux assumera ce rôle et nous donnera, comme l'œuvre de toute sa vie, une histoire naturelle complète et détaillée de ces délicieux êtres.

Ce ne sera ni un gaspillage de forces, ni une étude indigne de notre peine. Il est utile que nous comprenions ces êtres, non seulement, ou plutôt surtout, à cause de l'influence qu'ils exercent sur nous, mais parce que la compréhension d'un courant évolutif si différent du nôtre élargit notre esprit et nous aide à reconnaître que le monde n'existe pas rien que pour nous et que notre point de vue n'est pas le seul, ni même le plus important. Les voyages à l'étranger, quoique à un moindre degré, produisent le même effet, car, ils démontrent à l'homme non prévenu que des races aussi belles en tous points que la sienne peuvent différer cependant de cent manières différentes. Dans l'étude des esprits de la nature, nous trouvons la même idée, mais beaucoup amplifiée. Voici un règne tout à fait dissemblable, sans sexualité, libre de toute crainte, ignorant de ce qu'on appelle la lutte pour la vie, et cependant le résultat éventuel de son développement est en tout point égal à celui produit par notre propre courant évolutif. Cette connaissance peut nous aider à mieux voir les multiples aspects de la Divinité solaire et, ainsi, nous enseigner modestie et charité, aussi bien que largeur de vue.

CHAPITRE VII

PAR LES CENTRES DE MAGNÉTISME

D'une façon générale, nous reconnaissons tous qu'un entourage particulier peut produire des effets spéciaux; nous parlons de certains édifices, de certains paysages tristes et déprimants par eux-mêmes. Nous comprenons, par exemple, qu'on éprouve une sensation de tristesse et de répulsion autour d'une prison, de dévotion autour d'une église et ainsi de suite. La plupart des gens ne s'inquiètent pas de chercher pourquoi il en est ainsi ou, si pour un instant, leur attention est attirée de ce côté, ils ne s'y arrêtent pas et pensent simplement que cela est dû à une association d'idées.

Probablement est-ce cela, mais c'est peut-être aussi quelque chose de plus. Si nous examinons de plus près cette influence, nous trouvons qu'elle agit dans bien des cas où nous ne l'avions jamais remarquée, et cette connaissance pourra être d'une utilité pratique dans la vie de chaque jour. Une étude des forces subtiles de la nature nous montrera, non seulement que chaque être vivant rayonne une série très complexe d'influences définies sur ceux qui les entourent, mais qu'il en est de même pour les objets inanimés, bien qu'à un degré moindre et d'une manière plus simple, il est vrai.

NOS GRANDES CATHÉDRALES

Nous savons que le bois, le fer et la pierre ont chacun leurs radiations respectives et caractéristiques; mais le point à fixer aujourd'hui est de savoir s'ils sont capables d'absorber l'influence humaine et ensuite de la rayonner au dehors. Quelle est donc l'origine du sentiment de dévotion et de crainte respectueuse dont sont tellement imprégnées quelques-unes de nos grandes cathédrales, que même les plus endurcis des touristes ordinaires n'y échappent pas complètement? Cela est dû, non seulement à l'association des faits historiques, non seulement à la pensée que depuis des siècles les hommes se sont rencontrés là pour louer Dieu et pour le prier, mais surtout aux conditions dans lesquelles l'église a été bâtie.

Pour en avoir une compréhension nette, il faut d'abord nous rappeler dans quelles circonstances ces édifices furent élevés. Une église en briques, moderne, bâtie par contrat, dans le moins de temps possible, n'est entourée que d'une très petite atmosphère de sainteté, tandis qu'au moyen âge la foi était plus grande et l'influence du monde extérieur moins importante. C'est qu'en vérité les hommes priaient quand ils bâtissaient nos grandes cathédrales; ils posaient chaque pierre comme si elle avait été une offrande sur l'autel. Avec un travail fait dans cet esprit, chacune de ces pierres devenait un véritable talisman chargé du respect et de la dévotion du travailleur, capable de rayonner ces mêmes vibrations et d'éveiller en d'autres personnes des sentiments similaires. Les foules qui vinrent ensuite adorer dans le sanctuaire, non seulement sentirent ces vibrations, mais leur donnèrent une nouvelle force, par la réaction de leurs propres sentiments.

Ce que nous venons d'expliquer pour la construction extérieure d'une église, est encore plus vrai pour sa décoration intérieure. Chaque coup de pinceau de celui qui peignait un triptyque, chaque coup de ciseau du sculpteur d'une statue était une offrande directe à Dieu. Ainsi le travail d'art tout entier était entouré d'une atmos-

phère de respect et d'amour et il répandait efficacement ces qualités sur les fidèles, même sur ceux trop ignorants pour recevoir le
stimulant offert à ceux capables de l'apprécier et d'en comprendre
la signification.

Le rayon de lumière ruisselante au travers de ces splendides
vitraux peints, par ces fenêtres du moyen âge, apportait avec lui une
beauté n'appartenant pas au plan physique, car l'habile ouvrier qui
créa cette merveilleuse mosaïque le faisait pour l'amour de Dieu et
pour la gloire de ses saints, rendant ainsi chaque fragment de verre
un véritable talisman. En nous rappelant ainsi comment le pouvoir
donné à la statue ou au tableau par la ferveur de l'artiste originel a
été constamment renforcé au cours des âges par la dévotion des générations successives d'adorateurs, nous arriverons à comprendre la
raison intérieure de la grande influence qui sans aucun doute, rayonne de certains objets regardés, depuis des siècles, comme sacrés.

Une dévotion, semblable à celle décrite plus haut, émanant
d'une statue ou d'une peinture, peut être entièrement distincte et
ne dépendre en rien de la valeur artistique de l'œuvre. Le divin
enfant à *l'Ara Coeli* à Rome est tout ce qu'il y a de moins artistique,
et cependant il a un pouvoir considérable par le sentiment de dévotion qu'il évoque dans la foule venue pour le voir. Le fait d'être
une œuvre d'art ajouterait peu à son influence sur la plupart des
assistants, bien que naturellement dans ce cas, il produirait un effet
totalement différent sur une autre classe de personnes que, tel qu'il
est, il ne touche en rien.

De ces considérations, il ressort que les diverses pièces d'orne-
mentations ecclésiastiques, telles que statues, peintures et autres
décorations, ont une réelle valeur spéciale par l'effet qu'elles produisent sur les fidèles et, dans ce fait, qu'elles ont un pouvoir semblable, éprouvé par un grand nombre de personnes, on peut trouver
la raison de la haine intense ressentie pour elles par ces sauvages
fanatiques qui se sont appelés eux-mêmes des "puritains". Ils com-
prenaient que ce pouvoir, résidant derrière l'Église, travaillait lar-

gement au travers de ces objets, comme au travers de canaux particuliers, et quoique leur aversion pour toutes les influences élevées fût considérablement tempérée par la crainte, ils sentaient que s'ils avaient pu briser ces centres de magnétisme, ils en auraient atténué jusqu'à un certain point les effets. Ainsi, dans leurs efforts contre tout ce qui est beau et bon, ils ont fait tout le mal qu'ils pouvaient, presque autant peut-être que certains des premiers "chrétiens" firent par leur ignorance, en réduisant en poussière les plus belles statues grecques pour fournir de la chaux à la construction de leurs misérables huttes.

Dans tous ces splendides édifices du moyen âge, le sentiment dévotionnel sortait absolument et littéralement des murs eux-mêmes, parce que depuis des siècles des formes-pensées ont été créées en eux par des générations successives. De nos jours encore des personnes sensitives éprouvent un grand contraste entre cette atmosphère et celle de critiques et de disputes qui existe dans la maison de réunion de certaines sectes modernes. Dans plusieurs conventicules, en Écosse et en Hollande, ce sentiment existe d'une façon si intense qu'elle donne l'impression que la grande majorité de ceux qui se disent des adorateurs n'ont aucune pensée d'adoration ni de dévotion ; mais seulement de sainte droiture personnelle et de brûlante anxiété de découvrir quelque défaut de doctrine dans le fatigant sermon de leur infortuné pasteur.

Une église entièrement neuve ne produit aucun de ces effets. Actuellement les ouvriers bâtissent une église avec le même manque d'enthousiasme qu'une fabrique. Dès que l'évêque l'a consacrée, une influence particulière est établie par l'effet de la cérémonie et, après quelques années d'usage, les murs sont imprégnés efficacement. On a des résultats plus rapides encore dans une église où le Saint-Sacrement est exposé et l'Adoration perpétuelle effectuée. C'est ainsi que les églises catholiques romaines ou les églises rituelles sont très vite influencées ; mais les maisons de réunions des sectes dissidentes qui ne font pas de la dévotion leur point spécial, ont pendant un temps très long une influence à peine différente de celle ressentie dans une salle de conférences ordinaire. Une forte émotion dévotionnelle est souvent éprouvée dans une chapelle de couvent ou de monastère, bien que la différence en soit encore très grande suivant les buts que les moines ou les religieuses se proposent d'atteindre.

LES TEMPLES

J'ai pris les temples chrétiens comme exemples, parce qu'ils me sont le plus familiers, qu'ils le seront également à la majorité de mes lecteurs et aussi, peut-être, parce que la religion chrétienne ayant fait un objectif spécial de la dévotion, a plus qu'aucune autre élevé pour son expression un grand nombre d'édifices spéciaux. Parmi les Indous, les vaishnavites ont une dévotion aussi profonde que n'importe quels chrétiens, bien que, malheureusement, elle soit souvent gâtée par l'espoir des faveurs qu'elle obtiendra en retour. Mais les Indous n'ont aucune idée de l'adoration en commun. Quoique dans un grand nombre de fêtes une foule énorme se réunisse dans les temples, chacun fait sa petite prière et sa petite cérémonie pour soi-même, et on se prive ainsi de l'énorme force additionnelle produite par une action simultanée. On peut expliquer et faire comprendre la manière d'imprégner les murs d'un temple d'influence dévotionnelle en prenant comme exemple, sur le plan physique, le travail des marins tirant sur un cordage. Nous savons que lorsqu'ils font ce travail d'ensemble, ils émettent une sorte de chant rythmé qui les aide à exercer leur force exactement au même moment. De cette façon, un effort plus grand est produit que si chaque marin appliquait individuellement sa force sans aucune relation avec le travail des autres.

Dans les temples vaishnavites, cependant, à mesure que les années passent, on éprouve une impression aussi forte peut-être que dans les églises chrétiennes, bien que d'une espèce différente. Tout autres encore sont les sensations spirituelles éprouvées dans les grands temples dédiés à Shiva. Dans un sanctuaire comme celui de Madura, par exemple, un pouvoir d'une influence intense rayonne du Saint des Saints. On y est environné d'un sentiment de crainte respectueuse, presque de peur, et cela resserre si profondément la dévotion de la foule venue là pour adorer, que le rayonnement de l'entourage en est changé. Tout à fait différent encore est le sentiment éveillé dans un temple bouddhiste. Toute idée de crainte en est bannie. La dévotion émotionnelle y est moindre, elle y est remplacée par la gratitude.

Le rayonnement dominant est celui du bonheur et de l'amour, avec une absence complète de ce qui est sombre ou sévère. On a encore un contraste complet dans une mosquée musulmane ; on y découvre une sorte de dévotion nettement militante et l'impression particulière qu'on y reçoit est celle d'une fière détermination. On sent que si cette population a un crédo limité, il ne peut y avoir de doute sur sa fidèle détermination de s'y tenir. La synagogue juive diffère encore ; elle donne une impression toute différente et d'une curieuse dualité, extrêmement matérialisme d'une part et de l'autre remplie de forts et pathétiques désirs pour le retour des gloires évanouies.

SITES ET RELIQUES

Une partie des choses que nous venons de mentionner sert à expliquer la place choisie pour l'érection d'un grand nombre d'édifices religieux. Une église ou un temple sont fréquemment élevés pour commémorer la vie ou la mort d'un saint et, dans le premier cas, se trouvent érigés à un endroit ayant quelque rapport avec lui. Cela peut être la place où il est mort, celle où il est né, celle enfin où quelque important évènement de sa vie est arrivé.

L'église de la Nativité, à Bethléem, et celle du Crucifiement, à Jérusalem, en sont des exemples, comme aussi la grande stupa, à Buddagaya, où le seigneur Gautama atteignit son titre de Bouddha, ou encore le temple du "Bishanpad", où il est supposé que Vishnu laissa l'empreinte de son pied. Tous ces sanctuaires sont élevés non pas tant au point de vue historique pour apprendre aux générations futures la place exacte où un évènement important s'est passé, qu'avec l'idée que cette place est spécialement bénie, spécialement chargée d'un magnétisme qui demeurera actif à travers les âges, et dont bénéficieront ceux qui viendront se mettre dans les rayons de son influence. Or cette idée universelle peut s'appuyer sur de bonnes raisons.

La place sur laquelle le Seigneur Bouddha atteignit son initiation suprême et où lui fut conféré son auguste titre est chargée d'un tel magnétisme, qu'elle brille comme un soleil pour celui qui possède la vision clairvoyante. Il est fait pour produire l'effet magnétique le plus puissant sur celui qui est naturellement sensible à son influence ou qui délibérément, s'y rend lui-même sensible en se mettant en état de dévotion parfaite.

Dans un article sur Bouddha-Gaya qui a paru dans diverses revues théosophiques, Alcyone a écrit :

"Quand je fus assis tranquillement sous l'arbre depuis un peu de temps avec Mme Besant, je pus voir le Seigneur Bouddha comme il était quand il s'assit là. En fait, le souvenir de sa méditation est encore si fort gravé dans l'ambiance de ce lieu, qu'il n'est besoin que d'un peu de clairvoyance pour le voir encore maintenant. J'ai eu l'avantage de m'être rencontré avec lui en l'année 588 avant Jésus-Christ et de devenir un de ses disciples, de sorte qu'il me fut facile de le revoir dans ma vie actuelle. Mais je pense que tous ceux qui sont un peu sensitifs pourront le voir à Buddhagaya, en demeurant dans l'immobilité et la quiétude pendant un peu de temps, parce que l'air est saturé de son influence. Même actuellement, il y a toujours là de grands Dévas qui se baignent dans son magnétisme et gardent la place."

D'autres églises ou temples sont sanctifiés par la possession de reliques de grands Êtres; et ici encore l'association des idées est évidente. Il est habituel pour ceux qui sont ignorants en pareille matière de ridiculiser l'idée de rendre hommage à un fragment d'os ayant appartenu à un saint; mais bien que l'hommage rendu à un os puisse être inutile, l'influence rayonnant de cet os peut malgré tout être une chose réelle et digne d'une sérieuse attention. Que le commerce des reliques ait entraîné une notable partie du monde à la fraude, grâce à la crédulité de l'autre, est une chose avé-rée; mais cela n'atténue en rien le fait de la valeur d'une véritable relique. Une partie du corps physique d'un grand Être, ou même de ses vêtements, est imprégnée de son magnétisme; cela veut dire qu'elle est remplie de ses puissantes vibrations qui peuvent nous atteindre comme celles d'une batterie électrique chargée.

La possession de telles forces est augmentée et perpétuée à mesure que les années s'écoulent, par la foi et la dévotion des fou-les qui visitent le sanctuaire. Il en est ainsi quand les reliques sont authentiques mais même lorsqu'elles ne le sont pas et qu'elles n'ont pas par elles-mêmes de force initiale, elles acquièrent beau-coup d'influence à mesure que les années passent. C'est ainsi que celui qui se mettra dans une attitude de réceptivité en venant dans le voisinage de semblables reliques, recevra en lui de fortes vibra-tions et sera plus ou moins vite atteint par elles. Le fait que ces vibrations sont à coup sûr meilleures et plus fortes que celles qu'il aurait éprouvées par lui-même, est une chose avantageuse pour lui. Pendant un certain temps cela le met sur un plan supérieur, cela lui ouvre un monde plus élevé et, bien que l'effet ne soit que tempo-raire, un évènement qui pour le reste de la vie le laissera légèrement meilleur que s'il n'est pas arrivé, ne peut être que très bon pour lui.

Telle est la raison des pèlerinages, qui souvent sont réellement effectifs. En addition au magnétisme originel dû au saint homme ou aux reliques, aussitôt qu'un endroit de pèlerinage est établi et qu'un grand nombre de gens viennent le visiter, un nouveau facteur de force dévotionnelle vient s'y ajouter, ainsi que nous l'avons déjà expliqué pour le cas des églises et des temples. L'endroit se charge des sentiments de piété de tous les visiteurs, et les pensées qu'ils laissent derrière eux réagissant sur leurs successeurs; aussi l'influence de ces endroits saints ne diminue pas à mesure que le temps passe, tout au contraire, parce que si la force originelle tend à s'éteindre légèrement, d'un autre côté elle est constamment augmentée par de nouveaux sentiments de dévotion. Le seul cas dans lequel les influences disparaissent est celui où un sanctuaire est abandonné, comme par exemple lorsqu'un pays est conquis par un peuple d'une autre religion pour lequel les vieux sanctuaires sont indifférents. Mais quand l'influence a été au début suffisamment forte, elle persiste sans diminution durant des siècles, et pour cette raison les ruines elles-mêmes exercent souvent une très forte attraction qui leur est spéciale.

La religion égyptienne, par exemple, a été peu pratiquée depuis l'ère chrétienne et cependant les personnes réceptives ne peuvent visiter les ruines de ces temples sans être profondément affectées par son souvenir. L'architecture égyptienne avait un type défini, ayant été élevée intentionnellement pour produire un effet voulu sur les adorateurs, et peut-être aucune architecture n'a jamais mieux rempli les effets qu'elle se proposait d'obtenir. Les fragments brisés qui en restent produisent encore cet effet à un degré considérable, même sur les membres d'une race étrangère sans aucun rapport avec la vieille civilisation égyptienne.

Pour l'étudiant des religions comparées qui a la perception des choses occultes, il n'est pas d'expérience plus intéressante que celle de se baigner dans le magnétisme des plus vieilles religions du monde, de sentir leur influence comme leurs fidèles les sentaient il y a des milliers d'années, de comparer les sensations de Thèbes ou de Louqsor avec celles du Parthénon ou des beaux temples grecs de Girgenti, ou encore celles de Stonehenge avec celles des vastes ruines du Yucatan.

LES RUINES

Si la vie religieuse du vieux monde peut être le mieux comprise par l'agencement de ses temples, il est également possible d'arriver à entrer dans la vie journalière des nations évanouies en étudiant les ruines de leurs palais et de leurs maisons. Cela demande peut-être un plus grand sens de clairvoyance. La force qui imprégnait les temples était puissante, car pendant des siècles le peuple y vint avec une idée maîtresse de prière et de dévotion, de sorte que l'impression obtenue a été comparativement forte. Dans les maisons, au contraire, ce même peuple vivait sa vie avec tous ses intérêts variés et ses idées diverses, de sorte que souvent une impression chassait l'autre. Cependant le tout émerge, les années aidant, en une sorte de sentiment commun à la multitude et qui donne la caractéristique de leur race. Cela peut être senti par celui qui a l'art de supprimer entièrement ses sentiments personnels, plus intimes et plus vifs, pour écouter avec ardeur l'écho évanoui depuis longtemps des choses de la vie passée. Ainsi conduite, cette étude peut amener à une vue plus juste de l'histoire. Des manières et des coutumes qui nous étonnent ou nous font horreur, parce qu'elles sont trop éloignées de notre compréhension actuelle, peuvent de cette façon être regardées du point de vue de ceux auxquels elles étaient familières et, en les voyant ainsi, il peut arriver qu'on se rende compte pour la première fois combien les hommes du passé ont été mal compris par nous.

Nous pouvons nous rappeler comment, dans notre enfance, des parents bien intentionnés d'ailleurs essayèrent d'exciter notre sympathie par des histoires de martyrs chrétiens jetés aux lions dans le Colysée de Rome, ou notre réprobation de l'horreur des brutalités qui portèrent des millions de spectateurs à se complaire aux combats des gladiateurs. Je ne veux défendre ni les goûts ni les plaisirs des anciens Romains; mais je pense qu'une personne, instruite et capable de comprendre les choses, qui voudrait et pourrait s'asseoir seule et méditative en plein Colysée et tranquillement porter sa pensée en arrière, en se rendant compte du réel sentiment qui animait ces énormes foules sauvagement excitées, trouvera qu'on leur a fait une grosse injustice.

Premièrement, elle verrait que l'histoire des martyrs chrétiens jetés aux lions à cause de leur croyance religieuse est un pieux mensonge de certaines gens de l'époque. Ensuite elle saurait que le gouvernement de Rome était, en matière religieuse, beaucoup plus tolérant qu'aucun gouvernement européen de nos jours; que personne n'a jamais été persécuté ni exécuté pour ses opinions religieuses et que ceux appelés chrétiens qui ont été mis à mort, ne souffrirent pas pour leur religion, mais parce qu'ils conspiraient contre l'État ou pour tous autres crimes que tous nous réprouverions.

On trouverait sans doute ainsi que le gouvernement autorisait et même encourageait les combats de gladiateurs, mais on verrait aussi que trois classes seulement de gens y prenaient part. Premièrement, les criminels condamnés, hommes dont les vies captées par la Loi de l'époque étaient utilisées pour fournir un spectacle au peuple, spectacle dégradant il est vrai, mais pas plus que certains qui reçoivent de nos jours l'approbation populaire. Le malfaiteur, en luttant dans l'arène contre un autre malfaiteur ou contre une bête sauvage, préférait mourir en combattant plutôt que des mains de la loi; car il avait toujours la possibilité, s'il combattait bien, de mériter les applaudissements de la foule inconstante et ainsi de sauver sa vie. La seconde classe se composait de prisonniers de guerre qu'on avait coutume à cette époque de mettre à mort; mais dans ce cas-là, aussi, leur mort était chose décidée à l'avance, et cette manière de faire les utilisait pour une certaine forme de spectacle populaire, qui leur donnait à eux encore une chance de sauver leur vie à laquelle ils se rattachaient énergiquement. La troisième classe comprenait les gladiateurs de profession, tels les lutteurs et les boxeurs de nos jours, qui choisissent cette horrible carrière en connaissant et en acceptant d'avance tous ses dangers à cause de la popularité qu'elle apporte.

Je ne veux pas même suggérer que le spectacle des gladiateurs puisse être toléré par un peuple vraiment éclairé, mais si nous appliquons ce même jugement à des temps plus récents, nous devrons reconnaître que ce n'était pas plus mauvais que les tournois du moyen âge, les combats de coqs ou les combats d'ours du siècle dernier, que les courses de taureaux ou les luttes de boxeurs de nos jours, ni qu'il y ait à choisir entre la brutalité des partisans de ces anciens ébats et celle du peuple de nos jours, qui va en foule voir combien de rats peuvent être tués par un chien en une minute, ou même du noble sportman qui (sans l'excuse apparente de celle d'un beau combat) sort pour tuer une centaine de perdrix inoffensives. Nous commençons à donner une plus haute valeur à la vie humaine que celle qui lui était attribuée dans les jours de l'ancienne Rome; mais malgré cela, je fais remarquer que ce changement n'indique pas une différence entre l'ancienne race romaine et sa réincarnation dans le peuple anglais, car notre propre race était également brutale au point de vue des massacres en masse, il y a un siècle. La différence n'est donc pas entre nous et les Romains, mais entre nous et nos ancêtres récents; et même actuellement on ne peut dire que la foule qui court et plaisante à une pendaison soit beaucoup plus avancée que celle qui remplissait les stalles du Colysée.

Il est vrai que les Empereurs romains assistaient à ces exhibitions; que les Rois anglais encourageaient les tournois, que les Rois d'Espagne même maintenant encore patronnent les courses de taureaux; mais pour comprendre les motifs variés qui les ont amenés à le faire, nous devrons étudier profondément la politique des temps, question en dehors du but de cet article. Ici il sera suffisant de dire que les citoyens romains formaient un corps ayant une curieuse position sociale et que les autorités tenaient pour nécessaire de leur fournir certains spectacles, afin qu'ils demeurassent en bonne humeur. Ils se servirent de ce moyen d'exécution des criminels et des rebelles, moyen qui était une coutume en même temps qu'il fournissait au prolétariat un spectacle qu'il aimait. Un prolétariat brutal, dira-t-on? Il faut admettre qu'il n'était pas avancé, mais il était encore meilleur que les gens qui prirent une part active aux inexprimables horreurs de la Révolution française, à ceux qui se sont délectés dans la cruauté et dans le sang d'une façon que les Romains n'ont jamais atteinte dans leurs divertissements.

Celui qui viendrait au Colysée, comme je l'ai dit, et qui sentirait réellement l'esprit des foules des temps anciens, comprendrait que ce qui les attirait était l'excitation du combat et l'habileté dont on faisait preuve. Leur brutalité consistait, non dans le fait qu'ils se réjouissaient de la souffrance et du sang répandu, mais que dans l'excitation à suivre la lutte, ils étaient capables de l'ignorer, ce qui après tout, est ce que nous faisons nous-mêmes quand nous suivons anxieusement dans les journaux les nouvelles d'une guerre en cours. Niveau pour niveau, cas pour cas, notre cinquième sous-race n'a pris qu'une bien légère avance sur la précédente d'il y a deux mille ans, et cette avance est encore plus minime que notre satisfaction personnelle ne nous le persuade.

Chaque contrée a ses ruines et dans chacune d'elles la vie d'autrefois est chose intéressante à étudier. C'est, ainsi qu'on ne peut avoir une idée exacte de l'activité merveilleuse des monastères en Angleterre, au moyen âge, qu'en visitant cette reine des ruines qu'est l'abbaye des Fontaines; de même qu'en allant aux pierres de Carnac (non en Égypte, mais dans le Morbihan, en France) on peut assister aux réjouissances qui ont lieu en plein été autour du *Tentad*, le feu sacré des anciens Bretons.

Il est peut-être moins nécessaire d'étudier les ruines de l'Inde. La vie journalière y a si peu changé, à travers les âges, qu'il est inutile d'avoir des facultés de clairvoyance pour s'imaginer ce qu'elles étaient il y a un millier d'années. Aucun des édifices actuels de l'Inde ne date d'une période très différente et, dans la plupart des cas, les reliques de l'âge d'or, sous les grandes monarchies atlantéennes, sont déjà profondément enfouies sous terre. Si nous retournons à l'époque du moyen âge, on sentira l'effet de l'entourage et de la religion de cette époque sur le même peuple, par la différence de sentiments qu'on éprouvera en visitant n'importe quelle cité du nord de l'Inde et les ruines d'Anurâdhapura, à Ceylan.

LES CITÉS MODERNES

De même que nos ancêtres ont vécu leur vie habituelle dans ce qui était leur ville commune, et n'ont jamais pensé qu'ils imprégnaient les murs de ces cités d'une influence qui rendrait possible à un psychomètre, des milliers d'années plus tard, d'étudier les secrets les plus intimes de leurs existence, de même nous imprégnons nos villes, en laissant derrière nous un souvenir qui s'évoquera devant les sensibilités des hommes futurs plus développés que nous. Ils trouveront que d'un certain, côté toutes les grandes villes se ressemblaient; mais qu'il y avait des différences d'atmosphères locales dépendant jusqu'à un certain point de la moralité moyenne de la cité, du point de vue religieux qui y dominait et de ses principaux commerces et manufactures. Pour toutes ces raisons, chaque ville possède une certaine individualité; individualité qui attirera certaines personnes et en repoussera d'autres, suivant leurs dispositions. Même ceux qui ne sont pas spécialement sensibles peuvent difficilement ne pas sentir la différence existant entre Paris et Londres, Édimbourg et Glasgow, ou entre Philadelphie et Chicago.

Il y a certaines villes, de par le monde, dont la note dominante n'est pas celle du présent, mais celle du passé, parce que la vie des premiers jours était si forte que c'est le présent qui maintenant, parait rapetissé, par comparaison.

Les villes du Zuiderzee, en Hollande, peuvent être citées comme un exemple de ce genre, et Saint-Albans, en Angleterre, comme un autre. Mais le plus grand exemple que le monde nous offre encore est l'immortelle cité de Rome. Elle est seule au monde à offrir aux investigations du psychique trois grands intérêts entièrement séparés. Le premier, et le plus fort, est l'impression d'étonnante vitalité et de vigueur de cette Rome qui était le centre du monde, la Rome de la République et des Césars; puis vient la forte et unique impression de la Rome du moyen âge, le centre ecclésiastique du monde; puis en dernier lieu, et tout à fait différent des autres, la Rome moderne d'aujourd'hui, le centre politique du royaume d'Italie dont l'intégrité est quelque peu relâchée et en même temps, encore, un centre de large influence ecclésiastique, très dépouillée de sa gloire et de son pouvoir.

La première fois que je vins à Rome j'avais, je le confesse, l'idée que la Rome des papes du moyen âge, avec la force de toutes les pensées du monde concentrées depuis si longtemps sur elle et aussi l'avantage d'être plus rapprochée de notre époque, aurait effacé d'une manière considérable la Rome des Césars. Je fus stupéfait de trouver que c'était exactement le contraire. Les conditions de la Rome du moyen âge étaient suffisamment remarquables pour imprimer un caractère indélébile à n'importe quelle autre cité du monde, mais la vie de sa première civilisation a été si extraordinairement forte et surprenante qu'elle y demeure debout, en dépit de toute l'histoire qui s'y est ajoutée depuis et que la première est restée l'ineffaçable et dominante caractéristique de Rome.

Pour l'investigateur clairvoyant, Rome est et sera toujours premièrement et avant tout la Rome des Césars, et secondairement seulement la Rome des papes. L'impression de l'histoire ecclésiastique, suivie dans ses minutieux détails, forme une masse ahurissante de dévotion et d'intrigue, de tyrannie insolente et de réels sentiments religieux une histoire de corruption terrible et d'un large pouvoir sur le monde dont il fut rarement usé aussi bien qu'on aurait dû. Malgré la grande puissance qu'il a eue, la trace du pouvoir pontifical est effacée jusqu'à l'insignifiance par celle plus grande qui l'a précédée. L'ancienne Rome avait en elle-même une foi robuste, une conviction dans sa destinée et une volonté déterminée de vivre sa vie jusqu'au point extrême, avec la certitude d'arriver à le faire, et tout cela à un point que peu de nations réalisent de nos jours.

LES BÂTIMENTS PUBLICS

Non seulement les villes ont par elles-mêmes un caractère spécial, mais les bâtiments qui sont employés dans un but défini ont toujours une atmosphère caractéristique de ce but. L'entourage d'un hôpital, par exemple, est un curieux mélange : une prépondérance de souffrance, de faiblesse et de peine, avec une bonne part de pitié pour les malades, et un sentiment de gratitude de leur part pour les bons soins que l'on prend d'eux.

Les environs d'une prison sont tout à fait à éviter, quand on choisit une résidence, car il rayonne dans cet entourage un désespoir terrible et une grande tristesse mélangés de rage impuissante, de chagrin et de haine. Peu d'endroits ont une plus mauvaise atmosphère. Au milieu de cette tristesse générale, il existe encore des endroits spécialement sombres, des cellules d'une extrême horreur, ayant notamment la réputation qu'on s'y pend. On se souvient, par exemple, de plusieurs cas où les occupants successifs de certaine cellule d'une prison ont tous cherché à se suicider ; ceux qui n'ont pas réussi ont expliqué ensuite que l'idée de se détruire s'élevait avec persistance dans leur esprit, s'imposant à eux jusqu'à ce que graduellement ils pensassent n'avoir pas d'autre alternative. Il y a eu des cas où ce sentiment était dû à l'obsession directe d'un homme mort; mais aussi, le plus souvent, c'était simplement que le premier suicidé avait chargé si complètement la cellule de pensées et de suggestions de cette nature, que les derniers occupants, n'étant pas des personnes douées d'une grande force de volonté, s'étaient trouvés incapables de réagir contre elles.

Plus terribles encore sont les pensées suspendues autour de certains donjons épouvantables du tyrannique moyen âge, des oubliettes de Venise ou des cachots de tortures de l'Inquisition. Entièrement de la même manière, les murs d'une maison de jeu rayonnent du chagrin, de l'envie, du désespoir et de la haine, et ceux des cabarets et des maisons mal famées émettent les formes les plus grossières de désirs brutaux et sensuels.

LES CIMETIÈRES

Dans les cas mentionnés plus haut, il est facile pour les gens sérieux d'échapper à leurs influences pernicieuses en évitant simplement ces endroits; mais il y a des circonstances dans lesquelles on se trouve placé dans de fâcheuses situations, par le fait même de bons sentiments naturels. Dans les pays qui ne sont pas encore assez civilisés pour brûler leurs morts, les survivants visitent constamment les tombes dans Lesquelles les corps physiques décomposés sont couchés. Dans un sentiment d'affectueux souvenir, ils viennent souvent pour méditer et déposer des fleurs sur la tombe. Ils ne comprennent pas que le rayonnement de chagrin, de dépression et de faiblesse, qui si fréquemment imprègne les cimetières, en font un endroit peu désirable à visiter. J'ai vu de vieilles gens marchant et s'asseyant dans nos plus beaux cimetières, des bonnes promenant les enfants dans leurs petites voitures pour faire leur tour journalier, et ni les uns ni les autres n'avaient probablement pas la moindre idée qu'elles étaient, elles et leurs charges, sous des influences qui pouvaient neutraliser tout l'avantage de l'exercice et de l'air frais et cela en mettant à part la possibilité d'exhalaisons physiques malsaines.

UNIVERSITÉS ET ÉCOLES

Les anciens bâtiments de nos grandes universités sont entourés d'un magnétisme d'un type particulier, qui imprime sur ses étudiants ce cachet spécial si facile à reconnaître, bien qu'on ne puisse dire exactement en quoi il consiste. Les hommes qui suivent, l'université sont de types divers ; les uns sont des liseurs, des chasseurs, des hommes pieux, d'autres ne prennent d'intérêt à rien de particulier, et quelquefois le collège d'une université attire seulement une de ces classes. Dans ce cas les murs seront imprégnés de ces caractéristiques et son atmosphère travaillera à garder sa réputation. Mais dans l'ensemble, l'université est entourée d'une agréable sensation de travail, de camaraderie, d'association et même d'indépendance ; d'un sentiment de respect pour les traditions de *l'Alma Mater* avec la résolution de les maintenir, ce qui amène le nouveau venu à penser comme ses camarades et lui impose le ton de l'université.

Le même sentiment est exercé par les bâtiments de nos grandes écoles publiques. L'enfant impressionnable qui vient dans l'une d'elles y sent de suite un esprit d'ordre, de régularité, un esprit de corps qui, une fois gagné, peut difficilement s'oublier.

Quelque chose d'analogue, peut-être encore plus prononcé, existe sur un vaisseau de guerre, surtout s'il est sous le commandement d'un chef populaire placé depuis un certain temps à sa tête. Là aussi, le nouveau venu trouve vite sa place, acquiert l'esprit de corps, apprend à sentir qu'il fait partie d'une famille dont il doit maintenir l'honneur. Beaucoup de tout cela est dû à l'influence des camarades et à la direction des officiers ; mais l'atmosphère du vaisseau lui-même, sans aucun doute, en a aussi sa part.

BIBLIOTHÈQUES, MUSÉES, GALERIES

L'association de l'idée d'étude avec celle de bibliothèque est rapidement comprise, mais celles des musées et des galeries de peintures, sont plus variées qu'on ne peut croire. Dans ces deux cas, l'influence dépend surtout des peintures ou des objets exposés et par conséquent son analyse ne rentre pas dans cet article. Autant que l'influence des bâtiments est impliquée, en mettant à part les choses qui y sont exposées, le résultat est un peu inattendu, car ce qui y domine est une sensation tout à fait accablante de fatigue et d'ennui. Il est évident que la majorité des visiteurs a le sentiment qu'elle doit admirer ou être intéressée par ceci ou cela, néanmoins c'est un fait que ces visiteurs généralement sont tout à fait incapables d'une réelle admiration ou d'un sérieux intérêt.

LES ABATTOIRS DE CHICAGO

Les émanations épouvantables des abattoirs de Chicago en général, et en particulier les effets qu'ils produisent sur les gens assez infortunés pour vivre près d'eux ont été souvent mentionnés dans la littérature théosophique. Mme Besant, elle-même, a décrit combien dans sa première visite à cette ville elle sentit la dépression mortelle qu'ils lui causèrent, étant encore dans le train, à plusieurs milles de là. D'autres personnes moins sensibles peuvent ne pas l'éprouver aussi rapidement, mais il n'y a pas de doute que son influence pèse lourdement sur eux quand ils approchent du théâtre de ces horribles iniquités. À cette place, des millions de créatures ont été tuées et chacune d'elles a ajouté le rayonnement de ses sentiments de rage, de peine, de crainte, avec l'aspect de l'injustice commise, et tout cela a formé un des nuages d'horreur les plus noirs existant actuellement dans le monde.

Dans ce cas, les résultats de cette influence sont si connus qu'il est impossible pour quiconque d'être incrédule. La basse moralité et l'excessive brutalité des hommes qui tuent les animaux sont notoires. Dans un grand nombre de meurtres humains commis dans cet affreux voisinage, les médecins ont pu reconnaître le coup de couteau spécial dont se servent seulement les hommes qui tuent les animaux. Les petits enfants, dans les rues adjacentes, ne jouent pas à d'autres jeux qu'à celui de tuer. Quand le monde deviendra vraiment civilisé, les hommes jetteront un coup d'oeil d'incrédule horreur sur des scènes semblables et se demanderont comment des peuples, qui semblaient sous d'autres rapports avoir des rayons d'humanité et de sens commun, ont pu permettre qu'on mît sur leur honneur une tache comme celle de ces choses maudites qui existent encore dans notre milieu.

ENDROITS SPÉCIAUX

Les endroits où les mêmes cérémonies sont souvent répétées, spécialement celles en connexion avec un haut idéal, ont toujours une influence nettement marquée. Par exemple, au village d'Oberammergau, en Allemagne, où depuis tant d'années, à intervalles réguliers, le spectacle de la passion de Jésus a été reproduit, est plein de formes-pensées des représentations précédentes qui réagissent très puissamment sur ceux qui se préparent eux-mêmes à prendre part à une représentation moderne. Un sens extraordinaire de réalité et de profonde ardeur est ressenti par les assistants et cela réagit même sur les touristes indifférents pour lesquels la représentation est un simple amusement.

De la même manière, l'exécution des œuvres de Wagner est très puissante dans l'atmosphère de Bayreuth, et l'impression qu'on y reçoit en écoutant les œuvres qui y sont données est tout à fait différente de celle reçue ailleurs.

MONTAGNES SACRÉES

Il y a des cas où l'influence attachée à un certain endroit n'est pas une influence humaine. C'est généralement ainsi avec les montagnes sacrées. J'ai décrit ailleurs les entités spéciales qui habitent le sommet de la montagne de Slievena-Mon en Irlande. C'est leur présence qui rend la place sacrée et l'influence de la magie sainte de ceux qui ont agi au nom du grand être mystérieux dénommé Tuatha-de-Danaan, quand ils ordonnèrent à ces entités de rester là jusqu'au jour de la future grandeur de l'Irlande, qui doit faire partie du grand drame de l'empire à venir.

J'ai visité plusieurs fois une montagne sacrée d'un type différent: le pic d'Adam, à Ceylan. La chose la plus remarquable pour ce pic, est qu'il est regardé comme sacré par tous les peuples de l'Ile, quelle que soit leurs différentes religions. Les Bouddhistes donnent au temple, qui est au sommet, le nom de temple du Sripada ou de la sainte empreinte du pied et l'histoire dont ils font le récit est celle-ci: Quand le Seigneur Bouddha visita Ceylan, en son corps astral, car il n'y vint jamais dans son corps physique, il fit une visite au génie tutélaire de la montagne, appelé par le peuple Saman Deviyo. Au moment où il allait partir, Saman Deviyo demanda à Bouddha la faveur de laisser sur cette place quelque chose permettant de perpétuer la mémoire de sa visite, et le Bouddha est supposé avoir imprimé son pied sur le roc solide, en utilisant une force qui donna une empreinte définie. L'histoire dit même que Saman Deviyo, pour que la sainte empreinte ne fût jamais souillée par le toucher humain et que les radiations magnétiques en fussent toujours préservées, la couvrit avec le grand cône de rocher qui fait aujourd'hui le sommet de la montagne. Sur le haut de ce cône, on voit un creux qui ressemble grossièrement à un pied et il semble probable que quelques-uns des ignorants adorateurs croient que la marque actuelle est celle faite par le Seigneur Bouddha ; mais les moines qui savent le nient et font remarquer que non seulement la marque est trop large pour être celle d'un pied humain, mais que de plus elle est entièrement artificielle. Ils expliquent qu'elle a été faite simplement pour indiquer la place exacte sous laquelle la vraie empreinte du pied existe et ils insistent sur ce fait qu'il y a, à n'en pas douter, une fente tout autour du roc, à une petite distance autour du sommet. L'idée d'une empreinte du pied sacré sur ce sommet semble commun à plusieurs religions ; mais tandis que les Bouddhistes disent que c'est celle du pied de Bouddha, les Tamils, premiers habitants de l'Ile, supposent que c'est une des nombreuses empreintes du pied de Vishnu, et les Chrétiens et les Mahométans, eux, l'attribuent à Adam, d'où le nom de pic d'Adam.

On dit que longtemps avant qu'une de ces religions ait pénétré dans l'Inde, longtemps avant la venue du Seigneur Bouddha lui-même, ce pic était déjà consacré à Saman Deviyo, auquel le plus profond respect est encore gardé par les habitants, comme cela doit être du reste, car il appartient à l'un des plus grands ordres de Dévas qui approchent de plus près les plus élevés parmi les Adeptes. Quoique son travail soit d'une nature toute différente du nôtre, il obéit aussi au Chef de la grande Hiérarchie occulte. Il est aussi un des membres de la grande Fraternité blanche, dont l'unique but est de diriger et de faire avancer l'évolution du monde. La présence d'un aussi grand être répand naturellement une influence puissante sur la montagne et ses environs et surtout sur son sommet ; de sorte qu'il y a une force réelle derrière le joyeux enthousiasme si librement manifesté par les pèlerins et sur laquelle ils s'appuient. Ici aussi, comme pour d'autres temples, nous avons à ajouter l'influence des sentiments de dévotion desquels des générations successives de pèlerins ont imprégné l'endroit, mais en ce cas elle est complètement dépassée par la présence réelle et par l'influence de la haute entité qui a fait son travail et qui se tient là depuis tant de milliers d'années.

LES RIVIÈRES SACRÉES

Il y a aussi des rivières sacrées, le Gange, par exemple. L'idée est que quelque grand être a magnétisé autrefois la source de la rivière avec une telle force, que toute l'eau qui devait ensuite couler de cette source serait dans le vrai sens du mot une eau sainte, portant avec elle son influence et sa bénédiction. Ce n'est pas une impossibilité, bien que cela ait dû demander soit une grande réserve de pouvoir au commencement, soit des dispositions permettant la répétition de la bénédiction. Le procédé serait d'ailleurs simple et compréhensible. La seule difficulté consisterait dans l'immensité de l'opération. Mais ce qui est au-dessus du pouvoir d'un homme ordinaire peut être très facile à quelqu'un appartenant à un niveau beaucoup plus élevé.

CHAPITRE VIII

PAR LES CÉRÉMONIES

En considérant l'influence exercée par nos cathédrales et nos églises, nous ne nous sommes occupés jusqu'à présent que des influences irradiées par leurs murs. Ce ne sont là cependant que quelques-uns des effets que ces édifices doivent produire sur la communauté et qui ne constituent qu'un incident dans le grand plan du Fondateur religieux. Ce plan, à son tour, n'est qu'une portion d'un système plus vaste encore. Je vais essayer de m'expliquer plus clairement sur ce point.

LA HIÉRARCHIE

Les personnes qui étudient la Théosophie sont familières avec le fait que la direction de l'évolution du monde est dévolue à une Hiérarchie d'Adeptes qui travaillent sous les ordres d'un grand Être, et qu'un des départements de ce gouvernement est consacré à la protection et à la conduite de la religion en général. Le très haut Adepte qui est chargé de ce département est appelé dans l'Orient le Bodhisattva, et, dans l'Occident il a été connu sous le nom de Christ, bien que ce dernier nom n'ait réellement été le titre que de sa dernière incarnation. Dans le plan du gouvernement occulte du monde, durant la grande période mondiale en cours, il doit y avoir sept "Christs" successifs, un pour chaque race-racine. Chacun d'eux à tour de rôle remplit l'office de Bodhisattva, et pendant toute la durée de son mandat il préside toute la pensée religieuse du monde, et non pas seulement celle particulière à sa propre race-racine. De plus, il pourra s'incarner plusieurs fois.

Pour donner une image exacte de ce que cela signifie, prenons le cas du précédent possesseur de cette charge, que nous connaissons sous le nom de Seigneur Gautama : il était en réalité le Bodhisattva des Atlantes, c'est-à-dire de la IVe race-racine, dans laquelle il s'incarna bien des fois sous différents noms et dans un laps de temps qui s'étend sur plusieurs centaines de milliers d'années. Quoique son travail s'adressât plus particulièrement à la IVe race-racine, il assuma la direction des religions du monde entier et par conséquent il ne pouvait négliger la Ve race-racine. Dans la première partie de l'histoire de chacune des sous-races de cette Ve race, il apparut en effet et fonda chaque fois une religion spéciale. Dans la première sous-race il vint sous le nom de Vyasa ; le nom qu'il portait dans la seconde n'a pas été conservé par l'histoire. Dans la troisième sous-race, il fut le premier Zoroastre, le premier de cette longue lignée d'hommes qui portèrent tous ce nom. Dans la grande religion de l'Égypte il fut Thot, appelé par les Grecs Hermès Trismégiste, le trois fois Grand. Parmi les premiers Grecs de la quatrième sous-race, il fut le barde Orphée, le fondateur de leurs Mystères.

Dans chacune des naissances précitées, il rassembla autour de Lui un certain nombre de ses anciens disciples les plus zélés, naturellement dans beaucoup de cas simplement les mêmes égos passés dans des corps nouveaux, bien qu'à ceux-ci il s'en ajoutât constamment d'autres.

La IVe race-racine n'a d'ailleurs nullement fini son évolution, car la majorité des habitants de la terre lui appartient encore, telles les vastes peuplades des Chinois, des Tartares, des Japonais, des Malais et tous les peuples primitifs de la terre ; mais depuis longtemps elle a cessé d'être l'*élite* ; le temps est passé où elle était la race dominante du monde, celle dans laquelle les égos les plus avancés étaient d'ordinaire incarnés. Lorsque l'Age d'Or de la IVe race a été définitivement dépassé, le Bodhisattva de l'époque s'est préparé pour l'action culminante de sa tâche, qui lui a permis d'atteindre ce haut degré d'Initiation qu'on appelle l'*Illumination du Bouddha*, et aussi de remettre ses fonctions entre les mains de son successeur. La préparation requise à cet effet était de réunir, et aussi de concentrer dans une même contrée, tous les égos qui avaient été ses disciples dans ses différentes vies précédentes. Alors lui-même s'incarna parmi eux, ou peut-être, ce qui est plus probable, un de ses plus grands disciples s'incarna parmi eux et le moment venu céda son corps au Bodhisattva. Dès qu'il eut dans ce corps passé par la Grande Initiation, il devint ainsi le Bouddha et partit alors prêcher sa Loi. Nous ne devons pas ici attacher à ce mot "Loi" sa signification ordinaire, car elle veut dire dans la circonstance beaucoup plus qu'une simple série de commandements. Nous devons le considérer plutôt comme la présentation de la Vérité au sujet de l'humanité et de son évolution; les enseignements basés sur cette vérité montrent effectivement comment un homme doit agir pour coopérer au plan de cette évolution.

En proclamant cette Loi, le Bouddha réunit en outre autour de lui tous ses anciens disciples, et par la force irrésistible et le magnétisme puissant qui appartenaient à sa très haute qualité, il rendit capable un grand nombre d'entre eux de franchir le quatrième pas sur le Sentier et de devenir ce que l'on a désigné sous le nom d'*Arhat*. Le reste de sa vie sur la terre se termina en prêchant et en consolidant cette nouvelle foi, et lorsqu'il quitta la vie physique, il remit définitivement ses fonctions de directeur de la Religion à son successeur que nous appelons le Seigneur Maïtreya, le grand Être honoré dans l'Inde sous le nom de Krishna, et dans le monde chrétien comme Jésus, le Christ. Aucun étudiant théosophe ne sera troublé par cette dernière expression, car on lui a appris que le Christ, qui est le nouveau Bodhisattva, a pris le corps du disciple Jésus et l'a occupé pendant les trois dernières années de sa vie pour fonder la religion chrétienne. Après la mort de ce corps, le Bodhisattva continua pendant quelques années à enseigner, sur le plan astral, ses disciples les plus avancés, et ensuite jusqu'à aujourd'hui, il a employé son ancien disciple Jésus, devenu Maître, pour guider cette église et veiller sur elle durant l'accomplissement de sa destinée.

Dès la prise de possession de ses fonctions, le Seigneur Maïtreya profita des conditions extraordinairement favorables laissées par le Bouddha, pour faire plusieurs tentatives en vue de stimuler les progrès religieux du monde. Il ne descendit pas seulement lui-même dans une incarnation presque immédiate qui en Occident, a laissé son nom à notre ère, mais il employa en même temps un certain nombre de ceux qui avaient atteint le degré d'Arhat sous son prédécesseur et qui étaient maintenant prêts pour une nouvelle réincarnation. De ce noyau de disciples sortirent ceux que nous ap-pelons Lao-Tseu et Confucius, qui furent envoyés en incarnation en Chine. De même aussi Platon, Phidias et beaucoup d'autres des plus grands parmi les anciens Grecs. Dans la même période vint le grand philosophe Pythagore, qui est maintenant notre Maître KH. Il n'avait pas été l'un des assistants du Seigneur Bouddha, bien qu'il fût sur terre à cette époque et qu'il eût alors déjà atteint le niveau d'Arhat; mais il était à ce moment-là employé ailleurs. Le Maître KH est sur la ligne du Bodhisattva et il peut être regardé comme l'un de ses plus éminents lieutenants.

Simultanément avec tous ces efforts, le Seigneur Maïtreya lui-même s'incarna sous le nom de Krishna et mena dans l'Inde une vie merveilleuse sur laquelle est fondé l'aspect dévotionnel de ce pays, théâtre peut-être des plus fervents exemples de la plus complète dévotion qu'on puisse voir. Cette importante incarnation ne doit pas être confondue avec celle de Krishna, décrite dans le *Mahabharata*; celle-ci s'applique à un guerrier et homme d'état qui vécut environ 2 500 ans avant l'ère chrétienne.

En même temps que cette grande incarnation nous en trouvons une autre, non pas cette fois dans le département de la religion, mais plutôt dans celui de l'organisation, sous le nom du grand Shankaracharya, qui voyagea à travers l'Inde, fondant les quatre grands monastères et l'ordre des Sannyasis. À la tête de ces organisations monastiques nous trouvons une longue suite de chefs qui tous prirent le titre de Sankaracharya, ce qui crée quelque confusion, de sorte que parler de Sankaracharya revient au même que de parler du Pape sans indiquer davantage de quel détenteur du Saint-Siège il est question. Le grand fondateur Shankaracharya ne doit pas être confondu avec le titulaire mieux connu de cet office, qui quelque 700 ans après Jésus-Christ écrivit une série volumineuse de commentaires sur la *Bhagavad-Gîtâ* sur quelques-unes des Oupanishads.

LES TROIS SENTIERS

Ces trois grands Instructeurs, qui se suivirent si rapidement dans l'Inde, donnèrent en somme une nouvelle impulsion à chacune des trois grandes voies de la vie. Le Bouddha fonda une religion donnant de minutieux détails pour la vie journalière, nécessaires à ceux qui veulent suivre le sentier de l'action, pendant que Sankaracharya préparait l'enseignement métaphysique pour ceux dont le sentier est la sagesse et que le Seigneur Maïtreya, ainsi que Krishna, présentait un suprême objet de dévotion pour ceux à qui l'amour est le plus direct chemin de la vérité. Mais c'est le Christianisme qui doit être considéré comme le premier effort du nouveau Bodhisattva pour former une religion qui devait s'étendre dans les nouvelles contrées, car son travail, sous le nom de Krishna, a été particulièrement affecté à l'Inde.

Pour ceux qui abandonnent la manifestation extérieure des choses pour pénétrer le sens intérieur et mystique, il sera significatif de savoir que le rayon ou le type auquel appartiennent le Seigneur Bouddha, le Bodhisattva et notre Maître KH, est dans un sens particulier une manifestation du second aspect de la Divinité solaire, deuxième personne de la Sainte Trinité, l'Amour.

On ne se souvient pas toujours que la religion a ce qu'on peut appeler un côté objectif, c'est-à-dire qu'elle n'agit pas seulement en dedans en vivifiant les cœurs et les esprits des fidèles, mais aussi au dehors, en combinant les influences élevées et purifiées qui affectent constamment leurs divers véhicules. Le temple ou l'église n'est pas destiné à être simplement un lieu d'adoration, mais aussi un *centre de magnétisme* à travers lequel les forces spirituelles puissent s'épancher sur la région environnante. Le monde oublie souvent que les Grands Êtres eux-mêmes doivent faire leur travail d'après les grandes lois de la nature, que c'est pour eux un devoir réel d'économiser leurs forces autant que possible et, pour cela, d'agir pour tout ce qu'ils ont à faire avec le maximum de facilité.

Dans le cas considéré, par exemple, si le but est de laisser affluer la force spirituelle sur une certaine région, il ne serait pas économique de l'éparpiller partout, sans distinction, comme de la pluie, parce que cela exigerait que le miracle de sa matérialisation, à un plus bas niveau, soit effectué simultanément dans des millions de places, séparément pour chaque goutte, pour ainsi dire, représentant un puissant effort dans chaque cas. Il serait beaucoup plus simple de fonder dans certains points des centres magnétiques déterminés, où serait établi d'une manière permanente ce que nous pouvons appeler le mécanisme de telles matérialisations, de sorte qu'en déversant dans ce centre un peu de cette force d'en haut, elle serait instantanément répandue au dehors sur une étendue considérable. C'est ce qui a été accompli dans les premières religions par des centres puissamment magnétisés représentés par le *lingam* du temple indou, par le feu sacré des Parsis, ou la statue du Bouddha des Bouddhistes. Lorsque chaque adorateur vient devant l'un de ces symboles se répandre en dévotion et en gratitude, il ne fait pas seulement descendre sur lui-même la force qu'il vénère, mais il provoque aussi une certaine radiation sur ceux qui sont à quelque distance autour de lui.

En fondant le Christianisme, le Bodhisattva fit une nouvelle expérience avec l'intention d'assurer au moins une fois par jour un déversement beaucoup plus étendu de force spirituelle. Le fait que les nouvelles expériences de ce genre peuvent être tentées, que bien que le système splendide de la Hiérarchie occulte soit fondé à toute épreuve sur le Roc des Âges et qu'il laisse cependant une telle liberté à ses représentants officiels, tout cela est assurément du plus profond intérêt. Cela montre notamment que cette organisation est à la fois la plus conservatrice et la plus libérale, et que tout en étant la plus antique, elle est aussi la plus constamment applicable. C'est bien en pensant à l'auguste Chef religieux de cette Hiérarchie que l'on peut redire ces vieilles et grandes paroles d'une des Collectes de l'Église anglicane "Son service est la liberté parfaite."

Peut-être la meilleure manière d'expliquer d'une façon compréhensible ce nouveau système consiste-t-elle à décrire comment je fus pour la première fois mis à même de voir quelques détails de son fonctionnement. Mais tout d'abord, je dois dire quelques mots sur la présente condition de l'Église chrétienne.

Telle que nous la voyons maintenant, cette Église n'est qu'un bien faible simulacre de ce à quoi son Fondateur l'avait destinée. À l'origine, elle possédait ses mystères majeurs, comme toutes les autres religions, avec ces trois degrés de purification, d'illumination et de perfection, que ses enfants devaient franchir. Lorsqu'on eut expulsé comme hérétiques les grands docteurs gnostiques, cet aspect de la vérité fut perdu pour l'Église, qui aujourd'hui ne propose à ses membres que le premier degré, et encore celui-là d'une manière incompréhensible pour eux. Origène, un des plus grands hommes qu'elle ait jamais produits, a très clairement décrit les deux genres de Christianismes — le Christianisme somatique ou physique, et le spirituel — en disant que le premier n'avait pour but que d'attirer les masses ignorantes, mais que le dernier était pour ceux qui savaient. À notre époque, l'Église a oublié ce côté spirituel et plus élevé de son enseignement et s'est occupée d'essais pitoyables pour expliquer qu'il existe un certain côté spirituel au seul enseignement qu'elle ait laissé.

LA MAGIE DE L'ÉGLISE CHRÉTIENNE

Néanmoins et malgré tout, l'ancienne magie, dans le sens élevé propre du mot, instituée par son Fondateur, agit encore, est encore effective, et, même en ces jours actuels de décadence, cette magie peut être d'une façon déterminée dirigée et contrôlée. Il existe encore un pouvoir réel et vital dans les sacrements quand ils sont exactement accomplis : c'est le pouvoir de la Divinité solaire elle-même, qui nous parvient par celui que nous appelons le Maître Jésus ; c'est la fonction spéciale de celui-ci.

A la vérité ce ne fut pas lui, mais le Christ même, le Seigneur Maïtreya, qui fonda la religion chrétienne ; mais la garde spéciale du Christianisme a été remise entre les mains de Jésus, qui donna son corps à l'œuvre du Fondateur. L'Église chrétienne a presque entièrement perdu la croyance à son action personnelle. Les fidèles pensent à Jésus comme à un Instructeur qui a vécu il y a environ 2 000 ans, plutôt que comme à un pouvoir actif agissant aujourd'hui dans l'Église ; ils ont oublié qu'il est encore une force vivante, une présence réelle, vraiment toujours avec nous jusqu'à la fin du monde, c'est-à-dire des temps marqués, comme il l'a déclaré lui-même. Il n'est pas dieu au sens idolâtre, mais un canal au moyen duquel le pouvoir divin a atteint des millions d'âmes ; il est, en fait, celui officiellement chargé du côté dévotionnel de l'œuvre du Christ.

L'Église chrétienne s'est bien éloignée de la voie qui lui a été tracée primitivement. Elle devait renfermer en elle tous les types et maintenant, elle n'en admet plus qu'un et même très imparfaitement. Or, dans l'ère de rénovation actuelle, les liens doivent se reformer, et comme l'activité intellectuelle est la caractéristique de notre époque et de la dernière sous-race, le réveil de la vie intellectuelle qui se manifeste dans la haute critique religieuse a pour but réel de rendre la religion capable de recevoir d'autres types d'intelligences. Si seulement les prêtres et ceux qui enseignent possédaient la connaissance directe, ils pourraient beaucoup aider et diriger le peuple dans la crise présente et, grâce à leur propre connaissance de la vérité, guider leur activité intellectuelle, puis développer dans les cœurs de leurs ouailles la spiritualité sans laquelle l'effort intellectuel reste stérile.

Non seulement l'église a presque entièrement oublié la doctrine primitive enseignée par son Fondateur, mais la plupart de ses prêtres n'ont plus qu'une faible conception de la signification réelle et du pouvoir des cérémonies qu'ils accomplissent. Le Christ prévoyait, sans doute, ce qui devait arriver, puisqu'Il a soigneusement établi les choses pour que les cérémonies puissent agir même si les célébrants et le peuple n'avaient plus la compréhension intellectuelle des méthodes ou de leur résultat. Il serait probablement très difficile d'expliquer à un chrétien ordinaire les grandes lignes de son plan, mais il sera facilement compris par le Théosophe qui est déjà familiarisé avec quelques-unes des grandes idées qu'il contient.

Nous qui sommes des étudiants de la grande science, nous avons souvent entendu parler de ce grand réservoir de force constamment approvisionné par les Nirmanakayas aux fins d'être utilisé par la Hiérarchie des Adeptes et leurs disciples, pour aider l'évolution de l'humanité. La disposition prise par le Christ, quant à ce qui regarde sa religion, peut être comparée à ce que nous pourrions appeler un compartiment spécial de ce réservoir où se trouverait pour elle une certaine réserve. Un groupement déterminé de fonctionnaires a été à dessein investi du pouvoir d'en tirer, par l'emploi de cérémonies particulières, de certains mots et signes de puissance, d'en tirer, dis-je, de la force pour le bénéfice spirituel de leur troupeau. Ce pouvoir est transmis par la cérémonie de l'*ordination*. Nous comprenons de suite ainsi quelle est la réelle signification de la doctrine de la succession apostolique sur laquelle il a été tant argumenté. Moi-même, comme ancien prêtre officiant de l'Église chrétienne anglicane, je défendis fortement cette doctrine ; mais, quand par suite de l'étude de la Théosophie, j'arrivai à mieux comprendre la religion et à avoir une idée plus large de la vie, je commençais à douter que ce qu'on entend par "succession" signifiât réellement tout ce que suppose le parti ritualiste. Cependant, après une étude plus approfondie, je reconnus avec joie que la base réelle de cette doctrine avait une signification bien plus grande que tout ce que les écoles religieuses chrétiennes n'aient jamais enseigné.

LA MESSE

La première fois que mon attention fut attirée sur ce fait fut en observant occultement l'effet produit par la célébration de la Messe dans une église catholique romaine d'un petit village en Sicile. Ceux qui connaissent cette belle île, savent que ce n'est pas là que se rencontrera la forme la plus intellectuelle de l'Église catholique romaine, et que prêtres et fidèles ne peuvent être considérés comme étant particulièrement développés. Cette très simple célébration de la Messe n'est qu'une preuve plus éclatante de l'application de la force occulte.

Au moment de la consécration, l'Hostie resplendit d'une éclatante lumière et devint aux yeux du clairvoyant un véritable soleil. Quand le prêtre l'éleva au-dessus des têtes de l'assemblée, j'observais s'irradiant d'elle, deux espèces distinctes de forces spirituelles, qu'on peut représenter grossièrement comme correspondant à la lumière du soleil et aux rayons de sa couronne. La première de ces forces se répandait uniformément sur tous les fidèles réunis dans l'église et rayonnait dans toutes les directions ; elle pénétrait même les murs de l'église comme s'ils n'existaient pas et elle influençait une grande étendue de la contrée environnante.

Par sa nature même, cette force communiquait une grande énergie ; son action était particulièrement forte sur le plan bouddhique, bien que très grande aussi sur les trois sous-plans supérieurs du plan mental ; son activité se faisait encore sentir sur les 1er, 2e et 3e sous-plans du plan astral, mais ce n'était là qu'une réflexion du plan mental ou peut-être un effet produit par une vibration sympathique. Son action sur les personnes se trouvant dans le champ de son influence était proportionnée à leur développement. Dans un très petit nombre de cas (où se montrait déjà un léger développement bouddhique) elle agissait comme un stimulant énergique doublant et triplant pendant un instant la somme d'activité de ces corps bouddhiques et le rayonnement qu'ils sont capables d'émettre. Comme chez la généralité la matière bouddhique est encore presque endormie, l'effet principal se reproduisait sur le corps causal des habitants.

Dans la plupart des cas, les corps causals n'étaient éveillés et même partiellement responsifs qu'à ce qui se rapportait à la matière du 3e sous-plan. Aussi perdaient-ils bien des avantages qu'ils auraient acquis si les parties supérieures de leurs corps causals avaient été en pleine activité. Cependant, chaque ego placé dans ce rayonnement recevait sans exception une impulsion distincte et un bénéfice particulier de cet acte de consécration, si peu qu'il pût connaître ou faire cas de ce qui avait été accompli.

Les vibrations astrales, bien que beaucoup plus faibles, étaient perceptibles même à une grande distance ; le corps astral des Siciliens étant complètement développé, il n'est pas difficile d'exciter leurs émotions. Bien des personnes très éloignées de l'église, soit en parcourant les rues du village soit en accomplissant des occupations diverses sur les solitaires collines environnantes, sentaient pendant un moment des vibrations d'affection ou de dévotion qu'assurément elles ne pensaient nullement devoir rapporter à la Messe célébrée dans leur petite cathédrale.

Il devient donc évident que nous sommes, dans un pareil cas, en présence d'un pouvoir s'étendant au loin et qu'un des grands motifs, le principal peut-être, de la célébration quotidienne de la Messe est que toute personne puisse recevoir, au moins une fois chaque jour, l'un de ces chocs électriques qui sont si bien calculés pour favoriser la croissance de ce qui en est capable. Une telle expansion de force donne à chaque personne ce qu'elle s'est rendue apte à recevoir, si bien que même celui qui est le moins développé, ou le plus ignorant, ne peut pas ne pas être rendu un peu meilleur par le contact d'une noble émotion passagère. Pour celui qui est un peu plus avancé, cela signifie une élévation spirituelle dont il serait difficile de s'exagérer la valeur.

J'ai dit qu'il se produisait un second effet que j'ai comparé aux lueurs de la couronne solaire. La lumière que je viens de décrire se répand ainsi également sur les justes et sur les pécheurs, sur les croyants et les sceptiques ; mais la seconde force, au contraire, n'entre en activité qu'en réponse à un fort sentiment de dévotion de la part de l'individu. Tous les fidèles se prosternent profondément à l'élévation de l'Hostie, quelques-uns simplement par habitude, mais d'autres sous la forte impulsion d'un sentiment dévotionnel parfait.

Ce qui apparaît alors à la vue du clairvoyant est saisissant et profondément impressionnant, parce que de l'Hostie s'élance sur chacun de ces fidèles un rayon de feu qui se dirige vers la partie supérieure du corps astral et porte vers une extase intense. Par le corps astral, en raison de sa relation intime avec le véhicule bouddhique, ce dernier est fortement affecté, et bien qu'on ne pût dire que chez aucun de ces paysans il fût le moindrement éveillé, on ne peut mettre en doute que son développement au-dedans de sa coque n'ait été stimulé et que ses possibilités d'influencer instinctivement l'astral n'aient été augmentées. Nous ne devons pas oublier que s'il est vrai que l'éveil du bouddhi peut consciemment mouler et diriger l'astral, il y a dans tout véhicule bouddhique, même le moins développé, un grand réservoir de forces qui se manifestent naturellement dans le corps astral, même inconsciemment, comme si l'action était automatique.

Ce phénomène m'avait naturellement fortement impressionné. Aussi ai-je suivi bien des offices dans différentes églises, afin de me rendre compte si ce que j'avais vu en cette circonstance se produisait ou non invariablement et en quelles conditions. J'observais qu'à toute célébration de Messe, les mêmes résultats se produisaient et que les deux forces se manifestaient toujours : la première apparaissait sans variation appréciable, tandis que l'expansion de la seconde dépendait du nombre d'individus réellement dévotionnels qui se trouvaient parmi les assistants. Cette expansion n'a pas lieu seulement à l'élévation de l'Hostie, immédiatement après sa consécration, puisque le même fait se produit exactement à la bénédiction donnée avec le Saint Sacrement.

J'ai en différentes occasions suivi dans les rues les processions du Saint Sacrement. À chaque fois qu'un arrêt se faisait à une église à demi-ruinée, et que du seuil on donnait la bénédiction, les mêmes phénomènes s'y reproduisaient. J'ai observé aussi que de l'Hostie de réserve, placée sur l'autel, émanait constamment la première de ces forces, bien que moins fortement qu'au moment de l'élévation ou de la bénédiction. On peut dire que la lumière brille sans cesse sur l'autel, mais elle resplendit comme un soleil aux moments d'efforts spéciaux. L'action de la seconde force, le deuxième rayon de lumière, pouvait aussi être évoqué ou surgir du Saint-Sacrement maintenu sur l'autel en permanence, bien qu'elle me semblât moins vivante qu'à l'émission qui se produisait immédiatement après la consécration.

Un troisième effet est celui qui se produit sur le communiant. Celui qui reçoit dans son corps une partie de ce centre brillant d'où s'écoulent lumière et feu devient lui-même, durant un instant, un centre semblable irradiant la puissance à son tour. Les vibrations extraordinaires, que dans la plus intime des associations le communiant a attirées à lui, ne peuvent que l'influencer très profondément. Il est probable que pendant cet instant elles s'harmonisent avec ses vibrations et produisent ainsi une sensation d'intense exaltation. Cela ne se produit pas sans une tension considérable sur ses différents véhicules, qui tendent naturellement à retourner graduellement à leur taux vibratoire ordinaire. Cependant, cette indescriptible et vivante influence supérieure lutte longtemps contre la tendance à ralentir, mais le poids mort de la masse comparativement énorme des vibrations ordinaires de l'homme agit comme une drague ou comme du lest sur cette énergie extraordinaire et la ramène petit à petit vers son niveau ordinaire. Ce qu'il y a de certain, c'est que chaque nouvelle expérience semblable élève l'homme d'une fraction infinitésimale plus haut qu'il n'était auparavant, parce qu'il a été mis ainsi pendant quelques instants ou même quelques heures en contact direct avec des forces d'un plan infiniment plus élevé que celui qu'il peut atteindre par lui seul.

Dans des investigations successives, j'ai cherché naturellement jusqu'à quel point cette expansion de force pouvait être influencée par le caractère, le savoir et l'intention du prêtre. Je vais résumer brièvement sous la forme d'aphorismes, qui pourront paraître plus ou moins surprenants, les résultats obtenus par l'observation d'un grand nombre de cas.

L'ORDINATION

Premièrement, seuls les prêtres qui ont été ordonnés légalement et possèdent la succession apostolique peuvent produire cet effet. Les hommes ne faisant pas partie de cette association particulière ne peuvent produire cet effet, quelques dévots, bons ou saints qu'ils puissent être.

Deuxièmement, ni le caractère du prêtre, ni son savoir ou son ignorance, ni ce qu'il peut être réellement, n'affecte en quoi que ce soit le résultat. En réfléchissant à cela, on trouve qu'il n'y a vraiment là rien qui puisse étonner, puisqu'il n'est question que d'être capable d'accomplir une certaine action et que ceux-là seuls qui ont passé par une cérémonie particulière ont reçu le don de pouvoir l'accomplir. Il en est du reste de même pour parler à un certain groupement d'individus : il faut pour cela connaître leur langage, et un homme qui ne le connaîtrait pas ne pourrait entrer en rapports avec eux, quelque bon, sérieux ou dévoué qu'il pût être, si bien que la possibilité de communiquer avec eux n'est pas modifiée par le caractère privé, mais uniquement par le fait qu'il a ou non le pouvoir de leur parler, qui ne lui est donné que par la connaissance de leur langage. Je ne veux d'ailleurs pas dire que toutes ces considérations ne produisent pas chacune son effet respectif — je parlerai de cela plus tard — mais que personne ne peut puiser au réservoir particulier de force supérieur, s'il n'en a reçu le pouvoir qui n'est que la conséquence d'une nomination régulière, donnée conformément aux instructions laissées par le Christ.

Il me semble que nous pouvons comprendre la raison très juste pour laquelle cela a été établi. Il était nécessaire qu'il existât un plan, qui pût mettre cette splendide émission de force à la portée de chacun et simultanément dans des milliers d'églises sur toute la surface de la terre. Je n'entends pas non plus qu'il ne puisse être possible à un homme, doué de pouvoir et de sainteté exceptionnels, de faire descendre par la force de sa dévotion une quantité de force supérieure qui peut être comparée à celle obtenue par les rites que j'ai décrits. Mais des hommes d'une puissance aussi exceptionnelle sont toujours excessivement rares, et à aucune période du monde il n'aurait jamais été possible d'en trouver simultanément un nombre suffisant, même pour la cent millième partie des endroits où ils auraient été nécessaires. Ici nous voyons la réalisation d'un plan dont l'exécution est en une certaine façon mécanique. Il a été établi qu'un acte spécial et bien déterminé, accompli sérieusement, est le moyen entendu par lequel on peut faire descendre cette force, et que cela peut être fait par celui à qui le pouvoir en a été conféré, bien qu'avec relativement peu entraînement S'il est nécessaire que l'homme soit vigoureux pour puiser de l'eau, un enfant peut néanmoins tourner un robinet placé comme il convient: s'il est nécessaire que l'homme soit fort pour construire une porte et la poser, quand elle est placée sur ses gonds tout enfant peut l'ouvrir aussi en actionnant le loquet.

Ayant été moi-même prêtre de l'Église anglicane et sachant combien sont vives les discussions sur la question de savoir si une Église possède réellement ou non la succession apostolique, j'avais naturellement le plus grand intérêt à savoir si ses prêtres possédaient ce pouvoir. Je fus très heureux de constater qu'ils le possédaient et j'espère que ce point une fois définitivement accepté tranchera une question qui a fait beaucoup de bruit à l'époque, ainsi que toute autre controverse sur l'authenticité des Ordres de l'Église anglicane.

J'ai souvent observé que les ministres que l'on désigne ordinairement comme appartenant à des sectes dissidentes ne possédaient pas ce pouvoir, quelque bons et fervents qu'ils pussent être. Leur bonté et leur ferveur produisent en abondance d'autres effets que je vais décrire maintenant, mais leurs efforts sont sans action sur le réservoir particulier auquel j'ai fait allusion.

Je m'intéressais spécialement au cas d'un pasteur que je connaissais personnellement comme un homme bon, dévoué et de plus Théosophe érudit. Cet homme savait infiniment plus sur la signification réelle de l'acte de la consécration que neuf cent quatre-vingt-dix-neuf sur mille des prêtres qui l'accomplissaient journellement, et cependant je suis forcé de convenir que son plus grand effort ne pût produire cet effet particulier, alors qu'il n'était pas douteux que les autres le produisaient. Toutefois, il obtenait naturellement des choses que n'obtenaient pas les prêtres et sur lesquelles nous allons donner quelques détails. Je fus d'abord surpris, mais je compris bientôt qu'il ne pouvait en être autrement.

Supposons, par exemple, qu'une certaine somme d'argent soit laissée par un riche Franc-Maçon pour être distribuée parmi ses frères pauvres ; la loi ne tolèrerait pas que cet argent fût distribué à d'autres personnes qu'aux Francs-Maçons auxquels il était destiné, et le fait qu'en dehors du corps maçonnique, d'autres personnes pourraient être plus dévouées ou plus méritantes, ne serait nullement pris en considération.

Je fus aussi porté à rechercher avec le plus grand intérêt jusqu'à quel point l'intention du prêtre agissait sur le résultat produit. J'ai vu dans l'Église catholique romaine bien des prêtres accomplir cette cérémonie mécaniquement, comme un devoir à remplir journellement, et sans pensée précise sur le sujet ; mais qu'ils procédassent à cet acte par un sentiment de vénération ou par suite d'une longue habitude, ils semblaient toujours se ressaisir un moment avant la consécration et ils l'accomplissaient dans une intention définie.

L'ÉGLISE ANGLICANE

J'observai par ailleurs ce qu'on appelle la Basse Église de la Communauté anglicane, pour voir ce qui s'y passait, parce que je savais que beaucoup de ses prêtres n'acceptaient pas ce titre et, bien qu'ils pussent suivre le rituel en accomplissant l'acte de la consécration, leur intention en le produisant était exactement la même que celle des ministres des autres sectes. Cependant, je trouvais que l'ecclésiastique de la Basse Église même pouvait et produisait un effet que ne pouvait obtenir celui qui était en dehors de l'église. J'en conclus que l' "intention" que l'on dit toujours devoir être requise ne doit être que l'intention de faire ce que veut l'Église, sans aucun égard à l'opinion particulière du prêtre. Je ne doute nullement que bien des personnes pensent que cela devrait être organisé différemment, mais je ne puis que rapporter fidèlement le fait que mes investigations m'ont fait connaître.

Il ne faudrait certainement pas supposer que je veuille dire que la dévotion, la ferveur, la connaissance et la nature élevée de l'officiant ne constituent aucune différence; cela en fait au contraire une très grande, mais n'affecte aucunement le pouvoir de puiser dans ce réservoir particulier. Si le prêtre est fervent et pieux, son sentiment irradie sur tout son troupeau et en suscite de semblables chez ceux qui sont capables de les ressentir. Ainsi sa propre dévotion appelle sur eux son inévitable réponse, comme cela est représenté dans *Les Formes-Pensées*, et l'expansion de la bonne influence ainsi évoquée est certainement un profit pour ses fidèles tout aussi bien que pour lui. On peut donc dire que le prêtre qui voue son cœur et son âme à l'œuvre qu'il doit accomplir, fait descendre sur son troupeau une double bénédiction, la seconde influence précitée pouvant être considérée comme étant du même ordre de grandeur que la première. Cette seconde influence attirée par la dévotion elle-même se trouve naturellement aussi souvent en dehors de l'église que dans son sein.

Un autre facteur qu'il faut considérer est la disposition des fidèles. Si le sentiment qui les anime est basé sur la dévotion et la vénération, il offre une aide immense à l'officiant, car cela augmente énormément l'influence émanée en réponse à la dévotion. Il faut aussi considérer le niveau intellectuel moyen des fidèles, car un homme intelligent autant que pieux possède une dévotion d'un ordre plus élevé que celle de son frère ignorant et se trouve capable d'évoquer une réponse plus complète. D'un autre côté, dans bien des enceintes où l'on se livre surtout à l'exercice des facultés intellectuelles, où, par exemple, on regarde le sermon et non le culte même comme le principal objet, il y a rarement de la véritable dévotion. On trouve à sa place un horrible esprit de critique et d'orgueil spirituel, qui empêche l'infortuné auditoire d'obtenir de bons résultats de ce qui y est considéré comme des exercices spirituels. D'autre part, la piété ou l'indifférence, la foi ou le scepticisme n'influencent nullement la projection d'en haut, quand un prêtre ayant les qualités requises pour puiser dans le réservoir exerce ses fonctions. Ces facteurs cependant occasionnent une différence quant au nombre de rayons émis par l'Hostie consacrée et quant à l'atmosphère spéciale de l'Église. [4]

LA MUSIQUE

Un autre facteur très important dans la production de cet effet est la musique employée au cours du service. Ceux qui ont lu *Les Formes-Pensées* se rappelleront les reproductions frappantes des formes mentales, astrales et éthériques, de proportions immenses et d'aspect splendide, érigées par l'influence du son. Je m'occuperai dans un chapitre ultérieur de l'action générale du son, et n'aborderai ici que celle propre aux services de l'Église.

Ici encore, nous voyons le puissant et merveilleux effet que ces services sont capables de produire, effet insoupçonné de la majorité des personnes qui y participent. Dans l'Église, le sentiment de dévotion s'est toujours principalement concentré autour de la célébration de la Messe envisagée comme l'acte d'adoration la plus pure et la plus exaltée. Par conséquent, les efforts les plus intenses des compositeurs de musique sacrée se sont portés également sur ce service. Nous avons ici un autre exemple de la sagesse qui a présidé à l'ordonnance primitive, et de l'ignorance crasse de ceux qui se sont efforcés si maladroitement de l'améliorer.

LES FORMES-PENSÉES

Chacun des grands services de l'Église et — plus spécialement la célébration de l'Eucharistie — avait à l'origine pour objet la

---

4   Pour plus de détails, voir *La Science des Sacrements*, par CWL.

construction d'une forme puissante et harmonieuse, donnant expression à une idée centrale qu'elle enveloppait, forme qui facilitait et dirigeait le rayonnement de l'influence sur l'ensemble du village groupé autour de l'église. On peut dire que l'idée maîtresse du service était double : recevoir et distribuer la grande effusion de force spirituelle d'une part et, d'autre part, recueillir la dévotion des fidèles et l'offrir devant le trône de Dieu.

Dans le cas de la Messe telle qu'elle est célébrée dans l'Église romaine ou grecque, les différentes parties du service sont groupées autour de l'acte central de la consécration, en vue de construire une grande forme-pensée symétrique, aussi bien que de produire un effet direct sur les fidèles.

Un des effets les plus importants produits par le Service de l'Église, aussi bien sur l'assistance que sur le pays environnant, a toujours été la création de ces belles formes-pensées de dévotion, à travers lesquelles le déversement de la vie et de la force des mondes supérieurs peut s'effectuer plus facilement. Celles-ci sont mieux construites, et d'une efficacité plus grande, lorsqu'un nombre plus considérable de ceux qui prennent part au service le font avec une compréhension intelligente. Cependant, même dans le cas de dévotion ignorante, le résultat produit conserve son caractère de beauté et d'élévation.

La plupart des sectes qui, malheureusement, se séparèrent de l'église, perdirent entièrement de vue ce côté caché et de beaucoup le plus important du culte public. L'idée d'un service offert à Dieu disparut presque complètement, et fut remplacé en grande partie par des sermons fanatiques sur des dogmes étroits de théologie, toujours peu importants et fréquemment ridicules. Certains lecteurs ont parfois manifesté leur surprise que des auteurs qui se placent à un point de vue occulte semblent favoriser les pratiques de l'Église plutôt que celles des différentes sectes dont la pensée est plus libérale sur beaucoup de points. Nous allons justement en exposer la raison dans cette étude du côté caché des choses que nous avons entreprise.

L'étudiant de l'occulte reconnaît pleinement et entièrement la valeur de l'effort qui a rendu possible la liberté de conscience et de pensée. Mais il doit bien convenir que ceux qui ont rejeté les splendides formes et services d'autrefois ont, par là même, renoncé presque totalement au sens occulte de leur religion et qu'ils ont fait de celle-ci quelque chose d'égoïste et de limité, une question surtout de "salut personnel" pour l'individu, au lieu de l'offrande reconnaissante à Dieu d'un culte qui est en lui-même le canal infaillible par lequel l'Amour divin se déverse sur tous.

La liberté de pensée était un pas nécessaire dans le processus de l'évolution humaine. On peut imputer à la manière gauche et brutale dont on a obtenu cette liberté et aux excès absurdes où une ignorance grossière a conduit ses partisans la plupart des résultats déplorables que nous constatons de nos jours. La même passion sauvage et insensée d'une destruction sans frein qui incita les soldats de Cromwell à briser des statues inestimables et des verrières uniques, nous a aussi privé des précieux effets produits dans les mondes supérieurs par les prières perpétuelles pour les morts, et par la dévotion pour ainsi dire universelle témoignée par les humbles aux saints et aux anges. Jadis la grande masse était religieuse, quoique souvent d'une manière ignorante. À présent elle est franchement irréligieuse, et elle s'en targue même. Peut-être ce stage préparatoire est-il nécessaire, bien qu'on ne puisse guère le considérer comme étant beau et satisfaisant en lui-même.

LES EFFETS DE LA DÉVOTION

Aucun autre service ne produit des effets comparables à ceux de la célébration de la Messe, mais évidemment les grandes formes musicales peuvent faire leur apparition à tout service où il est fait usage de musique. Dans tous les autres services — excepté cependant, dans le Catholicisme, pendant la Bénédiction du Très Saint Sacrement, le développement des formes-pensées et le bien accompli en général dépendent, dans une large mesure, de la dévotion des fidèles. Or, la dévotion, qu'elle soit individuelle ou collective, varie beaucoup en qualité. La dévotion du sauvage primitif, par exemple, est habituellement mélangée de beaucoup de frayeur. La principale idée que son esprit y associe est d'apaiser une divinité qui sans cela, pourrait se montrer vindicative. Mais la dévotion de beaucoup d'êtres humains qui se croient civilisés lui est à peine supérieure, car elle n'est qu'un marchandage impie, dans lequel ils offrent une certaine somme de dévotion à la Divinité, à condition que celle-ci, de son côté, leur accorde une certaine somme de protection ou d'assistance.

Une telle dévotion, étant tout à fait égoïste et rapace, ne produit de résultats que dans la matière astrale inférieure, résultats qui dans la plupart des cas, sont extrêmement désagréables à examiner. Les formes-pensées créées ainsi affectent souvent la forme de crochets et d'hameçons; leurs forces se meuvent toujours dans des courbes fermées et ne réagissent que sur l'homme qui les émet, lui rapportant tout résultat, si petit soit-il, qu'elles ont pu générer. Mais la dévotion vraie, pure, altruiste, est un flot de sentiments qui ne retourne jamais à celui qui l'a émané. Elle est en vérité une force cosmique qui produit des résultats très étendus dans les mondes supérieurs.

Bien que la force elle-même ne revienne jamais, l'homme qui en est le point de départ devient, en réponse, le centre d'une effusion d'énergie divine. Ainsi, par cet acte de dévotion, il s'est en vérité béni lui-même, tout en déversant en même temps une bénédiction sur beaucoup d'autres. De plus, il jouit également de l'honneur insigne de contribuer à remplir le vaste réservoir du Nirmanakaya. Tous ceux qui possèdent le livre sur *Les Formes-Pensées* y trouveront un essai pour représenter la splendide flèche azurée édifiée par une dévotion de ce genre dans son envol ; ils comprendront immédiatement comment elle peut ouvrir la voie à une effusion spéciale de la force de la Divinité solaire.

Celle-ci déverse Sa puissante énergie vitale à tous les niveaux, dans tous les mondes. Naturellement, lorsqu'elle se déverse dans les mondes supérieurs, elle est plus active, plus complète, moins limitée que dans les mondes inférieurs. Normalement, chaque vague de cette grande force n'agit qu'à son propre niveau ; elle ne peut passer d'un monde à l'autre dans le sens transversal. Or, c'est justement par le moyen de pensées et de sentiments altruistes qu'un canal temporaire est construit, à travers lequel une force appartenant normalement aux mondes supérieurs pourra descendre à un niveau inférieur et produire des résultats lesquels n'auraient jamais été obtenus sans cela.

Tout homme vraiment altruiste fait ainsi fréquemment de lui-même un tel canal, bien que, évidemment, sur une échelle comparativement petite. Mais le puissant acte de dévotion d'une foule nombreuse de fidèles, lorsque ceux-ci sont réellement unis dans une même pensée d'altruisme, produit le même résultat sur une échelle infiniment plus vaste. Parfois, bien que rarement, il nous est donné de voir en pleine activité ce côté occulte des services religieux, et nul après avoir eu le privilège, ne fût-ce qu'une seule fois, de voir une manifestation aussi belle, ne pourra douter un moment que le côté caché d'un service d'Église ne possède une importance infiniment plus grande que celle de n'importe quelle manifestation purement physique.

Une telle personne verrait la flèche ou le dôme, d'un azur éblouissant, formés de la matière astrale la plus élevée, jaillir vers le ciel, bien au-dessus de leur image de pierre qui couronne parfois l'édifice physique où les fidèles sont assemblés. Elle verrait la gloire resplendissante qui se déverse par eux et se répand sur la région environnante en un puissant flot de lumière vivante. Naturellement le diamètre et la hauteur de la flèche construite par la dévotion déterminent l'ouverture par laquelle descend cette vie supérieure, en même temps que la force s'exprimant par le taux vibratoire de l'énergie dévotionnelle qui jaillit, est proportionnelle au taux vibratoire du courant de force correspondant qui descend. C'est là en effet une vision merveilleuse, et celui qui l'a contemplée ne pourra plus jamais douter que les influences invisibles sont plus puissantes que les visibles. Malgré lui, il se rendra compte que le monde qui poursuit son chemin sans se préoccuper de l'homme dévot, ou même en le méprisant, lui doit bien plus qu'il ne peut comprendre.

Le pouvoir que possède un prêtre ordonné est une réalité s'exerçant dans d'autres cérémonies que la célébration de l'Eucharistie. La consécration de l'eau qui sert au sacrement du baptême ou qui, comme "eau bénite", sera distribuée aux fidèles ou prise en entrant à l'église, projette en cette eau une forte influence lui permettant d'accomplir ce à quoi elle est destinée. Le même fait est également vrai pour d'autres consécrations ou bénédictions relevant des fonctions sacerdotales ; mais dans bien des cas il semble qu'une grande partie de l'effet soit obtenue par le magnétisme du prêtre lui-même, dont la quantité dépend naturellement de l'énergie et de la ferveur avec lesquelles cette partie de la cérémonie est accomplie.

L'EAU BÉNITE

Il sera intéressant pour nous d'étudier le côté caché de quelques-uns des services moins importants de l'Église, ainsi que de l'œuvre accomplie par les prêtres. Par exemple, l'élément magnétique entre pour une large part dans la bénédiction de l'eau. Le prêtre prend d'abord de l'eau et du sel purs et procède ensuite à leur démagnétisation, en chassant toute influence extérieure dont ils auraient pu être chargés fortuitement. Après avoir fait cela bien à fond, il les imprègne, chacun séparément, de force spirituelle, en revenant souvent à la charge, et, finalement, il jette en prononçant de ferventes adjurations, le sel dans l'eau, en traçant une croix. L'opération est alors terminée.

Si cette cérémonie est accomplie avec le soin et la précision voulus, l'eau devient un puissant talisman pour le but en vue duquel celui-ci a été préparé, lequel est de chasser de l'homme qui s'en sert toute pensée mondaine ou hostile et de l'orienter vers la pureté et la dévotion. L'étudiant en occultisme comprendra facilement comment il doit en être ainsi. Lorsque, au moyen de la vue astrale, il voit la décharge de force supérieure qui se produit lorsque quelqu'un se sert ou asperge d'eau bénite, il n'éprouvera aucune difficulté à comprendre quel puissant facteur elle est pour chasser toute pensée et tout sentiment indésirables et apaiser les vibrations irrégulières des corps astral et mental.

Chaque fois que le prêtre accomplit son travail, la force spirituelle le traverse, mais il peut y contribuer lui-même dans une large mesure par la ferveur de sa dévotion personnelle et sa promptitude à comprendre ce qu'il fait.

LE BAPTÊME

Le sacrement du baptême, tel qu'il fut administré à l'origine, présente un aspect d'une réelle beauté. Autrefois, l'eau était magnétisée spécialement en vue des effets produits par ses vibrations sur les véhicules supérieurs, afin que tous les germes des bonnes qualités dans les corps astral et mental embryonnaires de l'enfant pussent ainsi être fortement stimulés, les germes du mal étant en même temps isolés et détruits. Sans doute l'idée principale était de se servir de cette possibilité offerte dès le début pour stimuler la croissance des bons germes, afin que leur développement pût précéder celui des mauvais. Ainsi, lorsque ultérieurement ces derniers commenceraient à porter leurs fruits, le bien se serait déjà développé dans une telle mesure qu'il serait relativement facile de combattre le mal.

Voilà un côté de la cérémonie du baptême, qui présente encore un autre aspect. Elle symbolise l'Initiation vers laquelle le jeune membre de l'Église dirigera ses pas, espère-t-on, lorsqu'il aura grandi. Elle est une consécration, une mise à part d'une nouvelle série de véhicules en vue d'une expression plus fidèle de l'âme qui les habite et du service de la Grande Fraternité Blanche. Mais elle présente aussi un côté occulte en ce qui concerne ces nouveaux véhicules eux-mêmes. Lorsque la cérémonie est accomplie convenablement et intelligemment, ses effets sont indubitablement d'une grande puissance.

L'UNION EST LA FORCE

L'économie et l'efficacité du système institués par le Seigneur Maïtreya dépendent du fait qu'il est plus facile de déverser de puissantes forces par l'intermédiaire d'un petit groupe d'hommes, préparés au point de vue spirituel pour les recevoir, que de les diffuser universellement sans un gaspillage d'énergie auquel on ne pouvait songer un instant. Dans le système indou, par exemple, chaque homme est prêtre dans sa propre maison. Nous y trouvons donc des millions de ces prêtres, doués des tempéraments les plus divers et n'ayant reçu aucune préparation spéciale. Le système de l'ordination des prêtres donne un pouvoir certainement plus grand à un nombre limité d'hommes qui par cette ordination même, ont été spécialement mis à part pour le travail.

En poussant ce principe un peu plus loin, des pouvoirs encore plus élevés ont été accordés à un nombre d'hommes encore plus petit : les évêques. Ceux-ci deviennent des canaux pour la force qui confère l'ordination et pour la manifestation bien plus restreinte de cette même force, qui accompagne le rite de la confirmation.

Le côté caché de ces cérémonies offre toujours un intérêt profond pour celui qui étudie les réalités de la vie. Malheureusement, de nos jours, dans la plupart des cas, toutes ces choses sont devenues purement une question de formes, et bien que cela n'annihile pas les résultats, cela les amoindrit néanmoins. En revanche, chaque fois que ces anciennes formes sont employées dans les conditions voulues à l'origine, leurs effets invisibles sont hors de toute proportion par rapport à leurs effets visibles dans le monde physique.

LA CONSÉCRATION

À l'évêque également est limité le pouvoir de consacrer une église ou un cimetière. L'effet occulte de ce pouvoir crée réellement une vision charmante. Il est intéressant d'observer la croissance de cette sorte de fortification construite par l'officiant lorsqu'il marche autour de l'endroit en prononçant les prières et les versets prescrits, de voir l'expulsion de toutes formes pensées ordinaires pouvant s'y trouver et la substitution à leur place des formes harmonieuses et dévotionnelles auxquelles l'édifice est désormais consacré.

LES CLOCHES

Il y a plusieurs consécrations mineures qui sont d'un grand intérêt, comme la bénédiction des cloches. La sonnerie des cloches fait nettement partie de tout ce mécanisme, mais de nos jours on semble n'y comprendre que fort peu de chose. D'après la théorie moderne, on croit que le but en est de rassembler les fidèles au moment où le service va commencer. Sans aucun doute on s'en servait précisément dans ce but au moyen âge, lorsqu'on ne possédait encore ni pendules ni montres. Cette conception limitée de l'usage des cloches a donné naissance à l'idée que tout ce qui fait du bruit servira le but. En Angleterre, dans la plupart des villes, le dimanche matin est transformé en un purgatoire par les sonneries simultanées, mais discordantes, d'un certain nombre de blocs de métal peu harmonieux.

De temps en temps nous reconnaissons le vrai usage des cloches, lorsque nous nous en servons les jours de grandes fêtes ou de réjouissances publiques. Car une sonnerie de cloches harmonieuses émettant des notes musicales, était la seule chose qu'on se proposait à l'origine, dans le but de produire une double influence. Il en reste encore des traces, quoique mal interprétées, dans la science de la campanologie, et ceux qui connaissent les délices de l'exécution appropriée seront peut-être suffisamment préparés à apprendre la perfection et la magnificence particulières des formes créées ainsi.

Ce fut là un des effets qu'on se proposait de produire au moyen de la sonnerie rythmée des cloches. C'était pour répandre un flot de formes musicales continuellement renouvelées, exactement de la même façon et dans le même but, qu'un moine chrétien répète des centaines d'Ave, qu'un Bouddhiste du Nord passe une grande partie de sa vie à répéter les syllabes mystiques *Om Mani Padme Hum,* ou que plus d'un Indou fait de la récitation du nom de *Sita Ram* la base de sa vie.

Une forme-pensée particulière avec sa signification spéciale était, ainsi continuellement imposée aux corps astraux qui se trouvaient à sa portée. La consécration des cloches était destinée à ajouter une qualité spéciale à ces ondulations quelles qu'elles fussent. Une sonnerie d'un rythme différent produirait naturellement des formes différentes. Mais quelles que soient les formes, elles sont toujours produites par la vibration des mêmes cloches, et si ces cloches sont déjà fortement chargées d'un certain magnétisme, chacune des formes créées par elles emportera un peu de cette influence. C'est comme si le vent qui nous apporte des lambeaux de musique entraînait en même temps un parfum subtil. Ainsi l'évêque qui bénit les cloches les imprègne à peu près de la même influence qu'il infuserait dans l'eau bénite, afin que partout où le son émis par elles se répandra, toute pensée et tout sentiment mauvais soient bannis et que l'harmonie et la dévotion prédominent. C'est là un vrai acte de magie, qui est tout à fait efficace si le magicien accomplit bien son travail.

Le carillon, que l'on sonne à l'intérieur de l'église au moment où l'on récite le *Tersanctus* ou à l'élévation de l'Hostie, a un but différent. Dans les immenses cathédrales élevées par la piété médiévale, il était impossible que les fidèles pussent entendre ce que le prêtre disait en officiant, même avant que l'usage de réciter "le secret" ne fût adopté. C'est pourquoi le servant qui se tient près de l'autel et qui suit les mouvements du prêtre, a le devoir d'annoncer ainsi à l'assemblée ces points culminants de l'office.

La cloche que l'on sonne dans les temples indous ou bouddhistes a encore un autre but, basé à l'origine sur une pensée belle et altruiste. Lorsque quelqu'un venait d'accomplir un acte de dévotion ou de déposer quelque offrande, une certaine effusion de force spirituelle descendait en réponse. Celle-ci imprégnait la cloche parmi d'autres objets, et l'idée de l'homme qui la faisait résonner était qu'en faisant ainsi, il répandait alentour, aussi loin que le son de la cloche pouvait atteindre, les vibrations de cette influence élevée au moment où elle possédait encore toute sa vigueur. Il est à craindre qu'à présent on n'ait oublié cette signification réelle, à tel point que certains croient même devoir attirer ainsi l'attention de leur divinité !

L'ENCENS

La même idée poursuivie différemment se présente à nous dans la bénédiction de l'encens avant son ignition. Car l'encens a toujours une double signification. Il monte devant Dieu comme symbole des prières des fidèles, mais il se répand également partout dans l'église comme symbole du parfum suave de la bénédiction divine. Ainsi, une fois, de plus, le prêtre déverse une sainte influence, dans l'idée que partout où pénètrera son odeur, partout où passera la plus infime particule de cet encens qui a été béni, elle apportera avec elle un sentiment de paix et de pureté et chassera toutes pensées et sensations peu harmonieuses.

Même en dehors de cette bénédiction, son influence est salutaire, car l'encens est composé avec soin de diverses résines dont le taux ondulatoire s'harmonise parfaitement avec les vibrations spirituelles et dévotionnelles, tout en étant nettement contraire à presque toutes les autres. La magnétisation peut seulement intensifier ses caractéristiques naturelles, ou ajouter à celles-ci des oscillations particulières et différentes, mais en tout cas son emploi durant les cérémonies religieuses est toujours excellent. Le parfum du bois de santal possède en grande partie les mêmes caractéristiques, et le parfum de la pure essence de roses (*attar*), bien que de nature tout à fait différente, produit également un très bon résultat.

Un autre point qui dans une large mesure, est une innovation dans le système préparé pour l'Église chrétienne par son Fondateur, est l'utilisation de la force énorme générée par une action synchrone et unie. Dans les temples indous ou bouddhistes, chacun vient quand cela lui plaît, dépose son humble offrande ou murmure quelques paroles de louanges ou de prières, et se retire ensuite. De tels efforts sont couronnés d'un résultat proportionné à l'énergie des sentiments réels qu'on y met. Ainsi se crée un courant assez constant d'humbles conséquences, mais on n'obtient jamais l'effet massif produit par les efforts simultanés d'une assemblée composée de centaines ou de milliers de fidèles, ou par les vibrations émouvantes qui accompagnent le chant de quelque hymne bien connue.

En travaillant ainsi pendant un service, nous atteignons quatre buts différents :

1. Quel que soit l'objet des invocations faisant partie du service, un grand nombre de personnes s'y associent et émettent ainsi une formidable forme-pensée ;

2. une quantité correspondante de force se déverse en celle-ci et stimule les facultés spirituelles des fidèles ;

3. leurs efforts simultanés synchronisent les ondulations de leurs corps et les rend plus réceptifs ;

4. leur attention étant dirigée vers le même objet, ils travaillent ensemble et se stimulent mutuellement.

SERVICES FUNÉRAIRES

Ce que j'ai dit dans la première partie de ce chapitre expliquera un détail qui est souvent mal compris par ceux qui tournent L'Église en ridicule. C'est lorsqu'on dit la Messe avec une certaine intention ou au bénéfice d'une personne défunte. L'idée est que cette personne profitera de la descente de la force se déversant en cette occasion particulière, ce qui est vrai sans nul doute, car la forte pensée qui l'entoure ne peut pas ne pas éveiller son attention. Lorsqu'elle est ainsi attirée vers l'église, cette personne prend part à la cérémonie et profite dans une large mesure des résultats produits. Même si elle est encore dans une condition d'inconscience, comme cela arrive parfois à ceux qui viennent de mourir, la volonté du prêtre (ou son ardente prière, ce qui revient au même) dirige le courant de force vers la personne à laquelle il est destiné. Un tel effort est un acte parfaitement légitime de magie invocatoire. Malheureusement, un élément mauvais et peu justifié est souvent introduit dans cette transaction en exigeant une rémunération pour l'exercice de ce pouvoir occulte, chose absolument inadmissible.

AUTRES RELIGIONS

Je me suis efforcé d'exposer certains côtés de la signification cachée des cérémonies de l'Église chrétienne, tout d'abord parce que c'est avec ces dernières que je suis le plus familiarisé, et ensuite parce qu'elles présentent quelques caractéristiques toutes spéciales, que l'on peut considérer dans leur forme présente comme constituant des idées nouvelles importées dans l'ordre des choses par notre Bodhisattva actuel. Je ne voudrais pas que l'on supposât que j'ai décrit les cérémonies chrétiennes parce que je considère cette religion comme l'expression la plus parfaite de la vérité universelle. Le fait que moi qui suis un de ses prêtres j'ai fait publiquement une proclamation de foi bouddhiste, montre clairement que telle n'est pas mon opinion.

Dans les limites de son enseignement, le Christianisme présente probablement plus de lacunes que toute autre grande religion, à l'exception peut-être de l'Islamisme. Mais la faute n'en est pas à une négligence quelconque de la part du premier Fondateur en faisant de son système un exposé parfaitement combiné de la vérité, mais au fait très regrettable que la majorité ignorante des premiers Chrétiens rejeta de son sein les grands Docteurs gnostiques, conservant ainsi seulement une doctrine tristement mutilée. Il se peut que le Fondateur ait prévu cet insuccès, car Il a pourvu son Église d'un système de magie qui continuerait à opérer mécaniquement, même lorsque son peuple oublierait en grande partie la signification primitive de ce qu'Il leur avait enseigné. C'est précisément la force qui se trouvait derrière ces opérations mécaniques qui explique la remarquable emprise maintenue par une Église qui au point de vue intellectuel, n'a rien à offrir à ses fidèles.

Ceux qui professent d'autres religions ne doivent donc pas supposer de ma part le moindre irrespect vis-à-vis de leurs croyances du fait que j'ai choisi pour mon exposé ce avec quoi j'étais le plus familiarisé. Les principes généraux de l'action de magie cérémonielle que je viens d'exposer sont également vrais pour toutes les religions, et chacun n'a qu'à les appliquer lui-même.

LES ORDRES

Il me semble utile, pour les lecteurs indous, d'expliquer qu'il y a trois ordres dans le clergé chrétien : les évêques, les prêtres et les diacres. Quand un homme est admis dans les ordres chrétiens, il est d'abord reçu diacre, c'est-à-dire dans la pratique une espèce d'apprenti ou d'assistant du prêtre. Il n'a pas encore le pouvoir de consacrer les sacrements, de bénir les fidèles, ni de remettre les péchés. Toutefois, il peut baptiser les enfants, ce que même un laïque est autorisé à faire en cas d'urgence. Après une année de diaconat, il peut être ordonné prêtre. Cette seconde ordination lui confère le pouvoir de faire jaillir la force du réservoir dont j'ai parlé. À ce moment, il reçoit la puissance de consacrer l'Hostie ainsi que d'autres objets, de bénir les fidèles au nom du Christ, et de remettre les péchés. En plus de tous ces pouvoirs, l'évêque peut ordonner d'autres prêtres et continuer ainsi la succession apostolique. Lui seul peut administrer le sacrement de confirmation et consacrer une église, c'est-à-dire la mettre à part pour le service de Dieu. Ces trois ordres représentent seuls des grades déterminés, distincts les uns des autres par des ordinations qui confèrent des pouvoirs différents. On a peut-être entendu nommer bien d'autres titres appliqués au clergé catholique romain, tels qu'archevêque, archidiacre, doyen ou chanoine, mais ce ne sont là que des titres de charges ne comportant que des devoirs différents et nullement des grades dans le sens de pouvoirs spirituels.

CHAPITRE IX

PAR LES SONS

SON, COULEUR ET FORME

Nous avons examiné les influences émanées par les murs de nos églises, ainsi que l'effet des cérémonies qui s'y déroulent. Il nous reste à parler du côté caché de la musique qui accompagne les services religieux.

Bon nombre de personnes comprennent que chaque son génère une couleur, que toute note jouée ou chantée possède des harmoniques produisant un effet lumineux aux yeux d'une personne même un peu clairvoyante. Mais tout le monde ne sait pas que, de même que les pensées, les sons construisent aussi des formes. Il en est ainsi cependant. Il a été démontré depuis longtemps que le son produit des formes dans le monde physique, lorsqu'on chante une certaine note dans un tube, sur l'extrémité duquel on a tendu une membrane saupoudrée de sable fin ou de poudre de lycopodium.

On a prouvé ainsi que chaque son projette le sable suivant certaines lignes bien définies, la même note produisant toujours la même forme. Mais nous ne nous occuperons pas ici des formes construites ainsi. Nous étudierons celles composées de matière éthérique, astrale et mentale, lesquelles persistent et continuent à agir avec vigueur longtemps après que le son lui-même s'est évanoui, du moins en ce qui concerne les oreilles physiques.

LA MUSIQUE RELIGIEUSE

Considérons, par exemple, le côté caché de l'exécution d'un morceau de musique, lorsqu'un artiste tient l'orgue dans une église. Un certain effet sera produit dans le monde physique sur ceux d'entre les fidèles qui ont de l'oreille et qui ont développé en eux cette faculté de comprendre et d'apprécier la musique. Mais beaucoup de personnes qui ne la comprennent pas, qui ne possèdent sur ce sujet aucune connaissance technique, sont cependant conscientes que cette musique produit sur elles un effet bien défini.

L'étudiant clairvoyant n'en est pas surpris, car il voit que chaque morceau de musique joué sur l'orgue édifie graduellement une énorme construction de matière éthérique, astrale et mentale, s'élevant au-dessus de l'instrument et dépassant le toit de l'église, comme une sorte de chaîne de montagnes crènelées, le tout composé de splendides et éclatantes couleurs, brillant et flamboyant d'un éclat merveilleux, comme une aurore boréale des régions arctiques. Cet aspect varie beaucoup d'après les différents compositeurs. Une ouverture de Wagner constitue toujours un ensemble splendide zébré des couleurs les plus vives, comme s'il construisait en se servant, en guise de pierres, de montagnes en ignition. Une fugue de Bach édifie une forme puissante et bien ordonnée, à la fois hardie et précise, âpre et symétrique, avec des veinures parallèles d'argent, d'or et de rubis marquant les apparitions successives du motif. Un des *Lieder ohne Worte* de Mendelssohn produit une exquise construction aérienne, une sorte de château en filigrane d'argent congelé.

On trouvera dans le livre *les Formes-Pensées* trois gravures en couleurs, dans lesquelles nous avons essayé de dépeindre les formes édifiées par la musique de Mendelssohn, Gounod et Wagner respectivement, auxquelles je renvoie le lecteur, car il s'agit ici d'un de ces cas où il est absolument impossible de se figurer la ressemblance d'une forme sans la voir réellement ou en tout cas une représentation d'elle. Un jour, il sera possible peut-être de publier un ouvrage contenant des études sur un certain nombre de ces formes, dans le but de les examiner et de les comparer soigneusement. Il est évident que l'étude de ces formes musicales serait une science en elle-même, qui présenterait un intérêt hors ligne.

Ces formes, créées par les artistes qui exécutent la musique, ne doivent pas être confondues avec les magnifiques formes-pensées que le compositeur a créées lui-même comme l'expression de sa musique dans les mondes supérieurs. Celles-ci sont une production digne du mental puissant qui les a émanées. Elles persistent souvent de nombreuses années, parfois même des siècles si le compositeur est suffisamment compris et apprécié pour que sa conception originale soit fortifiée par les pensées de ses admirateurs. De la même manière, bien que le type présente des différences très marquées, des édifices magnifiques sont construits dans les mondes supérieurs par l'idée nourrie par quelque grand poète épique relativement à son poème, ou par quelque grand écrivain sur le sujet qu'il désire exposer à ses lecteurs. Tels sont, par exemple, l'immortelle trilogie de Wagner de *L'Anneau*, le tableau grandiose fait par le Dante du purgatoire et du paradis, et la conception que Ruskin avait de l'art, tel qu'il devrait être et se transformer.

Les formes générées par l'exécution d'un morceau de musique, persistent pendant un laps de temps considérable, qui varie d'une heure à trois ou quatre. Elles émettent constamment des radiations qui exercent certainement une influence bénéfique sur toutes les âmes dans un rayon d'un demi kilomètre à peu près. Non pas que ces âmes le sachent nécessairement ou que l'influence soit la même dans tous les cas! Si une personne sensitive est vraiment stimulée par elles, un homme morose et préoccupé en est fort peu influencé, mais chaque personne doit progresser un peu, même inconsciemment, lorsqu'elle subit une telle influence. Les ondulations dépassent naturellement de beaucoup la distance indiquée plus haut, mais dans ce cas elles s'affaiblissent rapidement et, dans une grande ville, elles sont bientôt submergées dans un remous des courants tourbillonnants qui remplissent l'atmosphère astrale de l'endroit. À la campagne, dans la paix des champs et des bois, l'édifice persiste proportionnellement bien plus longtemps et son influence couvre une surface plus étendue. Parfois dans ce cas ceux qui peuvent voir percevront des foules de beaux esprits de la nature, admirant les formes splendides générées par la musique, et se baignant avec délices dans les ondes émanées par elles. Certainement, est-ce une pensée belle et consolante qu'un organiste qui accomplit bien son travail, qui met toute son âme dans son jeu, accomplit beaucoup plus de bien qu'il ne le sait lui-même, en aidant une quantité de personnes qu'il n'a peut-être jamais vues et ne connaîtra jamais dans cette vie.

Un autre point qui peut intéresser ici est la différence entre les édifices construits par la même musique rendue par des instruments différents, celle marquant par exemple, l'aspect de la forme construite par un certain morceau joué sur l'orgue d'une église, exécuté par un orchestre ou par un quatuor à cordes ou encore joué sur un piano. Dans ces cas la forme est identiquement la même si la musique est également bien rendue, mais la texture générale est différente. Naturellement, dans le cas d'un quatuor à cordes, les dimensions de la forme sont moindres, parce que le son a un volume moins considérable. La forme construite par un piano est souvent plus grande que celle produite par les violons, mais moins précise dans ses détails et les proportions en sont moins parfaites. De même aussi il existe une différence marquée dans la texture entre l'effet produit par un solo de violon et le même solo joué sur la flûte.

Entourant et interpénétrant ces formes, bien que parfaitement distinctes d'elles, sont les formes produites par les sentiments et les pensées des êtres humains subissant l'influence de la musique. Les dimensions et la netteté de celles-ci dépendent de la mesure dont l'auditoire sait apprécier la musique et en est influencé. Parfois, la forme construite par la conception sublime d'un maître de l'harmonie reste seule dans sa beauté sans que l'auditoire la remarque, toutes les facultés mentales qu'il peut posséder étant entièrement absorbées par la toilette ou les cours du marché. D'autre part, il peut arriver que la chaîne des formes simples, générées par quelque hymne bien connue, soit presque cachée par les gros nuages bleus du sentiment dévotionnel éveillé dans le cœur des chanteurs.

Un autre facteur déterminant l'apparition de l'édifice construit par un morceau de musique est la qualité de son exécution. Ainsi la forme-pensée flottant au-dessus d'une église après le chant d'un chœur montre nettement et infailliblement si le solo de basse a été insuffisant, ou si certaines parties vocales ont été notoirement plus faibles que d'autres, car dans l'un et l'autre cas il y aura un défaut évident dans la netteté et la suprématie de la forme. Il existe naturellement certains types de musique dont les formes sont loin d'être belles, bien qu'elles offrent cependant elles aussi de l'intérêt comme objets d'étude. Les formes curieusement morcelées qui environnent un conservatoire de jeunes filles aux heures d'étude sont remarquablement instructives, sinon belles. De même, les chaînes dessinant des boucles et des courbes en forme de lassos créées par un enfant qui s'applique à bien jouer ses gammes et ses arpèges ne manquent pas de charme, lorsqu'aucun chaînon ne manque ou n'est brisé.

LE CHANT

Le chant en chœur génère une forme dans laquelle un certain nombre de perles sont enfilées à distances égales sur le fil argenté d'une mélodie, la dimension des grains dépendant naturellement de la force du chœur, de même que la luminosité et la beauté du fil qui les relie dépend de la voix du soliste et que la forme dans laquelle le fil est dressé dépend du caractère de la mélodie. D'un grand intérêt également sont les variations produites dans la texture métallique par les différentes qualités de voix, comme le contraste entre le soprano et le ténor, l'alto et la basse, ainsi que la différence entre une voix d'enfant et une voix de femme. L'entrecroisement de ces quatre fils — si différents comme couleurs et texture — est ravissant lorsqu'on chante un canon, une mélodie à reprises, de même que l'ordre constamment varié dans leur course parallèle lorsqu'on chante une hymne.

Un cantique processionnel construit une série de formes rectangulaires, dessinées avec une précision mathématique et se suivant dans un ordre défini, comme les chaînons d'une puissante chaîne ou plutôt — bien que l'image puisse paraître un peu prosaïque — comme les voitures d'une rame formidable appartenant au monde astral. Il existe dans la musique ecclésiastique une différence très frappante entre les fragments épars, mais brillants, du chant anglican et l'uniformité splendide du plain-chant. Très semblable à cette dernière est l'effet produit par la monotonie des versets sanscrits psalmodiés par les pandits de l'Inde.

On peut se demander dans quelle mesure les sentiments du musicien lui-même affectent la forme construite par ses efforts. Ces sentiments n'affectent pas du tout, à proprement parler, l'édifice musical. Si la délicatesse et le brio de son exécution restent les mêmes, il n'y a aucune différence dans la forme musicale, que le musicien se sente heureux ou malheureux, que ses réflexions soient graves ou joyeuses. Ses émotions produisent naturellement des formes vibrantes dans la matière astrale, tout comme celles de son auditoire, mais celles-ci entourent simplement la vaste forme édifiée par la musique sans aucunement la modifier. Sa compréhension musicale et son habileté technique se montrent dans l'édifice qu'il construit. Une exécution médiocre et purement mécanique érige une structure qui malgré la précision de sa forme, manquera de couleur et de luminosité, et comparée à l'œuvre d'un vrai musicien, elle donnera l'impression curieuse d'être composée de matériaux peu coûteux. Pour obtenir des résultats vraiment grandioses, l'exécutant devra se perdre complètement dans la musique, comme seul un génie osera le faire.

LA MUSIQUE MILITAIRE

Le clairvoyant comprend facilement le puissant effet et l'inspiration produits par la musique militaire, car il peut voir le long sillage de formes vibrant rythmiquement qu'elle laisse derrière elle en avançant à la tête d'un régiment. Non seulement le rythme régulier de ces ondes tend à renforcer celui du corps astral des soldats, les entraînant à plus de vigueur et d'unité dans le mouvement, mais les formes mêmes, créées ainsi irradient la force, le courage et l'ardeur guerrière. C'est ainsi qu'une troupe, dont les unités semblaient absolument démoralisées par la fatigue, pourra être rassemblée de nouveau et à un haut degré animée d'une force nouvelle.

Il est très instructif d'examiner le mécanisme de ce changement. L'homme qui est arrivé à un degré extrême d'épuisement a dans une grande mesure perdu la faculté de coordination. La volonté centrale ne peut plus, comme elle le devrait, maintenir et diriger les différentes parties du corps. Chaque cellule physique se plaint et pousse isolément son cri de souffrance et de révolte, ce qui produit comme effet l'apparition dans les véhicules éthérique, astral et mental d'un grand nombre de petits tourbillons séparés, chacun girant avec sa vitesse propre. Ainsi, tous les corps perdent leur cohésion et le pouvoir de faire leur travail, de jouer leur rôle dans la vie d'un être. Cela impliquerait la mort si le degré ultime était atteint, mais en deçà c'est une extrême désorganisation, la perte du pouvoir qui soumet les muscles à la volonté. Lorsque dans ces conditions le corps astral reçoit les chocs successifs d'oscillations puissantes et soutenues, cet impact se substitue momentanément à la force de volonté si considérablement affaiblie.

Le synchronisme des corps est rétabli de nouveau et maintenu par l'harmonie de la musique, permettant ainsi à la volonté de se ressaisir et de reprendre le gouvernail qu'elle avait à peu près abandonné.

Les ondes créées par une bonne musique militaire sont si puissantes et si marquées, qu'elles provoquent positivement une sensation de plaisir chez ceux qui obéissent à leur rythme, de même qu'un air de danse entraînant fait naître le désir d'un mouvement synchrone chez tous ceux qui l'entendent. Le type d'instruments employés dans la musique militaire est de nature à augmenter considérablement l'effet produit, leur son aigu ayant évidemment une importance plus grande à ce point de vue que la délicatesse ou le pouvoir d'exprimer les émotions plus délicates.

LES SONS DE LA NATURE

L'arrangement ordonné que nous appelons musique n'est pas seul à produire une forme définie. Chaque son de la nature produit ses effets, qui dans certains cas sont des plus remarquables. Le grondement majestueux d'un orage crée habituellement une large bande de couleur qui se déroule, tandis que son fracas assourdissant fait naître un arrangement temporaire irradiant irrégulièrement d'un centre et rappelant l'explosion d'une bombe, ou bien encore parfois une immense sphère irrégulière projetant de grandes pointes dans toutes les directions. Le battement incessant de la mer sur la côte frange celle-ci d'une voûte ininterrompue de lignes sinueuses mais parallèles, d'une coloration exquise et changeante, voûte qui se transforme en formidable chaînes de montagne lorsqu'une tempête fait bouillonner la mer. Le bruissement du vent dans les feuilles couvre la forêt d'un magnifique filet irisé, montant et s'abaissant d'un lent mouvement ondulatoire, pareil à celui d'un champ de blé traversé par le vent.

Parfois, ce nuage qui plane est coupé par des lignes courbes et des boucles de lumière, représentant le chant des oiseaux, comme les fragments d'une chaîne d'argent qu'on projetterait en l'air et qui rendraient un son mélodieux. Ici, nous trouvons une variété presque infinie, depuis les splendides boules d'or produites par les notes du *campanero* jusqu'à la masse amorphe aux couleurs ternes qui est le résultat du cri d'un perroquet ou d'un *macaw*. Le rugissement du lion n'est pas seulement audible, mais aussi visible pour celui dont les yeux sont ouverts. D'ailleurs, il n'est pas du tout impossible que certains animaux sauvages possèdent cette sorte de clairvoyance, et que la terreur qu'on prétend être produite par ce son soit due en grande partie aux radiations émanées par la forme ainsi créée.

LES SONS DANS LA VIE DOMESTIQUE

On observe dans la vie plus domestiquée des effets semblables. Le chat qui ronronne s'entoure de nuages concentriques d'une transparence rose, qui s'évanouissent en s'éloignant et répandent une influence de satisfaction et de bienêtre somnolents, laquelle tend à se reproduire dans les êtres humains qui l'entourent. D'autre part, le chien qui aboie lance des projectiles bien définis aux pointes acérées, qui infligent des chocs pénibles au corps astral des voisins. C'est là la raison de l'extrême irritation nerveuse qu'un son constamment répété produit souvent chez des personnes sensitives. Le jappement aigu et haineux du terrier décoche une série de formes semblables à celles produites par une balle de fusil moderne, transperçant le corps astral en différents endroits, ce qui en trouble sérieusement l'économie. L'aboiement profond du limier émet une série de boules comme des œufs d'autruche ou des ballons de football, d'un mouvement plus lent et d'une intention beaucoup moins malveillante. Quelques-uns de ces projectiles canins transpercent comme des coups d'épée; d'autres sont plus massifs et plus lourds, comme des coups de massue. Leur force est très variable, mais ils se ressemblent tous par leur action nocive sur les corps astral et mental.

La couleur de ces projectiles est d'ordinaire une nuance de rouge ou de brun, variant avec l'émotion ressentie par l'animal et son timbre de voix. Il est très instructif d'étudier le contraste des formes grossières et émoussées produites par le mugissement d'une vache. Ces formes ont souvent l'apparence de bûches ou de morceaux de troncs d'arbre. Un troupeau de moutons s'entoure fréquemment d'un nuage hérissé de pointes et cependant amorphe, créé par le son, ressemblant beaucoup au nuage de poussière physique qu'il soulève pendant sa marche. Le roucoulement d'un couple de pigeons émet une succession constante de courbes gracieuses, en forme de S renversé.

Les sons de la voix humaine produisent aussi leurs résultats, persistant souvent longtemps après que les sons qui les ont créés se sont évanouis. Une exclamation de colère se projette comme un dard écarlate. Plus d'une femme s'entoure d'un filet de lignes dures, métalliques, d'un gris-brun, créé par le flot de ses bavardages niais et insipides. Un tel filet ne laisse passer que des vibrations grossières pareilles aux siennes, et constitue une barrière presque absolue contre l'impact de pensées et de sentiments plus élevés. La vision du corps astral d'une personne loquace est une leçon de choses qui frappe l'étudiant de l'occultisme et lui apprend à parler seulement quand cela est nécessaire ou quand il a quelque chose d'agréable ou d'utile à dire.

Une autre comparaison fort instructive est celle qu'on peut faire entre les formes produites par les divers rires. Le rire heureux d'un enfant bouillonne en courbes rosées, et construit une sorte de ballon dentelé, une *épicycloïde* de joie. Le gros rire ininterrompu de l'homme inintelligent produit l'effet d'une masse irrégulière qui fait explosion, et présente généralement une coloration d'un brun ou d'un vert sale, d'après le ton qui prédomine dans l'aura dont il émane. Le ricanement lance un projectile informe d'un rouge terne, le plus souvent tacheté de vert-brun et hérissé de points épineux. Les éclats de rire incessants de celui qui est infatué de lui-même produisent un résultat peu agréable et l'entourent, en ce qui concerne l'aspect et la couleur, comme d'un étang de boue en ébullition. Les petits rires nerveux d'une jeune fille l'entourent souvent d'un enchevêtrement désagréable de lignes marron et jaune terne, tandis que le rire jovial et franc de la joie vraie s'enfle généralement en formes arrondies or et vert. Les résultats qui découlent de la mauvaise habitude de siffler sont d'ordinaire franchement désagréables. Si le sifflotement est doux et vraiment harmonieux, il produit un effet semblable à celui d'une petite flûte, mais plus aigu et plus métallique. Par contre, le sifflet horriblement faux d'un gamin dans les rues de Londres lance d'ordinaire une série de petits projectiles perçants d'un brun sale.

LES BRUITS

Un grand nombre de bruits artificiels — la plupart horriblement discordants — se font sans cesse entendre autour de nous, car notre soi-disant civilisation est certainement la plus bruyante parmi les malédictions que notre terre ait eu à subir. Ces bruits ont également leur côté caché, bien qu'il soit rarement agréable à contempler. Le sifflement strident d'une locomotive produit un projectile bien plus puissant et pénétrant même que l'aboiement d'un chien. Son horreur n'est vraiment surpassée que par celle du bruit de la sirène dont on se sert pour rassembler les ouvriers d'une usine, ou les détonations de l'artillerie lourde dans le voisinage. Le coup de sifflet de la locomotive projette une véritable épée, qui possèderait en même temps le pouvoir de désintégration d'une forte secousse électrique. Son effet sur le corps astral qui a le malheur de se trouver à sa portée est comparable à celui d'un coup d'épée sur le corps physique. Heureusement pour nous, la matière astrale possède plusieurs des propriétés d'un liquide. Les blessures guérissent donc après quelques minutes, mais l'effet de la secousse sur l'organisme astral ne s'effacera pas aussi rapidement.

La fuite à travers la campagne d'un train qui ne siffle pas n'est pas sans beauté, car les lourdes lignes parallèles dessinées par le bruit de sa course sont comme brodées par des sphères en ovales intermittents produits par le halètement de la machine. Un train, qu'on verrait traverser le paysage à une certaine distance, laisse derrière lui la vision temporaire d'un ruban du pays de Brobdignag aux bords festonnés.

La décharge d'un grand canon moderne produit une explosion de son aussi bien qu'une explosion de poudre, et les irradiations formidables ainsi produites dans un rayon d'une lieue environ sont combinées de façon à produire un effet très sérieux sur les courants et les corps astrals. Le crépitement d'un coup de fusil ou de révolver projette un faisceau de petites aiguilles d'un effet également peu désirable.

Il est d'une évidence indiscutable que tous les bruits soudains, aigus ou violents, devront, autant que possible, être évités par celui qui désire maintenir le bon état de ses véhicules astral et mental. C'est là une des nombreuses raisons pour lesquelles l'étudiant de l'occulte doit éviter la vie trépidante d'une grande ville, car son bourdonnement incessant produit des vibrations désintégrantes qui viennent heurter chacun de ses véhicules, sans parler, bien entendu, de l'agitation encore plus funeste produite par les basses passions et émotions. Celui qui habite une rue très passagère vit comme à côté d'un égout ouvert.

Nul, après avoir examiné les effets produits par la répétition de ces formes-pensées sur un corps astral sensitif, ne peut douter du sérieux dommage causé dans une certaine mesure, aux nerfs physiques. Ce dommage est si sérieux et si certain que s'il était possible d'obtenir une statistique exacte sur un tel point, nous trouverions, je crois, que la moyenne de la vie est plus courte et le pourcentage de cas de névroses et de folie considérablement plus élevé parmi les habitants d'une rue pavée que parmi ceux qui jouissent de l'avantage de l'asphalte. La valeur et même la nécessité de la tranquillité n'est pas suffisamment appréciée dans la vie moderne. Nous ignorons surtout les effets désastreux de tout ce bruit incessant et inutile sur les corps astrals et mentals plastiques des enfants. Cependant nous y trouverions les principales causes de maux et de faiblesses de toutes sortes qui plus tard, dans la vie, manifesteront leur fatale influence.

À un niveau bien plus élevé, tous les sons de la nature fusionnent en un son unique et puissant, que les auteurs chinois ont appelé le *Kung*. Celui-ci a également une forme, composé inexprimable ou synthèse de toutes les formes, vaste et changeante comme la mer, mais maintenant malgré tout un niveau moyen, exactement aussi comme la mer. Cette note, qui pénètre et embrasse toutes choses, représente notre terre dans la musique des sphères; c'est la forme qui représente notre pétale, lorsqu'on contemple le système solaire du plan où il se présente à la vision, étalé comme un lotus.

CHAPITRE X

PAR L'OPINION PUBLIQUE

Lorsque les circonstances nous empêchent de dire ou de faire exactement ce que nous voudrions, nous nous félicitons habituellement de ce que la pensée, elle, au moins, est libre. Mais ce n'est là qu'une des nombreuses illusions populaires, car pour l'homme moyennement évolué, la pensée n'est nullement libre, et est, au contraire, conditionnée par un grand nombre de limitations puissantes. Elle est enchaînée par les préjugés propres à la nation, à la religion et à la classe sociale auxquelles il se trouve appartenir, et ce n'est que par un effort délibéré et soutenu qu'il peut se dégager de toutes ces influences et penser réellement par lui-même.

LES PRÉJUGÉS DE RACES

Ces limitations agissent sur l'individu de deux façons ; elles modifient l'opinion qu'il a des faits, et celle qu'il a des actions. Prenons d'abord le premier cas : il ne voit aucune chose comme elle est, réellement, mais seulement comme ses concitoyens, ses coreligionnaires, ou les gens de sa caste pensent qu'elle est. À mesure que accroît notre connaissance des autres races, nous abandonnons nos idées préconçues à leur égard. Reportons-nous seulement un siècle en arrière, au temps de Napoléon, et nous verrons aussitôt qu'aucun Anglais n'aurait possiblement pu se former alors une opinion impartiale du caractère de cet homme remarquable. L'opinion publique en Angleterre avait fait de lui une espèce de croquemitaine; rien n'était trop terrible ou trop méchant pour lui être attribué, et il est même douteux que la masse du peuple l'ait vraiment considéré comme étant réellement un être humain.

Les préventions contre tout ce qui touchait à la France étaient alors si fortes, que dire d'un homme qu'il était Français, équivalait à le croire capable de toutes les scélératesses. Ils étaient trop près des évènements pour pouvoir les ramener à leurs proportions exactes; et parce que la lie de la population parisienne avait réussi à s'emparer du gouvernement et à plonger le pays dans des orgies de sang et de crime, ils pensaient que ces forcenés représentaient le peuple français tout entier. Il est aisé de voir combien loin de la vérité devait être à cette époque la conception que le commun des paysans anglais se faisaient du Français.

Parmi les classes gouvernantes de notre contrée, le siècle qui s'est écoulé a produit un complet revirement dans les sentiments, et nous admirons maintenant cordialement nos voisins d'outre-Manche, les connaissant infiniment mieux. Cependant il n'est pas impossible qu'à l'époque actuelle même, des vestiges de ces préjugés si vieux et si enracinés ne survivent toujours dans quelques provinces reculées; car les principales nations du monde ne sont encore en réalité que partiellement civilisées, et si les classes cultivées sont partout disposées à accueillir poliment les étrangers, il est difficile d'en dire autant des manœuvres d'usines et des mineurs. Il y a même encore des pays de l'Europe où les Juifs sont à peine considérés comme des êtres humains.

LES PRÉJUGÉS POPULAIRES

Il ne faut pas de longs raisonnements pour montrer que partout, parmi les gens peu cultivés, les préjugés sont encore forts et déraisonnables; mais nous-mêmes qui nous croyons au-dessus d'eux, nous avons besoin d'être attentifs à ne pas nous laisser inconsciemment influencer par eux. Il n'est pas facile de s'élever contre un fort sentiment populaire, et l'étudiant en occultisme va de suite en voir la raison. L'atmosphère entière est remplie de formes-pensées et de courants de pensée qui agissent et réagissent incessamment sur chacun de nous. Les formes-pensées ont toutes tendance à se reproduire; elles sont chargées d'une certaine catégorie de vibrations, et leur nature les porte à influencer dans le sens de ces vibrations tous les corps astrals et mentals avec lesquels elles viennent en contact.

Il y a des sujets sur lesquels les opinions sont avec raison également partagées, comme par exemple l'angle que doit faire avec la tête le chapeau que l'on porte, ou l'opportunité d'être, en politique, libéral ou conservateur. La moyenne générale des pensées sur ces sujets n'est donc pas plus forte dans une direction que dans l'autre, et en ce qui regarde ces questions ou d'autres analogues on peut dire que la pensée est comparativement libre. Mais il y a d'autres sujets à propos desquels l'opinion publique est avec une écrasante unanimité toute d'un même côté, et il en résulte que les ondulations de l'espèce se rapportant à ce sujet, exercent sur le corps mental une pression si intense, qu'à moins d'être doué d'une force et d'une détermination peu communes, l'individu est entraîné dans le courant général. Alors même qu'il est assez fort pour y résister et reste sur ses gardes, la pression n'en est pas moins là continuant son action, et s'il se relâche un instant de sa vigilance, il pourra inconsciemment se trouver dominé.

Dans le second volume du livre intitulé *L'Occultisme dans la Nature*, j'ai expliqué comment l'homme qui s'abandonne à un préjugé semblable sur un sujet quelconque, provoque un durcissement dans la matière de cette partie du corps mental par où passeraient naturellement les oscillations relatives à ce sujet. Ceci réagit sur l'individu de deux façons; il devient incapable de voir ce sujet comme il est réellement, car les vibrations qui autrement, en transmettraient l'impression se heurtent à cette callosité du corps mental et ne peuvent la traverser, ou bien elles sont si déformées par leur passage qu'elles n'apportent plus aucune information réelle. Il arrive fréquemment qu'un homme ne peut penser avec rectitude sur un sujet, parce que la partie même de son corps mental qu'il emploierait à cet usage est déjà si endurcie, qu'elle y est devenue complètement inapte. Le seul moyen de surmonter cette faiblesse est de soumettre l'excroissance du corps mental à une opération chirurgicale et de l'exciser entièrement, puis d'être pendant longtemps très attentif pour empêcher qu'elle ne se développe de nouveau. Si cette surveillance n'est pas exercée, la pression continuelle des vagues de pensée de milliers d'autres personnes reformera cette callosité et rendra nécessaire une seconde opération.

LES PRÉJUGÉS POLITIQUES

Dans bien des parties du pays règnent quantités d'amères préventions politiques. La majeure partie des habitants d'un district se cantonnent dans une opinion ou une autre (peu importe laquelle), et ont de la difficulté à s'imaginer que les membres du parti opposé sont aussi de bonne foi. Ils sont si certains de leur point de vue qu'ils paraissent croire que tout le reste du monde doit aussi y souscrire et que seule une mauvaise foi naturelle et un parti pris poussent leurs adversaires à professer une opinion entièrement différente. Cependant leurs propres idées ne sont pas habituellement le résultat de l'exercice de la pensée ou de la comparaison de deux lignes de conduite, mais sont héréditaires, exactement comme les

croyances religieuses de la plupart des hommes. La politique suscite dans presque tous les pays tant de sentiments désagréables et
de surexcitation, que le plus sage pour l'étudiant de l'occultisme est
de s'y mêler aussi peu que possible. Non qu'il doive cependant, s'il
réside dans un pays où il a droit de vote, refuser de l'exercer comme
l'ont fait quantité de personnes bien pensantes, à cause de la profonde corruption qui parfois accompagne les bas étages de l'activité politique. Si bien des abus se commettent en ces occasions,
c'est là pour chaque bon citoyen une raison de plus pour mettre au
service de la cause qui lui semble bonne et noble le pouvoir qu'il
tient du système législatif en vigueur, quelque absurde que ce système puisse d'ailleurs être en lui-même.

LE GOUVERNEMENT

La théorie occulte du gouvernement et de la politique d'État
est par excellence la conception que s'en fait le sens commun.

La direction d'un pays est autant une question d'affaires que la direction d'une usine ou d'une école. Un pays a de nombreux points de
ressemblance avec une grande école publique. Il existe primordiale-
ment pour le bien de son peuple, qui s'y trouve réuni afin de s'instruire.
Le chef du pays élabore tels règlements qui lui paraissent nécessaires
pour en assurer la marche normale, et il faut qu'il y règne la discipline,
l'ordre, et l'obéissance à ces règlements; sinon aucun progrès ne sera
possible. Le roi est le directeur de l'école, son travail consiste à exercer
sur la prospérité de l'institution une surveillance de tous les instants, et
d'employer tous les moyens dont il dispose pour en faire le modèle des
écoles. Notre tâche n'est pas de le critiquer, mais de lui obéir et d'apporter de bon cœur notre loyale coopération à l'exécution de tout ce
qu'il croît favorable au bien général de la contrée. Le devoir d'un gouvernement est de gouverner; celui des citoyens est d'être bons, loyaux
et respectueux des lois, de façon à rendre aisée la tâche de gouverner.

Un roi qui pense ou travaille en vue d'intérêts personnels supposés, au lieu de ne travailler que pour son pays, manque évidemment
à l'accomplissement de sa tâche de monarque ; mais rappelons-nous
qu'en politique le particulier qui pense ou agit en vue de ce qu'il suppose être ses propres intérêts privés, et non pas pour le bien général
du pays, celui-là aussi manque à son devoir de bon citoyen. Pour ce
qui touche à la forme extérieure du gouvernement, il n'est pas douteux que presque toutes les formes peuvent être rendues capables de
donner des résultats satisfaisants si les sujets coopèrent loyalement
et avec désintéressement, s'oubliant en tant qu'unités et considérant le pays comme leur tout ; mais aucune forme de gouvernement,
quelque excellente qu'elle soit, ne peut fonctionner heureusement et
d'une façon satisfaisante si le peuple est égoïste et insoumis

LES PRÉJUGÉS RELIGIEUX

Tout ce que j'ai dit des préjugés de races est également vrai
des préjugés religieux, qui sont en bien des façons pires que les
premiers. Peu de personnes choisissent leur religion ; la plupart
des gens naissent dans une religion, exactement comme ils naissent dans une race, et n'ont aucune raison valable pour la préférer
aux autres confessions ; mais comme elle se trouve être la leur, ils
concluent hardiment qu'elle doit être la meilleure de toutes, et méprisent ceux que leur karma a fait naître dans un entourage quelque peu différent. À cause précisément de cette particularité qui
est dans l'air, et parce que l'homme ordinaire ne peut pas se rendre
compte de la pression de l'opinion publique, il devient sans s'en
apercevoir la proie de cette injuste prévention, qui lui parait toute
naturelle et impossible à distinguer de quelque autre opinion qu'il
a pu se former en partant de bases raisonnables.

Il est nécessaire de nous ressaisir à chaque instant, et d'examiner les raisons sur lesquelles sont basées les opinions que nous pro-

fessons. Il est si facile de suivre le courant et d'accepter toutes faites les pensées d'autrui au lieu de penser par nous-mêmes. "Presque tout le monde agit ainsi, pourquoi ne ferais-je pas de même ?" Tels sont les sentiments de l'homme ordinaire, mais si nous voulons être justes comme doivent l'être les étudiants de l'occultisme, si nous cherchons à connaître sur tous les sujets la vérité comme doivent aussi le faire les véritables étudiants de l'occultisme, alors il nous faut à tout, prix déraciner ces préjugés, et exercer une surveillance minutieuse afin d'en prévenir le retour. Nous nous trouverons différer de la majorité sur bien des points, car les opinions de la majorité sont souvent injustes, confuses et incertaines ; mais il faut bien nous y attendre, car nous nous proposons un idéal élevé qui à présent n'a pas d'attraits pour cette majorité. Si nous pensions sur tous les points comme elle, et agissions toujours comme elle agit, en quoi nous serions-nous élevés au-dessus d'elle, et comment pourrions-nous approcher de notre idéal ?

LES PRÉJUGÉS DE CLASSES

Les préventions entre les castes ou les classes sont peut-être plus insidieuses encore. Il est si réconfortant de se sentir en quelque sorte naturellement et spécifiquement supérieur à tous les autres, et d'être convaincu qu'il n'y a ni bonnes actions ni bons sentiments à attendre d'un autre individu, simplement parce qu'il est selon le cas un aristocrate bouffi d'orgueil ou un membre du prolétariat. Ici encore, comme pour toutes les conceptions erronées, l'étude du côté caché des choses nous montre qu'il y a là un manque de savoir et de charité. L'occultiste constate qu'un préjugé est une congestion de la pensée. Il nous faut donc réveiller cette pensée, arriver à connaître les gens et essayer de les comprendre ; il sera ensuite bientôt évident qu'il n'y a entre eux et nous, au fond, que peu de différence.

Qu'il y ait plusieurs classes d'égos, les uns plus jeunes et d'autres plus vieux, et que, par conséquent, les uns soient plus ignorants que les autres, la chose est indéniable. C'est là un fait naturel comme le démontre notre étude sur l'ordre dans lequel les différentes divisions de l'humanité sont arrivées de la chaîne lunaire sur notre chaîne terrestre, mais une humanité commune est à la base de toutes les classes et nous pouvons toujours y faire appel avec la certitude d'en être entendus.

Ceux qui se sentent certains d'appartenir aux classes supérieures des égos doivent prouver leur noblesse par une tolérance et une charité également grandes à l'égard des membres de la race humaine plus jeunes et moins favorisés. Noblesse oblige, et lorsqu'on en fait partie il faut agir en conséquence. Un préjugé est habituellement si évidemment absurde, qu'après s'en être délivré, un homme ne peut plus croire qu'il l'ait jamais nourri, et n'arrive pas à comprendre comment ceux de ses concitoyens qui prétendent à la raison en peuvent être victimes. Il y a donc pour cet homme un certain danger de devenir à son tour intolérant, intolérant de l'intolérance. Mais l'occultiste qui voit la puissante combinaison de formes-pensées produisant le préjugé, et en comprend le pouvoir presque irrésistible ainsi que la façon si curieusement insidieuse dont s'en exerce l'action, perçoit très bien non seulement la difficulté de lui résister, mais aussi celle d'échapper suffisamment à sa domination pour se rendre compte qu'il y a quelque chose à quoi il faut résister.

L'OPINION PUBLIQUE

Par bonheur, cette pression si formidable de l'opinion publique n'est pas toujours mal dirigée. Dans certains cas elle ne repose pas sur l'ignorance globale de la race, mais sur ses connaissances accumulées et sur l'expérience des générations qui nous ont précédés. L'opinion publique est évidemment dans le vrai lorsqu'elle condamne le meurtre et le vol, et les pays dans lesquels elle n'est pas encore assez avancée pour s'exprimer clairement sur ces points sont universellement regardés comme étant à l'arrière-garde du progrès. Il y a encore dans le monde des communautés chez lesquelles la loi et l'ordre ne font que commencer à régner, et où la violence est encore l'argument décisif dans toutes les discussions, mais ces contrées sont universellement considérées comme d'un séjour peu agréable et d'une civilisation très arriérée.

Outre le vol et le meurtre, il y a d'autres crimes universellement condamnés dans toutes les contrées civilisées, et sur tous ces points, la pression exercée par l'opinion publique agit dans la bonne direction, tendant à réfréner les esprits vagabonds, qui autrement pourraient ne penser qu'à la satisfaction de leurs désirs et nullement au bienêtre de la communauté.

L'occultiste, ayant de la réalité une vue beaucoup plus étendue, formule pour son propre usage un code de morale bien plus strict que celui auquel se conforme l'homme ordinaire. Parmi les choses que l'homme moyennement évolué ferait, et fait même sans y accorder une bien grande attention, il y en a beaucoup que l'occultiste ne se permettrait sous aucun prétexte, car il voit leurs effets sur les autres plans, effets cachés à l'homme moins développé. C'est là une règle générale, bien qu'ici et là nous puissions rencontrer des exceptions où l'occultiste qui comprend le cas aura recours à des mesures que l'homme ordinaire hésiterait à employer. La cause en est que l'action de l'occultiste est basée sur la connaissance, car il voit ce qu'il fait, tandis que les autres individus n'agissent que guidés par l'habitude.

Les grandes lois morales sont universelles, mais les coutumes locales et temporaires ne sont souvent que ridicules. Il y a encore bien des personnes pour lesquelles se promener ou jouer aux cartes le dimanche est un crime abominable. En face de telles limitations, l'occultiste sourit, tout en faisant attention à ne pas blesser les sentiments de ceux auxquels ces préceptes artificiels et bizarres semblent être des sujets d'importance vitale.

LES PRÉJUGÉS DE CASTES

En bien des cas cependant, le savoir plus étendu que l'occultiste retire de ses études lui permet de retrouver la signification réelle de règles incomprises des autres.

Un bon exemple de ceci nous est fourni par l'institution des castes de l'Inde. Elles furent établies il y a quelque dix mille ans par le Manou auquel était confiée la cinquième race-racine, lorsqu'il eut amené de l'Asie centrale, dans les plaines de l'Inde, la souche principale de cette race. Ceci eut lieu après que les sous-races eurent été envoyées en avant pour accomplir leur œuvre colonisatrice, et ce qui restait alors de la souche principale de la race n'était que peu de chose comparé aux innombrables millions d'habitants de l'Hindoustan. Des vagues d'immigration successives avaient envahi la contrée et s'étaient en grande partie mélangées à la race régnante qui occupait le pays avant leur arrivée. Le Manou prévit qu'à moins de dispositions spéciales, le type aryen qui avait été formé avec tant de peine courait grand risque d'être entièrement perdu. Il décréta donc qu'il y avait lieu d'établir dans son peuple certaines divisions, et que les membres des trois grands types qu'il différencierait ainsi devaient rester comme ils étaient ; il prohiba le mariage entre les gens d'une caste et ceux d'une autre caste ou d'une race sujette.

C'est là l'unique restriction qui leur fut imposée. Malgré cela, cette règle très simple et inoffensive a été amplifiée jusqu'à former un système d'une rigidité de fer, qui à l'heure actuelle, entrave à chaque pas et dans chaque direction, le progrès de l'Inde en tant que nation. Le commandement défendant les mariages entre gens de castes différentes a été dénaturé pour devenir une injonction de n'avoir aucun rapports sociaux avec les membres d'une autre caste ; de ne pas manger avec eux ni d'en accepter de la nourriture. De plus, les grandes divisions faites par le Manou dans la race ont été de nouveau divisées et subdivisées, si bien que nous nous trouvons maintenant en présence non plus de trois castes, mais d'une multitude de sous-castes, se regardant toutes avec dédain, demeurant étrangères les unes aux autres, et n'ayant pas le droit de contracter mariage avec les membres des autres sous-races, ou de manger en leur compagnie. Et cela a lieu en dépit du fait bien connu de tous, que les lois écrites de Manou (quoique contenant beaucoup de choses que le Manou lui-même n'a certainement pas dites) mentionnent très distinctement que l'homme de haute caste peut manger en compagnie d'un homme de basse caste qu'il sait vivre d'une façon rationnelle et convenable. On sait aussi que dans le Mahabharata les castes sont dites ne pas dépendre de la naissance, mais du caractère.

"Son propre laboureur, un vieil ami de la famille, son propre bouvier, son propre domestique, son propre barbier, et quelque autre personne qui puisse venir demander asile et offrir ses services, des mains de tous ces soudras on peut accepter de la nourriture."

(Lois de Manou, IV, 253)

"Après des doutes et des débats, les Dieux décidèrent que l'offrande en nature du soudra, faisant métier de prêter de l'argent mais d'un cœur généreux, était égale en qualité à l'offrande en nourriture du Brahmane Shrotriya qui connaissait tous les Védas, mais était mesquin de cœur. Mais le Seigneur de toutes les créatures vint à eux et leur dit: Ne faites pas égal ce qui est inégal, l'offrande en nourriture de ce soudra est purifiée par le cœur généreux, tandis que celle du Brahmane Shrotriya est totalement souillée par le manque de bonne volonté."

(Lois de Manou, IV, 224, 225)

"Ni la naissance, ni les sacrements, ni l'étude, ni les ancêtres, ne peuvent décider si une personne est ou non deux fois née (et auquel des trois types de deux-fois-nés elle appartient), le caractère et la conduite peuvent seuls en décider."

(Mahabharata, Vanaparvan, CCCXII, 108)

LE TABOU

Malgré l'évidence de tout ceci, et quelque bien connus que soient les textes auxquels je fais ces emprunts, il y a cependant des milliers de personnes intelligentes, pour lesquelles les principes formulés, non par la religion mais par la coutume, sont des règles de conduite aussi sévères que celles qui lient à son tabou un sauvage quelconque. Tout le monde est d'accord sur l'absurdité du tabou imposé à une tribu sauvage, dont les membres sont persuadés que toucher un certain corps ou prononcer un certain nom fera descendre sur eux la vengeance de leur divinité. Cependant beaucoup de gens ne s'aperçoivent pas que l'extraordinaire tabou décrété sur un jour de la semaine par de nombreux chrétiens d'habitude plus raisonnables, est de toute façon aussi profondément irrationnel. Nos amis des Indes eux-mêmes ne se rendent pas compte qu'ils ont décrété un tabou exactement analogue et aussi déraisonnable sur toute une race de leurs semblables, dont ils considèrent effectivement le contact comme une souillure, et qu'ils traitent, à peine comme des êtres humains. Chaque race ou religion est assez portée à ridiculiser les superstitions des autres, sans toutefois arriver à comprendre qu'elle renferme elle-même des superstitions aussi sottes.

Ces superstitions ont fait à la cause des religions un mal irréparable, car, tout naturellement, ceux qui combattent l'idée religieuse s'attachent à ses points faibles, les développent et les exagèrent outre mesure, affirmant que religion est synonyme de superstition, tandis qu'en fait il existe un imposant corps de vérités, commun à toutes les religions, lequel est entièrement exempt de superstitions et a pour le monde une valeur inestimable. Mme Besant a très clairement démontré tout ceci dans son *Manuel universel de Religion et de Morale* [5]. Ce corps de doctrine forme la partie essentielle de toutes les religions, et si ceux qui les professent pouvaient être amenés à reconnaître ce fait, et, non pas, dirons-nous, à abandonner leurs superstitions particulières, mais tout au moins à ne les regarder comme impératives que pour eux seuls, il n'y aurait plus alors aucune difficulté qui empêchât d'arriver à une entente parfaite. Tout individu a le droit inaliénable de croire ce qui lui plaît, quelque absurde que sa croyance puisse paraître à autrui, mais il ne peut en aucun cas avoir un droit quelconque à essayer d'imposer aux autres son aberration particulière, ou à les persécuter pour leur refus de s'y associer.

LE DEVOIR D'ÊTRE LIBRES

Les devoirs de l'étudiant occultiste le conduiront à examiner attentivement la croyance religieuse de son pays et de son époque, afin de décider par lui-même de ce qui en elle, est basé sur la raison et ce qui n'est qu'une accrétion due à la superstition. La plupart des hommes ne cherchent jamais à établir une pareille distinction, car ils ne peuvent échapper à l'influence de cette masse de formes-pensées qui constitue l'opinion publique. Ils ne parviennent ainsi jamais à voir la vérité ou même à en connaître l'existence, satisfaits qu'ils sont d'accepter à sa place la gigantesque forme-pensée synthétisant cette masse de formes-pensées particulières. Ce qui importe le plus à l'occultiste est donc d'acquérir une vue claire et

---

5   *The Universal Text book of Religion and Morals.*

impartiale de toutes choses, de les voir comme elles sont, et non comme d'autres personnes se les imaginent.

Une vigilance incessante est nécessaire pour acquérir cette vision claire, car la pression qu'exercent sur nous les grands nuages flottants de formes-pensées ne s'est nullement affaiblie lorsque nous en avons reconnu et défié l'influence. Cette pression est sans cesse présente, et nous nous trouvons y céder inconsciemment sur toutes sortes de sujets d'importance secondaire, même lorsque nous y pouvons échapper en ce qui concerne les points principaux. Cette pression présida à notre naissance, de même qu'y présida aussi celle de l'atmosphère, et nous sommes également inconscients de l'une comme de l'autre. N'ayant jamais vu les choses qu'à travers cet intermédiaire déformant, nous trouvons très difficile d'apprendre à voir clairement, et même de reconnaître la vérité lorsque finalement nous nous trouvons face à face avec elle. Mais au moins notre recherche de la vérité sera grandement facilitée par la connaissance de ce côté caché de l'opinion publique, qui nous permettra d'être sur nos gardes pour résister à sa constante et insidieuse pression.

LES MÉTHODES COMMERCIALES ET FINANCIÈRES

Le niveau de l'opinion publique est bien bas en tout ce qui touche aux affaires. Notre époque de concurrence à outrance a introduit dans celles-ci des agissements et des méthodes qui auraient grandement surpris nos ancêtres. Ces agissements et ces méthodes sont en grande partie légitimes, et résultent simplement de l'intelligence et des capacités supérieures déployées dans les affaires ; mais il n'est cependant pas douteux que les limites de ce qui est légitime et honnête ne se trouvent souvent dépassées, et qu'il ne soit fait usage de moyens auxquels un honnête commerçant d'autrefois n'aurait jamais consenti à s'abaisser.

Il semble même, en vérité, qu'une espèce d'entente tacite ait accordé aux affaires une morale particulière et décrété que les règles ordinaires de la probité ne leur sont pas applicables. Un homme qui se trouvait à la tête d'une grande entreprise commerciale me disait un jour:

"Si je cherchais à diriger mes affaires en suivant le précepte d'or: "Fais aux autres ce que tu voudrais que l'on te fît", je serais certain de mourir de faim; au bout d'un mois je ferais faillite. En affaires on suit ce précepte selon la paraphrase qu'en a donnée David l'arum: "Fais à ton prochain ce qu'il voudrait te faire" *et aie soin d'agir le premier*".

Beaucoup de personnes dans les affaires, auxquelles cette observation fut rapportée, en reconnurent l'exactitude. Des hommes qui sous les autres rapports sont bons, honnêtes et honorables, se sentent contraints à agir comme les autres lorsqu'il est question d'affaires. "Les affaires sont les "affaires, disent-ils, et le moraliste qui en condamne les méthodes n'en "connaît pas les conditions". Forts de cette excuse, ils se traitent réciproquement en affaires comme ils n'oseraient jamais dans la vie privée traiter un ami, et bien qu'en dehors de leur commerce ce soient des gens honnêtes et loyaux, ils n'hésitent cependant pas à dire ce qui est faux lorsqu'il s'agit d'affaires.

Il faut que nos vertus se développent toutes afin de couvrir une plus grande surface. L'homme est d'abord franchement égoïste et ne s'occupe que de lui-même, puis il élargit le cercle de son affection et aime en outre sa famille. Plus tard il étend à ses voisins et à sa tribu une forme modifiée de son affection; il ne les dépouillera plus, bien que se joignant toujours volontiers à eux pour piller quelque autre tribu ou nation. Il y a de cela des milliers d'années, si une dispute s'élevait au sein d'une famille, son chef agissait déjà comme arbitre pour y mettre fin. Nous avons maintenant étendu cette manière d'agir à nos voisins et à nos concitoyens faisant partie du même état. Si nous avons un différend avec quelqu'un d'entre eux, un magistrat assumera les fonctions d'arbitre au nom de la loi du pays. Mais nous n'avons pas encore atteint un degré de civilisation suffisant pour appliquer la même méthode aux querelles internationales, bien que nous commencions à parler d'arbitrage et qu'une ou deux des nations les plus avancées aient déjà réglé de la sorte quelques difficultés.

Les enfants d'une même famille unissent pareillement leurs intérêts. Dans leurs relations entre eux, des frères ne se tromperont pas mutuellement et ne se diront pas de mensonges; mais nous n'avons pas encore atteint le niveau où ils seront également honnêtes et francs avec les personnes étrangères à la famille dans ce qu'ils appellent les affaires. Il est possible qu'un homme, en rencontrant un autre dans la vie privée ou chez un ami, se fasse scrupule de lui mentir au cours de la conversation! Mais, que ce même homme franchisse le seuil de sa boutique ou de son établissement de commerce, et ses idées sur l'honorabilité et la légalité subiront aussitôt une fâcheuse atteinte.

Il n'est pas douteux que les individus qui dirigent leurs affaires qu'une façon peu scrupuleuse, ne réussissent parfois à amasser de grandes richesses, et ceux qui ne regardent la vie que superficiellement leur envient cette prospérité. Mais ceux qui sont accoutumés à considérer les réalités de la vie un peu plus profondément reconnaissent qu'il ne s'agit pas là d'un succès, et qu'en vérité une telle manière d'opérer a occasionné, au lieu d'un bénéfice, une perte excessivement grave.

Si l'homme est une âme en train d'évoluer vers la perfection, et qui se trouve temporairement sur la terre pour y apprendre certaines leçons et atteindre un certain stade de son développement, il est évident que l'unique chose qui lui importe véritablement est d'apprendre ces leçons et d'atteindre ce développement. Si l'homme est en vérité une âme douée de la vie éternelle, comme le savent beaucoup d'entre nous, les véritables intérêts de l'homme sont les intérêts de cette âme et non ceux du corps qui n'en est que le vêtement temporaire, et toute chose s'opposant au progrès de cette âme est nuisible pour l'homme, quelque avantageuse qu'elle puisse paraître pour le corps.

L'homme agit et se développe au moyen de ses véhicules, dont le corps physique n'est que le plus inférieur. Il est, par conséquent, évident qu'avant de pouvoir dire si une ligne de conduite déterminée est vraiment bonne ou mauvaise pour nous, il importe de savoir comment elle réagit sur tous ces véhicules et non pas seulement sur un seul.

Supposons qu'un homme l'emporte sur un autre dans quelque transaction et aille se vanter de son succès ainsi que du profit qu'il en a retiré, l'étudiant du côté caché de la nature pourra lui dire qu'en réalité il a fait une perte grave et non un gain. Il est bien possible à l'individu peu scrupuleux de montrer ses mains pleines d'or et de dire "Voici la meilleure preuve, voici les louis que j'ai gagnés, comment, pouvez-vous dire que je n'ai fait aucun profit." L'occultisme répond que l'or lui pourra faire un peu de bien ou un peu de mal suivant la façon dont il sera employé, mais que l'effet produit sur les plans plus élevés par l'action de cet homme est immensément plus importante. Laissons complètement de côté pour le moment le dommage causé à la victime de la tromperie, bien que, l'humanité étant une grande fraternité, ce facteur ne puisse être ignoré, et tout en nous limitant exclusivement à l'aspect égoïste de l'acte, voyons quel mal s'est fait à lui-même le malhonnête négociant.

LES RÉSULTATS DE LA TROMPERIE

Pour la vision clairvoyante deux faits sont évidents. En premier lieu, le fourbe a dû préméditer son action improbe ; il a dû faire un effort mental d'où est résultée une forme-pensée. Cette forme,

qui a été créée par une pensée maligne et est pleine de mauvaises
intentions, fait donc partie de celles qui contractent et déforment
le corps mental, en mettant obstacle à son développement et en
intensifiant ses vibrations les plus basses. Ce dommage à lui seul
contrebalancerait amplement tous les avantages apparents qui
peuvent exister sur le plan physique. Mais ne n'est pas tout, car
cette déloyauté a établi une habitude dans le corps mental. Elle
représente un certain type de vibration, et cette vibration ayant
été vigoureusement excitée a ainsi tendance à se reproduire. La
prochaine fois que les pensées de cet homme seront dirigées sur
une transaction commerciale, il lui sera plus facile qu'auparavant
d'adopter quelque méthode équivoque et plus malaisé d'être franc,
honnête et loyal. Ainsi un seul acte d'improbité pourra avoir produit sur le corps mental des résultats qui pour être neutralisés, né-
cessiteront des années et des années de patients efforts.

Il est donc évident que, même au point de vue purement égoïste, la spéculation a été mauvaise et la perte bien supérieure au
gain. Il s'agit ici d'une chose certaine, d'une question de fait et non
d'une question de sentiment ou d'imagination ; mais les hommes
ne voient pas sur-le-champ que telle est bien la vérité, car leurs
yeux ne sont pas encore ouverts à une vie plus vaste. Malgré cela,
ceux d'entre nous qui ne peuvent pas voir sur les plans plus élevés
devraient aussi appliquer la logique et le bon sens à ce que disent les voyants, afin de comprendre tout au moins que les choses
doivent être ainsi. De cette façon ils seraient avertis à temps et
s'apercevraient qu'une affaire, quelque avantageuse qu'elle puisse
paraître sous un certain rapport, peut en réalité être, par ailleurs,
l'occasion d'une perte ruineuse, et qu'il convient de tenir compte
de tous les facteurs avant de décider la question du profit ou de la
perte.

Ainsi, l'étudiant de l'occultisme qui doit s'occuper d'affaires a
besoin d'examiner très attentivement ce que l'on nomme les méthodes commerciales, de peur que la pression de l'opinion publique

sur ce sujet ne le conduise à commettre ou à excuser des actions qui ne seraient pas parfaitement loyales ou conciliables avec la vraie fraternité.

LES PRÉJUGÉS CONTRE LES INDIVIDUS

Ceci s'applique aussi aux jugements que porte l'opinion publique sur un individu en particulier. Un vieux proverbe dit que : "autant vaut pendre un chien que de mal en parler". La vérité qu'il exprime d'une façon si familière est indubitable, car si la communauté a, d'une personne, une mauvaise opinion, quelque dénuée de fondement qu'elle soit, la forme-pensée de cette opinion existe dans l'atmosphère du lieu et influencera probablement tout étranger qui y viendra. Il est à prévoir que le nouvel arrivant, ne connaissant rien au sujet de la victime de ces bruits calomnieux, ne lui attribuera à première vue aucune imperfection particulière, mais il pourra se sentir prédisposé à en mal penser sans pouvoir trouver la raison du fait, et avoir tendance à donner une interprétation malveillante à ses actions les plus simples. Si nous essayons de servir la vérité, il nous faut aussi être en garde contre ces influences ; nous devons apprendre dans ces cas à juger par nous-mêmes et à ne pas accepter un jugement public tout fait, qui est tout aussi bien une superstition que s'il se rapportait à des sujets religieux.

L'INFLUENCE DES AMIS

La vie que mènent les amis d'un homme a aussi souvent une très grande influence sur la sienne propre. C'est là un fait reconnu dans le proverbe "Dis-moi qui tu hantes, je te dirai qui tu es". Je le considère comme signifiant que chacun choisit ses amis parmi les hommes d'un certain type ou d'une certaine classe, ce qui implique par suite qu'il sympathise avec les idées de ce type ou de cette clas-se, et qu'il est ainsi porté à les reproduire lui-même ; mais il signifie aussi bien plus. Lorsqu'un homme se trouve dans la compagnie d'un ami qu'il chérit, son attitude est on ne peut plus réceptive ; il s'ouvre tout entier à l'influence de son ami, et les caractéristiques qui seront fortement développées chez ce dernier tendront aussi à se reproduire en lui.

Sur le plan physique même, l'opinion d'un ami se recommande à nous par le seul fait qu'elle est son opinion. Elle se présente à nous avec des titres qui lui assurent notre considération la plus fa-vorable. Le côté caché de la question n'est qu'une extension de ce fait aux plans supérieurs. Nous nous épanouissons en compagnie de nos amis, et nous mettons dans cet état à vibrer sympathique-ment avec eux. Nous recevons et donnons asile à leurs vagues de pensée, et ce qui en elles est défini ne peut manquer de s'imprimer sur nos corps supérieurs. Comme ces vibrations nous parviennent enveloppées dans celles de l'affection, nos sentiments entrent en jeu et enlèvent momentanément à notre jugement une partie de sa vivacité. Ceci peut d'une façon présenter le danger qu'une in-fluence soit acceptée sans réflexion suffisante, mais a, d'autre part, l'avantage d'assurer à l'opinion qui nous est soumise un accueil et un examen éminemment sympathiques. La règle de conduite dic-tée par la sagesse consistera donc à recevoir toute nouvelle opinion avec autant de sympathie que si elle provenait de notre meilleur ami, et cependant à la scruter aussi soigneusement que si elle nous était parvenue d'une source hostile.

LES SUPERSTITIONS POPULAIRES

Il ne faut pas perdre de vue que la superstition n'est nullement confinée aux sujets religieux. Les Anglais qui ont voyagé savent qu'en certaines parties de l'Europe continentale, il existe une superstition très tenace s'opposant à l'admission de l'air frais dans les chambres ou les wagons de chemins de fer, bien que la science nous enseigne combien est grand le rôle joué par l'air frais dans la vie. Les enseignements scientifiques nous montrent à n'en pas douter que la lumière du soleil détruit les germes d'un grand nombre de maladies et vivifie l'atmosphère, si bien qu'il est impossible d'hésiter à l'admettre dans nos maisons aussi abondamment que possible, spécialement dans nos contrées brumeuses où nous en jouissons si peu. Cependant, au lieu d'en accepter la bénédiction et de s'en réjouir, nombre de ménagères font des efforts particuliers pour empêcher le soleil de pénétrer lorsqu'il brille, au nom d'une superstition relative à la couleur des rideaux et des tapis. Il n'est pas niable que la lumière solaire ne fasse pâlir quelques couleurs, mais le fait que l'affaiblissement des couleurs soit considéré comme d'une importance supérieure à la santé physique et à la propreté qu'apporte l'admission du soleil, montre le curieux manque du sentiment des proportions caractérisant l'esprit ignorant. La civilisation s'étend graduellement, mais il y a encore bien des villes et des villages où l'observation superstitieuse des coutumes antiscientifiques de nos grands-pères empêche l'adoption des méthodes modernes d'assainissement.

On voit, même parmi les peuples qui se croient avancés, survivre encore de curieux fragments des superstitions primitives. Beaucoup, parmi nous, ne commenceront pas le vendredi une nouvelle entreprise, et ne consentiront jamais à faire partie d'un groupe de treize personnes. Il n'en manque pas qui considèrent certains jours de la semaine comme néfastes, et permettent à leur vie d'être gouvernée par cette croyance. Je n'ai cependant pas l'intention de nier que l'on ne puisse citer un plus grand nombre de cas que n'en explique la théorie des coïncidences pour montrer que certains nombres sont toujours de la même façon associés à la destinée de certaines personnes ou certaines familles. Je ne comprends pas encore entièrement tout ce qu'implique ce fait, mais il serait déraisonnable de le nier parce que nous n'avons pas toute prête une explication convenable. Ceux qui s'intéressent assez à la question pour vouloir en poursuivre l'étude, trouveront quelques-uns des cas auxquels je fais allusion dans l'appendice du livre de Baring-Gould : *Curious Myths of the Middle Ages* [6]. Je ne doute pas de l'existence de ce que l'on nomme communément les influences planétaires, en ayant depuis longtemps expliqué le côté occulte ; mais j'affirme qu'alors que ces influences rendent plus facile ou plus difficile l'accomplissement d'une certaine tâche un certain jour, il n'y a ni en elles, ni en leur combinaison collective, rien qui puisse empêcher un homme d'une volonté ferme d'arranger sa vie en tous points comme il le croît bon. Comme on l'a déjà dit, le sage gouverne les étoiles et le sot leur obéit. Se laisser réduire à l'esclavage par de telles influences, c'est être superstitieux.

LA CRAINTE DE LA MÉDISANCE

Le plus grand et le plus désastreux des tabous que nous imposons est peut-être la peur de ce que diront nos voisins. Bien des personnes, hommes et femmes, paraissent ne vivre que pour faire parler d'elles ; c'est au moins ce que l'on peut déduire de la façon dont elles y rapportent toutes choses comme à une pierre de touche. Le seul et unique critérium qu'elles appliquent à leurs faits et gestes est l'impression qu'ils produiront sur leurs voisins. Elles ne se demandent jamais :

"Est-il bien ou mal pour moi de faire ceci ?" mais : "Que dira Mme Unetelle si je le fais ?"

C'est là peut-être la plus terrible forme de l'esclavage auquel un être humain puisse se trouver soumis, et pourtant il suffit de se déclarer libre pour en être délivré. Les dires des autres personnes

---

6   Mythes curieux du Moyen Âge.

ne peuvent avoir sur nous que l'effet que nous leur permettons nous-mêmes d'avoir. Il nous suffit de nous rendre compte au fond de nous-mêmes que les discours d'autrui ne nous touchent aucunement, pour être aussitôt parfaitement libres. L'occultiste doit avoir appris cette leçon à un stade antérieur de son développement. Il vit sur un plan supérieur et ne peut se permettre d'être influencé que par des considérations supérieures. Il tient compte du côté caché des choses, dont presque toutes les autres personnes ne savent rien, et y basant son jugement, décide par lui-même de ce qui est bien et de ce qui est mal. Ayant décidé, il ne s'occupe pas plus de ce que peuvent dire de lui les autres hommes que nous ne nous occupons des mouches qui voltigent autour de nos têtes. Ce que dit autrui ne nous importe aucunement, mais ce que nous disons nous-mêmes nous importe beaucoup.

UN MEILLEUR ASPECT

Ce pouvoir formidable de la pensée peut heureusement être utilisé pour le bien comme pour le mal, et dans certains cas la pression de l'opinion publique se trouve quelquefois du côté de la vérité et de la justice. L'opinion publique représente, après tout, le jugement de la majorité ; la pression qu'elle exerce est donc favorable lorsqu'elle agit sur ceux qui sont au-dessous du niveau de cette majorité. C'est même, à la vérité, à la seule existence de cette masse de sentiment que la vie sociale et civilisée doit d'être possible ; nous serions autrement à la merci des plus forts et des moins scrupuleux d'entre nous. Mais l'étudiant occultiste cherche à s'élever à un niveau bien supérieur à celui de la majorité et, dans ce but, il lui faut apprendre à penser par lui-même et, à ne pas accepter de notions toutes prêtes sans les examiner. On peut dire tout au moins de l'opinion publique que, si elle n'exige pas dans la conduite une morale très élevée, l'idéal public, lui au moins, est élevé et ne manque jamais de s'enthousiasmer pour ce qui est noble et héroïque lorsqu'on le lui présente. L'esprit de corps et l'esprit de classe sont nuisibles lorsqu'ils conduisent les hommes à se mépriser, mais ils sont des bienfaits lorsqu'ils déterminent un niveau au-dessous duquel l'individu sent qu'il ne pourra tomber.

Nous avons en Angleterre l'habitude d'attribuer notre morale à notre religion, bien qu'en vérité il paraisse y avoir peu de relation entre les deux choses. On devra admettre qu'un grand nombre de personnes, appartenant aux classes cultivées dans presque tous les pays de l'Europe, n'ont aucune croyance religieuse effective et réelle. Peut-être admettent-elles jusqu'à un certain point quelques dogmes généraux parce qu'elles n'ont jamais employé leur esprit à les examiner ou à les peser, mais ce serait une erreur de supposer que les considérations religieuses gouvernent leurs actions ou jouent un grand rôle dans leur vie.

Il y a cependant un autre groupe d'idées également intangible qui influence vivement ces personnes, et les influence toujours en bien; c'est le sentiment de l'honneur. Dans chaque race, le gentilhomme a un code d'honneur qui lui est particulier; il y a certaines choses qu'il ne doit pas faire parce qu'il est gentilhomme. Faire quelqu'une de ces choses le rabaisserait dans sa propre estime, et détruirait son sentiment du respect de lui-même; mais, en fait, il n'éprouve jamais ne fût-ce que la tentation de s'y abaisser, car il les regarde comme impossibles pour lui. Dire une fausseté, commettre une action basse ou déshonorante, manquer de respect à une dame, dit-il, tous ces actes et d'autres analogues sont des choses qui ne se font pas dans notre monde. La pression des sentiments de classe d'une telle espèce est tout entière favorable et doit être encouragée de toutes les façons. On retrouve la même chose à un degré moindre dans les traditions de nos grands collèges ou écoles, et plus d'un enfant fortement tenté d'échapper par une action déshonorante à quelque difficulté s'est dit : "Pour l'honneur de ma vieille école, je ne la commettrai pas ; il ne sera jamais dit qu'un de ses membres se

soit abaissé à une semblable action". Il y a donc un bon côté aussi
bien qu'un mauvais à cette question de l'opinion publique, et notre
devoir est de pratiquer toujours la grande vertu du discernement,
afin de séparer ce qui est désirable de ce qui est à rejeter.

Il est également bon de se rappeler que cette grande force de
l'opinion publique, toute lourde et inintelligente qu'elle soit, peut
cependant être lentement et graduellement modelée et influencée.
Nous faisons nous-mêmes partie du public, et selon la loi universelle, nos vues doivent jusqu'à un certain point influencer autrui.
Le changement merveilleux qu'a subi pendant ces trente dernières années la pensée moderne relativement aux sujets que nous
étudions, est en grande partie dû au travail persévérant de notre
Société. Pendant tout ce temps nous avons continué constamment
à parler, à écrire, et surtout à penser sainement et rationnellement
sur ces questions. Nous avons ainsi émis des vibrations dont l'effet
est clairement visible dans les grandes modifications subies par la
pensée actuelle. Seuls, les individus qui sont tout à fait prêts peuvent être amenés jusqu'à la Théosophie, mais des milliers d'autres
personnes peuvent être amenées à mi-chemin, au mouvement appelé "New Throught" (pensée nouvelle), au spiritisme, au christianisme libéral, par exemple. Dans ce cas comme dans tous les autres,
connaître la loi, c'est en pouvoir utiliser les forces.

CHAPITRE XI

PAR LES ÉVÈNEMENTS OCCASIONNELS

LES FUNÉRAILLES

Jusqu'à présent, nous avons surtout étudié les influences, émanant soit de la nature soit de l'humanité qui nous entoure, qui sans cesse exercent sur nous une pression assez constante. Il serait bon de parler maintenant du côté caché de tels évènements qui ne se produisent que fortuitement dans notre vie, comme par exemple lorsque nous assistons à des funérailles, que nous subissons une opération chirurgicale, que nous assistons à une conférence, une réunion politique ou une séance de spiritisme, quand un "réveil" religieux se produit dans le voisinage, ou qu'une importante fête nationale est célébrée, ou lorsqu'il y a une guerre, un tremblement de terre, une éruption volcanique ou quelque autre calamité mondiale.

Et d'abord, comment une personne est-elle affectée par le côté caché d'un enterrement? Je ne parle pas ici de la façon dont un homme se trouve affecté par son propre enterrement, bien que cela soit aussi un point intéressant, car certaines personnes s'en trouvent affectées à un degré extrême. Bien entendu aucune personne de tempérament philosophique ne s'inquiètera de ce qu'il advient des vêtements usés de son corps qu'elle rejette; mais il y a en ce monde nombre de gens qui ne sont pas philosophes, et le point en question est parfois pour eux d'une grande importance.

L'histoire classique nous apprend que l'ancien Grec était en mourant extrêmement désireux de voir son corps recevoir ce qui selon lui, était une sépulture convenable, et cela surtout parce qu'il se figurait à tort qu'au cas où cela n'aurait pas lieu, il ne se trouverait pas libre de suivre la voie normale après la mort. La plupart des histoires de fantômes de la Grèce antique se rapportent à des gens qui revenaient pour s'occuper de la façon dont on disposerait de leur corps.

Les classes inférieures parmi les Irlandais modernes semblent partager cette anxiété extrême au sujet du sort de leur corps ; car il m'est plusieurs fois arrivé de rencontrer des femmes irlandaises qui ne s'inquiétaient aucunement du bien ni du progrès qui adviendrait à leur âme après la mort, mais dont l'unique préoccupation était que le nombre de voitures composant leur cortège mortuaire ne fût pas au-dessous d'un certain chiffre, ou bien que le cercueil fourni au corps ne fût inférieur en rien à celui que Madame Une telle avait eu quelques semaines auparavant.

Ceci n'est d'ailleurs qu'une digression, et ce que nous allons examiner, c'est l'effet qu'un enterrement produit sur les survivants et non point sur le défunt. Celui-ci néanmoins est généralement présent, et la façon dont il considère la cérémonie varie selon les tempéraments individuels.

Un enterrement est, somme toute, une cérémonie qu'un occultiste fera bien d'éviter ; mais il pourrait arriver parfois que son refus d'y assister fût mal interprété par l'ignorance et le manque de compréhension de la famille. Dans un pareil cas, si sa volonté est forte, le théosophe devra résolument adopter une attitude mentale très *positive*, afin de n'être en aucune façon affecté par les influences qui l'entourent et de se trouver au contraire en mesure d'influencer puissamment les autres.

Il lui faut en premier lieu penser fortement au défunt (qui, selon toute probabilité, se trouve présent), penser à lui avec affection et intérêt amical, ainsi qu'avec une volonté ferme, un désir intense de paix et de progrès pour lui. Il faut aussi adopter une attitude très positive dans les pensées dirigées vers les survivants en deuil, et s'efforcer d'imprimer sur leur mental l'idée qu'ils ne doivent pas se désoler, attendu que celui qui les a quittés est vivant et que leur douleur ne peut que lui être un obstacle dans sa condition nouvelle. L'occultiste devra tâcher de tenir mentalement les survivants en main avec fermeté, pour les empêcher de se laisser aller à des attaques de nerfs et à un chagrin excessif.

Un enterrement en soi est loin d'être quelque chose d'idéal. Il semble généralement convenu qu'une cérémonie quelconque soit obligatoire pour se défaire du vêtement rejeté par l'Égo libéré, mais il serait sûrement possible de trouver quelque chose de meilleur que ce qui se fait d'habitude à présent. La cérémonie dans une église de village est jusqu'à un certain point adaptée à la circonstance, car elle n'est même pas dénuée de consolations ; les survivants en deuil se trouvent en effet dans un édifice auquel se rattachent pour eux des impressions élevées et sacrées, et l'office prescrit par l'Église est sans contredit d'une beauté incomparable, bien qu'on aimerait pouvoir y infuser, çà et là, une note de certitude plus enthousiaste.

Mais il n'y a aucun bien à dire d'un office célébré dans une chapelle de cimetière. Celle-ci n'est jamais employée pour aucun autre genre d'office et l'atmosphère y est entièrement saturée d'une douleur sans espoir. Tout y est d'habitude aussi nu, aussi lugubre que possible ; les murs eux-mêmes suintent le charnier. Souvenez-vous que, pour *une* personne qui comprend la vérité sur la mort et qui considère celle-ci à un point de vue raisonnable et plein d'espérances, il y en a des centaines qui possèdent les idées les plus déraisonnables et les plus lugubres. Une pareille chapelle est donc remplie du plus sombre désespoir et de la plus poignante souffrance mentale ; c'est par conséquent l'endroit le moins recommandable pour y amener ceux qui viennent d'éprouver ce qui leur semble une perte.

EFFETS DE L'INHUMATION

Aucun de ceux qui possèdent au moindre degré la vision du côté occulte des choses, ne saurait approuver notre barbare méthode actuelle employée pour nous débarrasser des corps des défunts. Même au point de vue du plan physique, il n'y a pas un seul argument en faveur de ce procédé et, au contraire, de très nombreux et de très sérieux arguments contre lui. D'ailleurs, ne fût-ce qu'au point de vue du sentiment, on a peine à concevoir que qui que ce soit puisse, sauf par ignorance, se résigner à l'idée que le vêtement rejeté par un être qu'il aime soit livré à une lente et répugnante décomposition et cela dans des conditions devant lesquelles l'imagination recule avec horreur. Et lorsqu'à cela nous ajoutons le terrible danger de maladies qui résultent pour les vivants de l'effroyable souillure de l'air et de l'eau produite par l'inhumation, nous commençons à comprendre que nos coutumes funéraires sont un des indices prouvant que notre civilisation tant vantée est à peine un vernis superficiel.

Cette impression se trouve encore plus fortement confirmée lorsque nous acquérons la connaissance de l'aspect occulte des choses, aspect ignoré encore par la majorité des hommes. Nous devenons alors conscients de la catégorie d'entités attirées par le processus de lente putréfaction qui a lieu, et nous voyons que par là aussi les survivants se trouvent sans nécessité exposés à un mal très grand.

Pour le défunt lui-même, s'il est raisonnable, ce qui advient de son vêtement usé importe peu ; mais il faut se souvenir que tous les *défunts ne sont pas nécessairement raisonnables*, et que pour certains l'abominable coutume en usage dans nos pays rend possible une erreur très grave qui dans des conditions plus normales, ne pourrait être commise.

L'homme ordinaire n'a pas l'habitude de séparer, en ses pensées, son corps de son âme aussi nettement que le font les théosophes. Le défunt a, il est vrai, définitivement quitté son véhicule physique et il lui est impossible d'en reprendre possession; mais il le connaît intimement et le taux de vibration lui en est familier et sympathique. Dans des conditions normales, convenables et pures, il s'en trouve entièrement affranchi; mais il faut considérer ceux qui n'ayant eu sur terre aucune idée, aucune conception dépassant le plan physique, deviennent fous de terreur lorsqu'une fois décédés ils s'en trouvent entièrement séparés. De tels hommes font alors des efforts frénétiques pour revenir à un contact quelconque avec la vie physique. La plupart n'y réussissent heureusement pas; mais s'ils y réussissent, si peu que ce soit, cela ne peut avoir lieu qu'au moyen de leur propre corps physique. Le rapport qu'ils ont gardé avec leur vêtement en voie de décomposition peut leur permettre d'en extraire les éléments d'une demi matérialisation imparfaite et contre nature, non à même de les remettre en contact avec le plan physique, mais suffisant néanmoins à les arracher pour un temps à une vie astrale normale et saine. De telles gens se créent ainsi eux-mêmes — fort heureusement pour peu de temps, seulement — un monde d'horreur vague et trouble, où ils voient les évènements physiques comme dans un sombre miroir, comme à travers un monde de brouillard dans lequel ils errent perdus et sans force. Ils ne peuvent pas rentrer complètement dans leur corps dense; l'homme qui le ferait deviendrait du reste un vampire! Mais ils s'emparent de leur propre matière éthérique et la traînent à leur suite. Telle est la cause de toute leur souffrance; et avant qu'ils ne puissent se débarrasser de cette entrave, avant qu'ils ne puissent plonger à travers le brouillard et s'élever *vers la lumière*, il ne saurait y avoir pour eux de repos.

Il y a aussi des formes répugnantes de magie noire (connues en Orient, ainsi que pour tous ceux qui ont lu ce qui est publié des rites des Vaudous et des Obéahs), pratiques dont l'efficacité dépend du corps physique en décomposition, bien que ceci, fort heureusement, n'aie pas à être pris en considération dans la vie de ceux qui vivent dans les pays où ces pratiques maléfiques sont inconnues.

Mais il n'en ressort pas moins clairement que toute possibilité de mal, pour les défunts aussi bien que pour les vivants, est évitée par une méthode rationnelle employée pour se débarrasser du vêtement de chair rejeté. En ayant recours à la crémation, pratiquée par les Indous, les Grecs et les Romains de l'antiquité, nous réduisons aussi rapidement que possible le véhicule physique en les éléments qui le constituent, et cela d'une manière à la fois propre, décente et qui satisfait entièrement le sentiment esthétique aussi bien que le bon sens de l'homme intelligent.

Certaines personnes ont exprimé la crainte que — dans des cas de mort subite, surtout — le défunt puisse sentir la flamme; qu'il pourrait se faire que d'une façon quelconque l'être conscient ne fût pas encore entièrement séparé de son corps et souffrit, par conséquent, lorsque le corps serait brûlé. Or, même dans un cas de mort subite, pourvu que ce soit *réellement* la mort, la matière astrale et la matière éthérique se sont complètement séparées de la matière physique dense, et il serait *tout à fait impossible* au défunt, en quelque circonstance que ce soit, de sentir ce qui est fait au corps physique.

Je veux dire qu'il ne le sentirait pas *en réalité*, parce que le lien est définitivement rompu. Ce qui serait possible, c'est que, voyant *post mortem*, c'est-à-dire une fois désincarné, la crémation, il puisse éprouver une certaine crainte de la sentir, ou plutôt l'idée non fondée d'ailleurs qu'il est *obligé* de la sentir, et, alors, l'imagination pourrait jusqu'à un certain point entrer en jeu.

Je n'ai personnellement jamais rencontré de cas semblable, en ce qui concerne la crémation, mais je me souviens d'avoir entendu, de source autorisée, l'histoire d'un jeune homme auquel, après sa mort, toutes les dents avaient été arrachées par un entrepreneur des pompes funèbres malhonnête, afin d'être vendues comme fausses dents. Ce jeune homme apparut peu après à son père, avec du sang coulant de sa bouche, et il s'écriait avec une grande indignation qu'on l'avait torturé en lui arrachant les dents. Le corps fut exhumé et l'on découvrit que le récit du défunt était exact. Dans ce cas, si l'homme était réellement mort, au moment de l'ablation, il est parfaitement impossible qu'il ait pu *sentir* aucune douleur, mais il s'était alors rendu compte de ce que l'on faisait et s'était mis dans une violente colère ; sans nul doute il avait dû se représenter lui-même comme étant effectivement torturé, parce que durant sa vie l'idée d'extraction de dents avait toujours été — pour lui — *associée* à l'idée de souffrance aigue.

La différence que la connaissance de l'aspect occulte des choses produit dans la façon de considérer la mort et tout ce qui s'y rapporte est très bien illustrée par deux images reproduites dans l'ouvrage *Les Formes-Pensées.* L'on y voit que l'homme qui avait vécu dans l'habituelle et complète ignorance de tout ce qui concerne la mort, n'avait aucune idée qui s'y rapportât autre qu'une crainte égoïste et de la dépression ; tandis que l'homme qui comprenait les faits était entièrement affranchi de toute atteinte de ces sentiments, car les seules impressions éveillées en lui étaient la sympathie et l'affection pour les survivants en pleurs, ainsi que de la dévotion et des aspirations élevées.

En effet, la connaissance du côté occulte de la vie transforme entièrement l'attitude d'un homme envers la mort, car cette connaissance lui fait voir aussitôt qu'au lieu d'être, ainsi que les ignorants le croient, la fin de toutes choses, *la mort n'est que le passage d'un mode de vie à un autre mode plus libre et plus agréable que celui physique, et qu'elle est par suite plutôt à désirer qu'à redouter.* Celui *qui sait* voit aussitôt quelle erreur absolue est la théorie d'après laquelle ceux qui dépouillent leur corps physique sont perdus pour nous ; car il sait qu'ils restent auprès de nous comme par le passé, et que tout ce que nous avons perdu, c'est la faculté de les voir. Pour la conscience de l'homme qui possède ne fût-ce que la vue astrale, les soi-disant morts sont tout aussi nettement présents que ceux qu'on nomme les vivants, et parce qu'il voit à quel point ils sont affectés

par les vibrations que nous dirigeons vers eux, il comprend combien est nuisible l'attitude de deuil et de chagrin, malheureusement
trop souvent adoptée par ceux de leurs amis qui se trouvent encore
dans leur corps physique.

La connaissance du côté occulte de la vie ne nous porterait
aucunement à oublier nos morts, mais elle nous enseignerait à être
extrêmement prudents dans notre façon de penser à eux ; elle nous
avertirait d'avoir à adopter résolument une attitude dénuée d'égoïsme, d'oublier tout ce qui se rapporte à nous-même, ainsi que la
douleur de la séparation apparente, et de penser à nos "morts" sans
chagrin ni regret, mais toujours en souhaitant avec force et affection leur bonheur et leur progrès.

Le clairvoyant voit exactement de quelle manière des souhaits
pareils affectent les défunts et se rend aussi compte de la vérité qui
sert de base à l'enseignement de l'Église catholique, quant à l'utilité
des prières pour les morts. Ces prières aident également le vivant
et le mort ; car le premier, au lieu d'être rejeté sur son chagrin avec
le sentiment désespérant non fondé d'ailleurs d'être impuissant à
faire quoi que ce soit, comme s'il y avait un abîme entre lui-même
et celui qu'il aime, est au contraire encouragé à transformer sa pensée affectueuse en acte défini, destiné à contribuer au bonheur et au
progrès de celui qui a disparu à la vue sur le plan physique.

J'ai du reste déjà dit tout cela en détail dans le livre intitulé "*De
l'autre côté de la Mort*" ; je ne m'étendrai donc pas davantage là-des-
sus, en renvoyant à ce livre ceux qui désirent des renseignements
plus complets.

UNE OPÉRATION CHIRURGICALE

En ces jours de triomphe de la chirurgie, il arrive souvent qu'un
être humain ait à subir une opération. Ici moins qu'ailleurs nous
trouvons un côté caché, car l'emploi des anesthésiques chasse en-

tièrement l'homme de son corps physique. Mais justement, pendant cette absence, il se produit beaucoup de choses intéressantes, et il serait bon de noter et de se rappeler autant que possible ce qui se produit. Cela est très difficile, bien plus difficile que de rapporter le souvenir du monde astral, car ce qui a été chassé par l'anesthésique est la partie éthérique de l'homme physique, et comme le double éthérique n'est qu'une portion du corps physique, et pas du tout un véhicule parfait en lui-même, l'homme ne peut d'ordinaire pas rapporter un souvenir exact.

Je me rappelle un cas semblable auquel, sur la demande de la victime, j'ai assisté. Cette personne était vivement intéressée par le côté occulte de l'expérience et très désireuse de se rappeler le plus de détails qu'elle pouvait. On la mit sur la table d'opération et lui administra l'anesthésique. Presque immédiatement, cet homme abandonna son corps astral, me reconnut et se précipita vers moi à travers la salle, avec une expression de vif plaisir sur sa figure. Il était évidemment enchanté de se trouver dans le monde astral en pleine conscience. Mais bientôt, surgit du corps physique un grand nuage de matière éthérique chassé par l'anesthésique. Ce nuage l'entoura immédiatement, et je pouvais voir l'intelligence s'évanouir de son visage, qui devint ainsi simplement un masque.

Lorsque je fus autorisé à aller le voir deux jours après, le souvenir de ce qui s'était produit confirmait exactement ce que j'avais vu. Il se rappelait sa fuite hors du corps ; il se souvenait nettement m'avoir vu à l'autre bout de la salle et avoir ressenti une grande joie de ce que tout lui paraissait si réel. Il traversa alors la salle dans ma direction, mais n'arriva pas au but, et il ne sut plus rien après, jusqu'à ce qu'il revint dans son corps une heure après, lorsque l'opération fut terminée. Je compris en cette circonstance quel avantage aurait été la possession de la clairvoyance par les deux chirurgiens. Ils donnèrent au patient une trop grande quantité d'anesthésique et furent sur le point d'expulser finalement la totalité de son double éthérique, au lieu d'une portion seulement, comme c'était leur intention. Ainsi que le constatait avec force mon compagnon clair-voyant, ils en laissèrent à peine de quoi couvrir une pièce de deux francs. Aussi le patient frisa-t-il dangereusement la mort : ils furent obligés de lui pomper de l'oxygène dans les poumons pendant dix minutes avant de pouvoir le ranimer.

Il y a quelques années, une visite chez le dentiste représentait souvent une petite opération, pendant laquelle le patient traversait une expérience un peu semblable, mais plus courte, due à l'emploi de l'oxyde nitrique, provoquant ainsi bien des phénomènes curieux. À ce sujet, on trouvera un exemple dans mon livre sur *Les Rêves*. En ces jours où l'anesthésie locale triomphe, le dentiste peut habituellement se passer dans son travail de gaz hilarant, et par conséquent les expériences concernant son intervention sont d'une nature moins occulte.

UNE CONFÉRENCE

Dans un précédent chapitre, nous avons examiné les conséquences qui découlent de la fréquentation des services religieux. Considérons maintenant le côté caché de notre présence à une conférence, une réunion politique, une séance de spiritisme, ou un "réveil" religieux.

Parmi toutes ces causes d'excitation, la conférence est une des plus anodines, quoiqu'ici encore cela dépend dans une certaine mesure du sujet traité. On remarque en général beaucoup moins d'uniformité parmi l'auditoire écoutant une conférence que parmi l'assistance emplissant une église. Il existe souvent des points nombreux et précis de ressemblance entre ceux qui adoptent la même croyance religieuse, tandis que les personnes intéressées par une conférence sur un sujet donné peuvent appartenir à différentes parties et présenter les types les plus divers. Cependant, à ce moment-là, le même lien les unit tous : l'intérêt pour ce sujet particulier. Si différentes qu'elles puissent être par la mentalité, chez chacune d'elles la même portion de leur intelligence devient active à ce moment-là, ce qui crée une certaine harmonie superficielle.

Puisque l'étudiant en Théosophie doit aussi bien faire que subir des conférences, il sera peut-être bon de ne pas négliger entièrement ce côté du sujet, en remarquant que si le conférencier désire agir effectivement sur le corps mental de ses auditeurs, il faut tout d'abord que l'idée qu'il exprimera par son propre corps mental soit nettement définie. Pendant qu'il pense avec force aux différentes parties de son sujet et qu'il essaie de les exposer devant son auditoire, il construit une série de formes-pensées, d'une vigueur exceptionnelle puisqu'il accomplit un effort.

Il se trouve dans des conditions favorables, parce que ses auditeurs sont nécessairement dans un état de réceptivité. Ils ont pris la peine de venir afin d'entendre parler de ce sujet spécial, et nous devons donc supposer qu'ils sont disposés à écouter. Si, dans ces conditions favorables, il ne réussit pas à se faire comprendre, c'est que sa pensée manquera de précision. Une forme-pensée grossière et imprécise ne produit qu'une impression superficielle, et encore avec beaucoup de difficulté. Une forme bien définie incitera le corps mental des auditeurs à la reproduire. Il la réfléchira presque toujours d'une manière moins nette et moins satisfaisante. Cependant, si les contours de la forme-pensée sont assez précis, les auditeurs auront saisi l'idée dans une certaine mesure. Mais si la forme qu'ils auront à reproduire est confuse, il est éminemment probable qu'il sera impossible d'en identifier les reproductions.

Parfois le conférencier reçoit un secours inespéré. Le fait qu'il est occupé à penser fortement à un sujet particulier attire l'attention d'entités désincarnées qui s'y intéressent, l'auditoire étant souvent composé de plus d'êtres en corps astral qu'en corps physique. Parmi eux, beaucoup viennent simplement pour entendre, comme leurs frères du monde physique, mais parfois il arrive que l'un d'eux est mieux renseigné sur le sujet que le conférencier lui-même. Dans ce cas, il aide souvent par des suggestions ou des exemples. Ceux-ci peuvent parvenir au conférencier de diverses façons. S'il est clairvoyant, il verra son assistant, qui matérialisera devant lui en matière subtile les idées nouvelles en des exemples. S'il n'est pas clairvoyant, il faudra probablement que l'assistant imprime ses idées dans le cerveau du conférencier, et celui-ci croira facilement qu'elles sont à lui. Parfois l'assistant n'est pas désincarné, ou bien il se trouve temporairement hors de son corps, car c'est là une des tâches qui incombent fréquemment aux aides invisibles.

En certains cas, l'égo du conférencier se manifeste par une curieuse extériorisation. Ainsi j'ai entendu dire par un de nos plus grands orateurs actuels que lorsqu'elle est en train de prononcer une phrase de sa conférence, elle voit généralement la phrase suivante qui se matérialise dans l'air devant elle, sous trois formes différentes, parmi lesquelles elle choisit d'une manière consciente celle qu'elle croît la meilleure. Ceci doit être le travail de l'égo, quoiqu'il soit difficile de se rendre compte pourquoi il adopte cette méthode de communiquer, puisque après tout c'est lui qui prononce la conférence par l'intermédiaire des organes physiques. À première vue, il semblerait qu'il lui serait aussi facile — ou même davantage — de choisir lui-même une forme, et de projeter uniquement celle-là dans la matière inférieure. Et même dans ce cas, elle pourrait tout aussi bien pénétrer directement dans le cerveau, au lieu de se matérialiser dans l'air devant lui.

Quittons le conférencier pour étudier l'auditoire. Nous remarquerons ici que celui-ci pourra lui être d'un grand secours dans son travail. Parfois on entend dire par d'anciens membres d'une branche théosophique qu'ils ne croient pas nécessaire d'aller à certaines réunions, parce que le sujet qui y sera étudié leur est parfaitement familier. Non seulement il est téméraire d'affirmer qu'on possède *à fond* tel enseignement théosophique, mais encore il est inexact de dire que notre présence est inutile parce que nous connaissons le sujet. Tout au contraire serait-il plus exact de dire l'opposé.

Connaissant parfaitement le sujet, l'on pourra construire des formes-pensées fortes et définies des différents exemples dont on a besoin, et ainsi aider grandement le conférencier à communiquer ce qu'il désire à son auditoire.

Plus nombreuses pendant une conférence seront les personnes qui en comprennent le sujet, et plus facile sera-t-il à celles pour lesquelles le sujet est nouveau de s'en faire une conception précise. Le conférencier est donc réellement aidé par la présence de ceux qui le comprennent parfaitement. Il pourra aussi être, dans une large mesure, aidé ou gêné par l'attitude générale de l'auditoire. Celle-ci est habituellement bienveillante, parce que les personnes assistant à une conférence sont en majeure partie intéressées par le sujet et désirent apprendre quelque chose sur ce point. Mais parfois une ou deux personnes se présentent dans un but de critique surtout : leur présence sera loin d'être une aide.

UNE RÉUNION POLITIQUE

Cet effet est encore plus sensible à une réunion politique, où il semble être de règle que, si quelques-uns y assistent simplement dans le but de soutenir l'orateur, d'autres y viennent uniquement pour le provoquer et l'interrompre. Par conséquent, les sentiments qu'on y éprouvera et les formes-pensées qu'on y percevra pendant des réunions politiques ne sont pas faciles à prévoir. Mais il y a des cas où des formes, composées presque entièrement ou principalement des pensées des adhérents à un parti politique, suscitent d'énormes ondes d'enthousiasme qui submergent l'auditoire, entourent l'orateur et provoquent chez lui un enthousiasme correspondant.

Il y a plusieurs années, je me souviens avoir assisté à une réunion de ce genre, où je fus vivement impressionné par l'effet produit par un air chanté en chœur par tous les assistants. Quelque gros bonnet du parti devait parler, et la vaste salle était archibondée plusieurs heures avant l'heure annoncée. Les organisateurs de la réunion eurent la grande sagesse d'employer très utilement ce temps en provoquant dans cette immense foule hétérogène des sentiments d'enthousiasme et de loyalisme. Toutes sortes de chants patriotiques se succédèrent rapidement, et bien que peu de gens savaient réellement les airs, et encore moins les paroles, le sentiment d'enthousiasme ne faisait en tout cas pas défaut. Ces deux heures d'attente s'écoulèrent agréablement et la plupart des assistants constatèrent je crois, avec surprise, avec quelle rapidité le temps avait fui.

Le côté occulte de la réunion politique ordinaire est cependant loin d'être attrayant, car vu du plan astral, celle-ci ressemble souvent beaucoup à un orage extrêmement violent. On y constate souvent un sentiment de combattivité et même d'hostilité personnelle. Dans l'ensemble, on y rencontre généralement en prépondérance une jovialité un peu grossière mais bonne enfant, traversée souvent par les dards d'un sentiment d'anxiété de la part des promoteurs. À moins que le devoir ne nous force d'assister à de telles réunions, il vaut en général mieux les éviter, car en ces occasions il se produit toujours un choc de courants astrals, qui ne peut manquer de provoquer une grande fatigue chez toute personne tant soit peu sensitive.

LES FOULES

Il est également bon d'éviter autant que possible le mélange de magnétisme provenant d'une promiscuité trop étroite avec une foule. Non pas que nous devions admettre un instant que les personnes composant cette foule soient nécessairement inférieures à nous ! Il n'est pas à souhaiter que l'étudiant devienne orgueilleux et présomptueux. Il est probablement vrai que les motifs et les buts de la plupart des personnes composant une foule, et prises au hasard, sont d'un caractère plus profane que ceux de l'étudiant en Théosophie. Mais il serait à la fois mal et stupide de mépriser ces gens pour cela. Ce qu'il faut se rappeler, c'est que nous ne valons pas mieux qu'eux, mais qu'il y a une différence dans les taux vibratoires. Par conséquent, leur contact constant provoque des troubles dans nos divers véhicules, ce qu'il vaut mieux éviter.

Cependant, lorsque le devoir rend nécessaire ou utile la présence d'un étudiant au milieu d'une foule, il existe plusieurs moyens pour se protéger. Le plus usuel est la construction d'une coque, éthérique, astrale ou mentale. Mais la meilleure protection de toutes est un rayonnement de bienveillance et de pureté. Je consacrerai dans la suite un chapitre pour considérer cette question de protection.

UNE SÉANCE SPIRITE

De tous les genres de réunions, c'est encore la *séance* spirite qui offre le plus d'intérêt du point de vue occulte. Pourtant, il y en a de caractères si différents, qu'il est difficile de dire quelque chose s'appliquant indistinctement à toutes, excepté peut-être qu'une des caractéristiques qui ne manquent pour ainsi dire jamais est une atmosphère de joie et d'optimisme. Les cercles auxquels les profanes sont parfois admis, ceux dont nous entendons parler ou au sujet desquels les journaux nous entretiennent, ceux-ci sont après tout une minorité. Derrière eux, et constituant le bloc réel du spiritisme, on trouve deux variantes dont nous savons fort peu de chose.

Il y a d'abord la *séance* ordinaire, celle qui a lieu chez les classes tout à fait pauvres, avec pour médium quelque grosse bonne femme. Aucun phénomène sensationnel ne s'y produit et les "esprits" y sont fréquemment peu lettrés. Des milliers de *séances* semblables se tiennent ainsi dans le monde entier; elles possèdent toutes un air de famille. Elles se déroulent d'une manière très peu intéressante pour les visiteurs. Habituellement, le médium fait une exhortation édifiante de quatrième ordre — ou plutôt celle-ci est faite *au moyen du médium* — mais en tout cas elle reproduit d'ordinaire assez fidèlement ses fautes favorites de grammaire et de prononciation. Ensuite, en règle générale, quelques mots sont adressés spécialement à chacune des personnes présentes, dans lesquels on décrit souvent ce qui les entoure ou les esprits qui sont supposés planer au-dessus d'eux. Ces descriptions sont généralement vagues et incertaines au plus haut degré, mais de temps en on peut faire certaines identifications frappantes, beaucoup trop nombreuses pour pouvoir les expliquer par quelque théorie basée sur une coïncidence fortuite. Et si banal que tout cela puisse paraître au profane, il n'en est pas moins vrai que cela apporte paix et conviction aux membres du cercle, leur donnant une conviction réelle, vivante, une certitude absolue au sujet de la survivance de l'homme, qui fait honte à la foi régnant dans les églises à la mode.

Le côté caché d'une séance de ce genre présente souvent un élément pathétique. Inspirant le médium, on trouve souvent ce qu'on appelle un esprit-guide, une personne défunte appartenant tantôt à la classe sociale du médium, tantôt à un milieu bien supérieur. Cette personne, au prix de beaucoup d'efforts patients, a appris à influencer avec assez de force et de précision l'organisme grossier du médium qui, malgré ses imperfections en d'autres respects, possède au moins la précieuse faculté de pouvoir être influencé, et de transmettre ainsi des communications. La patience avec laquelle cette entité se comporte vis-à-vis des pauvres âmes qui affluent vers elle des deux côtés du voile est admirable. L'entité, en effet, ne doit pas seulement essayer d'harmoniser les regrettables inconséquences de la foule des parents endeuillés en deçà, mais encore l'excitation fiévreuse et bruyante de celle dans l'au-delà qui cherche à se manifester. À sa manière, une telle entité fait beaucoup de bien à la classe dont elle fait partie ; sa vie de labeur modeste vécue dans quelque endroit obscur accroît la somme totale du bonheur humain bien plus que beaucoup d'efforts d'un caractère plus brillant, qui sont davantage appréciés du public. Même une séance de ce genre, examinée par la vue astrale, apparaît comme le centre d'une sorte de vortex, où se précipitent des désincarnés venus de toutes les directions, dans le désir de se manifester ou d'assister aux manifestations.

Il existe une autre variante, un type de séance généralement ignorée : le cercle intime d'une famille où jamais personne n'est admis de l'extérieur. Ce côté-là du spiritisme est infiniment plus satisfaisant, car par ce moyen, des milliers de familles communiquent jour après jour avec des amis ou des relations qui ont quitté le monde physique. Elles apprennent ainsi non seulement beaucoup de faits intéressants, mais elles se tiennent encore en contact constant avec des sujets se rapportant à la spiritualité ou à des pensées d'un niveau bien supérieur au leur. Généralement, le centre de ces séances privées est quelque membre défunt de la famille. Les communications sont d'ordinaire de petits sermons affectueux d'un caractère dévotionnel et souvent un peu lyrique.

Parfois cependant, lorsque le parent défunt se trouve être une personne d'une certaine originalité de pensée ou à tournure d'esprit scientifique, une grande masse d'informations précises est ainsi peu à peu recueillie. Il existe bien plus de ces révélations privées qu'on ne le suppose généralement, car il n'y en a pas un sur cent parmi ceux qui les reçoivent qui soit prêt à affronter le ridicule public au sujet d'une chose qui lui est sacrée, même dans l'espoir, peu fondé d'ailleurs, de convertir quelque étranger sceptique.

À de telles séances, les phénomènes remarquables ne sont pas rares. Des matérialisations du caractère le plus surprenant font parfois partie du programme quotidien. Souvent les soi-disant morts font tout aussi bien partie de la vie journalière de telle famille que les vivants, comme ce fut le cas par exemple pour les phénomènes qui se produisirent dans la maison de M. Morell Théobald, à Haslemere. Les séances décrites par M. Robert Dale Owen offrent généralement ce caractère. Elles représentent le spiritisme du type le plus élevé, bien que par la nature même du cas elles soient rarement accessibles au chercheur ordinaire.

Le côté caché des séances de ce genre est vraiment magnifique, car elles forment des points de contact constant entre les mondes astral et physique, des vortex de nouveau, mais cette fois-ci dans les types élevés de matière astrale. Les formes-pensées qui les entourent sont du type religieux ou scientifique d'après la nature des manifestations, mais elles sont toujours bénéfiques, capables d'élever le niveau mental ou spirituel de la région où on les trouve.

Si nous écartons ces deux classes, nous avons ensuite le groupe plus petit des séances publiques, qui pour les profanes, représentent le spiritisme tout entier. Toutes sortes de gens y sont admis, généralement contre paiement d'une petite somme d'argent, et les entités de l'astral forment un groupe aussi curieux que les assistants du plan physique. Ici également on rencontre presque toujours un esprit-guide attitré. Les types astrals les plus élevés ne se trouvent pas parmi les habitués de ce genre de séances, mais il y a d'ordinaire par-ci par-là quelque défunt qui s'est consacré à l'idée de se rendre utile à ceux vivant encore sur la terre, par l'exhibition de quelques phénomènes ou la production de diverses expériences peu importantes.

Une séance de ce genre possède d'ordinaire une ambiance peu agréable, car, dans une certaine mesure, elle attire l'attention du monde astral aussi bien que du monde physique. Par conséquent, une foule bruyante des entités les plus indésirables est toujours présente, que seule la force empêche de se précipiter en avant pour s'emparer du médium. Parmi les dangers qui caractérisent ces séances est la possibilité qu'une de ces entités acharnées s'empare d'un assistant sensitif et l'obsède ou, bien pis encore, le suive chez lui et s'empare de sa femme ou de sa fille. Plusieurs de ces cas se sont produits. Il est presque impossible de se débarrasser d'une entité qui obsède ainsi le corps d'un être humain vivant.

Le côté caché d'une telle séance offre généralement l'image d'un filet embrouillé de courants contraires, bons et mauvais, aucun n'étant très bon et quelques-uns très mauvais. Le clairvoyant qui assiste à une telle séance pourra s'instruire dans une certaine mesure, en observant les différentes méthodes par lesquelles les phénomènes sont produits et qui sont parfois extrêmement ingénieuses. Il sera étonné de l'intelligence des personnifications ainsi que de la surprenante facilité avec laquelle ceux qui ne savent rien de ce côté de la vie peuvent être trompés.

UN "RÉVEIL" RELIGIEUX

Du point de vue de celui qui étudie les mondes cachés, un des phénomènes les plus remarquables de notre époque est ce qu'on appelle un "réveil" religieux. Considéré du point de vue du monde physique, le réveil religieux représente d'ordinaire une réunion de personnes appartenant aux classes inférieures, dont les sentiments sont excités par les exhortations empreintes d'une émotivité excessive et souvent fanatique, émanant de quelque apôtre exalté prêchant l'évangile d'une secte particulière. Ces réunions se poursuivent jour après jour. Elles sont souvent marquées par les phénomènes les plus extraordinaires d'excitation nerveuse. Les assistants s'exaltent de telle sorte qu'ils en arrivent à atteindre une sorte d'état hystérique dans lequel ils se sentent sauvés, comme ils disent, croient avoir échappé pour toujours à l'esclavage de la vie ordinaire, de ce monde, et être devenus membres d'une association spirituelle aux destinées les plus glorieuses. Souvent ils sont poussés à confesser publiquement ce qu'ils considèrent être leurs méfaits, ce qu'ils ont une tendance à faire avec un débordement d'émotion et de repentir tout à fait hors de proportion avec tout ce qu'ils peuvent confesser. Cette vague d'exaltation nerveuse se répand comme une maladie infectieuse, et dure généralement plusieurs semaines, bien que souvent, vers la fin de cette période, des symptômes d'épuisement général apparaissent, et toute cette excitation tombe de nouveau et chacun reprend un peu honteusement le trantran habituel de la vie ordinaire.

Dans un petit nombre de cas, l'exaltation spirituelle semble se maintenir. Les victimes continuent à vivre une vie nettement supérieure à celle qui auparavant fut la leur. Mais dans la plupart des cas, elles retombent brusquement, et d'une manière dramatique, ou bien par degrés lents et successifs, dans le même genre d'existence qui précédait cette exaltation. Les statistiques montrent que la culmination de cette exaltation émotionnelle s'accompagne de sérieux troubles du domaine sexuel, le nombre des unions illégitimes de tout ordre subissant temporairement une grande augmentation. Il y a certaines sectes qui adjoignent à leur système régulier une forme très modifiée de cette exaltation, considérant comme une nécessité pour leurs plus jeunes membres de passer par une crise qui a souvent été décrite comme "être convaincu de péché", ou dans d'autres cas, comme "obtenant la religion".

De tels "réveils" se rencontrent sous leurs formes les plus extravagantes parmi les nègres d'Amérique, qui arrivent à une frénésie rarement atteinte par les races blanches. Les nègres sentent la nécessité de donner issue à leurs sentiments par les danses, les bonds et les contorsions les plus sauvages, qu'ils continuent souvent pendant des heures de suite, accompagnés de hurlements et de gémissements d'un caractère alarmant.

Que de telles choses puissent se produire au vingtième siècle et parmi des gens qui se croient civilisés, voilà certainement un phénomène tout à fait remarquable, et qui mérite une considération attentive de la part de celui qui étudie le côté caché des choses. Pour celui qui possède la vie astrale, une telle explosion constitue une vision remarquable, mais très pénible aussi. Le missionnaire ou le prédicateur qui prêche ce "réveil" est tout d'abord, au début du mouvement, animé en général par les motifs les plus élevés. Il est convaincu de l'amour surabondant de Dieu ou de la méchanceté d'une certaine portion de l'humanité. Il se sent poussé par l'esprit à proclamer le premier et à censurer la dernière. Il atteint ainsi un état d'exaltation émotionnelle extraordinaire, faisant vibrer son corps astral au-delà d'une limite raisonnable.

En effet, un être humain peut s'abandonner à l'émotion jusqu'à un certain point, pour se ressaisir ensuite, de même qu'un bateau peut rouler dans certaines limites et reprendre cependant sa position normale ensuite. Mais de même que le bateau culbute s'il dépasse ces limites, de même l'homme qui perd la maîtrise de son corps astral meurt, devient fou ou est obsédé. Il n'est pas nécessaire qu'une telle obsession soit ce que nous appellerions mauvais, quoique, en vérité, toute obsession soit mauvaise. Mais je veux dire que nous devrons ne prêter à l'esprit obsesseur que de bonnes intentions, bien qu'en général il tire avantage d'une telle situation, plutôt à cause de l'excitation qui en découle et de l'impression qu'il en reçoit lui-même que pour quelque motif altruiste.

Cependant, dans beaucoup de cas, l'entité obsédante est un prédicateur désincarné ayant appartenu à la même religion, et partageant le caractère et le type de l'homme qu'elle obsède. Nous avons donc ainsi temporairement deux âmes agissant par l'intermédiaire du même corps. La double force ainsi rassemblée est déversée sans compter sur n'importe quelle assistance qui pourra être rassemblée. La formidable énergie oscillatoire de ces excès hystériques est contagieuse, et comme ces "réveils" sont en général produits parmi des personnes qui ne dominent pas leurs émotions au moyen d'un intellect puissamment développé, le prédicateur en trouve bientôt un certain nombre chez lesquelles des vibrations sympathiques font naître un état de déséquilibre semblable au sien.

Tous ceux qui dépassent la limite moyenne ajoutent de la force à l'exagération de ces vibrations. Bientôt naît un remous astral semblable à un tourbillon gigantesque, vers lequel se précipitent de tous côtés des entités astrales qui désirent uniquement la sensation.

Ce ne sont plus simplement et principalement des êtres humains, mais toutes sortes d'esprits de la nature qui s'amusent et se baignent dans ces vibrations d'excitation violente, comme des enfants qui jouent parmi les vagues. Ce sont eux qui fournissent et renouvèlent constamment l'énergie dépensée avec une telle insouciance. Ce sont eux qui s'efforcent de maintenir le niveau de cette excitation, aussi longtemps qu'ils pourront trouver des êtres humains qui se laisseront attirer par le tourbillon, et disposés à leur procurer les sensations agréables qu'ils recherchent.

Cette émotion, souvenez-vous-en, n'est pas d'un caractère très élevé, car elle est intensément individualiste, toujours inspirée par un égoïsme exacerbé, le désir de sauver sa propre âme. L'idée dominante est donc égoïste. Elle indique immédiatement le type de matière entraîné dans ces formidables remous, et limite encore les esprits de la nature qui s'en délectent aux types se trouvant au même diapason que cette matière, et qui ne sont évidemment pas des plus élevés. Ce sont ordinairement des êtres sans beaucoup d'intelligence ou de compréhension, ne connaissant rien de leurs victimes humaines, tout à fait incapables de les sauver des conséquences de leur exaltation folle, même si on pouvait les supposer capables de s'en préoccuper.

Voilà donc le côté caché d'un tel mouvement ; voilà ce que voit un clairvoyant lorsqu'il étudie une de ces réunions ahurissantes. Il voit un certain nombre d'êtres humains chassés de leurs véhicules. Leurs véhicules les plus élevés ne leur appartiennent plus, mais ils servent pour fournir ce torrent d'énergie. Tous ces gens déversent leurs émotions pour former un vaste tourbillon astral où ces grands esprits de la nature se jettent avec une joie intense, plongent et gambadent sans cesse, s'abandonnant entièrement à ce plaisir sauvage. Car ils sont aptes à s'abandonner au plaisir avec une frénésie inconnue des êtres humains plus lourds. Toute leur vie à ce moment-là se résume en un paroxysme déréglé, et ce sentiment réagit sur les êtres humains qui inconsciemment, leur procurent ces plaisirs, et leur donnent également une sensation d'intense allégresse.

Nous trouvons ici l'explication du côté passionnel de ces manifestations extraordinaires. Tout ce que désirent ces esprits de la nature est quelque intense émotion de la part de leurs esclaves humains. Peu leur importe que cette émotion soit de nature religieuse ou sexuelle. Ils ne distinguent peut-être même pas cette différence, et certainement ils ne savent pas si ces émotions aident ou entravent l'évolution des êtres humains dont il s'agit. Tout cela n'est qu'une furieuse et folle orgie d'entités non humaines, entièrement identique au sabbat des sorcières médiévales, mais, dans ce cas-ci, provoquée par une émotion que l'on peut considérer comme appartenant au bon côté et non au mauvais côté de la vie. Pour ces esprits de la nature, une telle différence est inexistante. Ils ignorent le bien et le mal. Ils jouissent seulement de la formidable excitation qu'ils ne pourront créer qu'en provoquant dans une masse humaine un état d'être éminemment dangereux pour la raison de leurs victimes. Nul homme ne pourrait seul atteindre ce dangereux niveau d'exaltation : il en faut un grand nombre réagissant, et pour ainsi dire s'encourageant et se fortifiant mutuellement. Je conseillerai, en effet, à l'étudiant de ne pas assister à ces réunions, car, à moins d'être très bien portant et parfaitement équilibré, il y a un danger bien défini pour lui d'être entraîné par elles.

Je désire bien vous faire comprendre que, dans tout ce que je viens de dire, je n'ai pas nié un instant le fait important de ce qu'on appelle une "conversion subite", qui se produit parfois, laissant l'homme meilleur qu'il ne fut, et cela pour toujours. C'est un beau mot que celui de "conversion", si seulement nous pouvons le dissocier du cadre indigne que je viens de décrire. Il signifie "retourner avec" et implique le fait que l'homme qui jusque-là avait suivi son chemin personnellement et égoïstement, comprend pour la première fois la formidable vérité que Dieu a établi un plan pour l'homme, que celui-ci peut s'adapter intelligemment à ce plan et y jouer le rôle qui lui a été dévolu. Lorsqu'il comprend cela, il "retourne" et va "avec" la Volonté divine, au lieu d'agir contre elle dans son ignorance. Une fois qu'il aura fait cela, il pourra devenir ce que les Chrétiens appellent un apostat. Mais si ses véhicules peuvent prendre le mors aux dents et le conduire à des excès de toutes sortes, il ne pourra plus jamais pécher sans éprouver de remords, sans se rendre compte qu'il est tombé, et sans regretter cette chute.

La connaissance de ces faits importants de la vie a été appelée en Orient "l'acquisition du discernement" ou parfois "l'ouverture des portes de l'esprit". D'ordinaire, c'est un processus graduel, en se présentant du moins comme le résultat d'une pensée et d'un raisonnement incessants. Parfois, cependant, une conviction soudaine se fait jour dans l'homme, et c'est ce qu'on appelle un cas de "conversion subite". Si l'homme auquel arrive cet éclair de conviction a auparavant raisonné la chose avec lui-même — peut-être dans d'autres vies — et a presque réussi à se convaincre, et qu'il ne lui faut que l'illumination finale pour le convaincre tout à fait, l'effet d'une telle conversion est permanent. Non pas que, même alors, l'homme ne puisse pas retomber fréquemment, mais il se relèvera toujours après ces chutes, accomplissant dans l'ensemble des progrès constants.

Ainsi que nous l'avons décrit, l'effet émotionnel d'un important "réveil" est très puissant. Non seulement il achèvera la "conversion" d'un homme qui est presque prêt pour ce processus, mais il s'emparera parfois aussi d'un homme qui est loin d'être prêt. Peut-être sera-t-il assez fort pour lui faire dépasser la limite de démarcation et lui faire déclarer à ce moment, tout à fait honnêtement, qu'il a été converti avec les autres. Dans ce dernier cas, cet homme ne sera pas vraiment prêt. Il y a chez lui une grande quantité de force non maîtrisée dans la partie inférieure de sa nature, et bien que celle-ci fût dominée momentanément par les forces présentes à la réunion, une fois celle-ci terminée, cette force s'affirme de nouveau, et l'homme retombe inévitablement dans sa conduite antérieure.

Nous ne devons pas le blâmer pour cela. La force nécessaire à la maîtrise permanente de la nature inférieure accroît très lentement ; il serait donc peu raisonnable de s'attendre à ce qu'elle se développe dans un moment d'enthousiasme. Les cas où elle parait se développer ainsi sont simplement ceux où la force s'est accumulée secrètement longtemps auparavant.

C'est pourquoi je répète que je ne nie pas du tout la réalité éventuelle des conversions subites. Je ne nie pas qu'un certain bien ne doive résulter de tout l'enthousiasme dévotionnel débordant pendant un réveil religieux. Mais je déclare aussi que chaque mot écrit plus haut au sujet de l'effet général de telles réunions et le rôle qu'y jouent des entités non humaines est absolument exact. C'est pourquoi je ne peux m'empêcher de penser que ce genre d'excitation doit être évité par l'étudiant de l'occultisme.

Dans les rares cas où une foule immense est mue par une idée dominante dépourvue de tout égoïsme, une classe tout à fait différente d'entités entre en scène. Ce sont des anges astrals, qui trouvent leurs délices dans le bien. Sous une direction comme la leur, les vibrations temporaires et violentes n'offriront aucun danger et pourront même aider, car ces êtres comprennent l'humanité et savent comment la ramener avec sécurité à son état normal.

Il y a quelques années, il m'arriva de rencontrer un remarquable exemple que je vais décrire tout à l'heure. Mais je dois d'abord dire quelques mots sur la vertu qui causa cette explosion. Car toute la différence gît dans le motif qui l'inspira. Dans le cas décrit précédemment, il était absolument égoïste, mais dans celui-ci il était désintéressé ; dans l'un c'était l'espoir du salut personnel, dans l'autre c'était loyauté et patriotisme.

UNE VAGUE DE PATRIOTISME

Le patriotisme est une vertu sur laquelle, en ces temps, il est très nécessaire d'insister. Mais nous devons être surs de ce que nous voulons dire par ce terme. Ce n'est ni un préjugé ni une ostentation de mauvais ton. Il y a ceux qui ne peuvent voir de bien dans aucune contrée que dans la leur ; qui vantent à tout propos, avec une bravade offensive, ce qu'ils considèrent comme ses superlatives excellences, et méprisent tous les autres. Ceux-ci ne sont pas des patriotes, mais de simples hâbleurs ; ils n'exhibent pas la force de leur loyauté, mais la profondeur de leur ignorance.

Le vrai patriotisme est justement l'antithèse de tout ceci ; il reconnaît que chaque pays a ses avantages et désavantages, que chaque nation a ses excellences, mais aussi ses déficiences, attendu qu'aucun système politique ou social n'est encore parfait, et qu'il y a une bonne part de nature humaine partout. Néanmoins, il voit aussi comment un homme doit considération aux parents qui ont pris soin de lui, et à la famille dont il est lui-même une partie ; ainsi se trouve-t-il devoir quelque chose à la contrée dans laquelle il est né, car cette naissance n'est pas un effet du hasard, mais du Karma. Il a été mis là, parce que là sont les entourages qu'il a mérités, qui sont aussi les mieux appropriés à son évolution plus avant. Il a été placé là non pas uniquement pour recevoir mais pour donner — car c'est en servant qu'on apprend le mieux. Il doit donc être préparé quand il est appelé à servir son pays ; il doit acquiescer joyeusement à toutes mesures qui peuvent être nécessaires au bien général, même si elles doivent lui porter un préjudice individuel ; il doit oublier pour le bien de la patrie, ses propres intérêts et désirs, et quand l'opportunité survient, il doit se donner lui-même, sans réserves, à son service.

Je sais que parmi les étudiants de ce qui est appelé pensée avancée, il y a ceux qui raillent le patriotisme à l'égal d'une vertu semblable à un demi-vie, comme l'évidence d'un stage de développement assez bas. Mais c'est une vue fausse : aussi bien pourrait-on railler l'affection familiale exactement pour les mêmes raisons. En réalité, les deux, amour de la famille et amour du pays, sont plus limités que l'universel amour ; mais ce sont néanmoins des étages sur son chemin.

Si l'homme primitif pense seulement à lui-même, c'est un progrès pour lui d'étendre son amour à ce plus grand soi-même que nous appelons la famille ; apprendre à sentir pour sa nation, n'est qu'un pas plus loin sur la même route. Plus tard, l'homme apprendra à penser et à sentir pour l'humanité dans son ensemble ; il arrivera à voir que les animaux et les plantes même sont nos frères, quoique ils soient de plus jeunes frères — que toute la vie est la divine Vie ; et que l'amour autrefois borné à lui-même, à sa famille, à son clan, à sa nation, est devenu immense comme la mer sans rivages et le divin Amour.

Mais un étage très nécessaire sur le chemin de ce but, est le patriotisme, qui conduit l'homme à renoncer à ses propres aises et confort, à laisser de côté ses chances personnelles de gain, bien plus, à sacrifier sa propre vie pour servir son pays. Naturellement aussi, il personnifie son pays dans la personne de son administrateur, ainsi se développe la vertu de loyauté, et par cela son caractère est grandement élevé et purifié. Que les rois individuels aient souvent été, dans le passé, indignes de ces hauts sentiments est un triste fait ; mais il n'empêche pas l'autre fait du bénéfice qui accroît chez ceux en qui de tels sentiments sont évoqués. Quand, par bonheur, il arrive que le souverain est tout ce qu'un administrateur doit être, quantité de circonstances donnent lieu à la loyauté de se manifester dans ses plus grands effets, et de splendides résultats peuvent être obtenus tant pour le représentant du pays que pour le peuple.

LA GUERRE

Un autre évènement occasionnel, heureusement qui secoue profondément le cœur des gens, est la guerre. Je suppose que peu s'aventureraient aujourd'hui à dénier que la guerre est un absurde et atroce anachronisme. Si nous réfléchissons un moment, nous savons tous parfaitement que le résultat d'une bataille ne résout pas le moins du monde la question originale. Cela peut montrer quelle armée a le plus habile général ou la plus grande puissance d'artillerie ; cela ne montre certainement pas de quel côté est le bon droit de la querelle, si toutefois il y en a un.

Aussi loin qu'on regarde les individus, tous, excepté les plus basses classes, ont dépassé le stage où l'on tente de décider des disputes personnelles par l'épreuve de bataille. Quand nos convictions sur une ligne de démarcation diffèrent officiellement de celles de notre voisin, nous n'assemblons plus nos domestiques pour essayer de discuter l'affaire avec des carabines ou des gourdins ; au lieu de cela, nous référons le cas à un tribunal dans l'impartialité duquel nous avons tous deux une confiance raisonnable.

Comme nation, cependant, nous ne sommes pas encore au niveau d'évolution que nous avons atteint comme individus. Nous voulons bien (quelques-uns de nous) soumettre à l'arbitrage des sujets comparativement peu importants de dispute, mais il n'y a jusqu'à présent pas de Cour en laquelle les races du monde ont suffisamment confiance pour accepter ses décisions dans une question vitale de leur existence. Aussi l'irrationnel recours à la force brutale reste-t-il encore, comme une possibilité planant toujours à l'arrière-plan de la vie nationale, tel un menaçant nuage d'orage.

Les poètes ont chanté les gloires de la guerre, mais les légions de la Croix Rouge, qui sortent non pour blesser mais pour soigner, qui viennent sur le champ de bataille quand les canons et les fusils ont fait leur ouvrage, peuvent nous dire quelque chose de la vraie signification de la guerre et de toutes les hideuses horreurs entraînées par la vaillante défense ou la triomphante charge. La guerre peut encore être quelquefois une nécessité — le moindre de deux maux ; mais c'est ainsi seulement parce que notre civilisation vantée est encore lamentablement défectueuse. Cependant, aussi horrible et insensée qu'elle soit, la guerre est, en une certaine manière, capable d'utilisation ! Elle a sa part à jouer à un premier stage d'évolution.

Sans aucun doute, les égos incarnés dans les hordes des Zoulous, qui n'hésitèrent pas à marcher à une mort certaine au commandement de Chaka ou Cetewayo, acquièrent là des qualités d'obéissance, de contrôle de soi et de sacrifice, qui leur seront valables dans des naissances futures au milieu d'entourages où elles pourront servir à un plus rationnel usage ; et c'est au niveau de développement des Zoulous que la guerre est appropriée et convient. Les mêmes leçons, pourtant, sont nécessaires à beaucoup de ceux qui ont obtenu naissance dans des races plus élevées que celle des Zoulous ; et, sans diminuer d'un iota notre horreur de la cruauté et de l'insanité de la guerre, nous pouvons pourtant admettre qu'une telle dévotion à l'idée abstraite de patriotisme qui conduira un homme à être prêt à mourir pour elle, signifie une avance distincte sur l'attitude normale des classes d'où nos communs soldats sont principalement tirés.

Ceux qui sont en étroit contact avec notre population agricole ne peuvent avoir manqué aussi de remarquer le changement que l'instruction militaire ou navale fait en le jeune homme — comment de lent à la parole et à la compréhension, il devient alerte, adroit, plein de ressources et de respect de soi. Malheureusement, il prend quelquefois en même temps d'autres et moins désirables habitudes, mais au moins il est moins animal et plus humain.

Il n'y a cependant pas de raison pour qu'un excellent système entraînement physique ne soit pas universellement adopté, même quand la paix règne, suprême ; de telle sorte que nous puissions gagner tous le bénéfice qui est jusqu'à présent réservé à ceux qui sont engagés dans l'armée et la marine; sans la coupable et ridicule perte de vies et d'argent des guerres actuelles. Un pas dans cette direction est déjà fait par l'admirable organisation appelée les *Boy Scouts* et il est à souhaiter avec ferveur que celle-ci se répande dans le monde entier, pour que ses bienfaits soient partagés par tous.

Aussi terrible et mauvaise qu'elle soit, la guerre quand elle éclate (c'est quand elle ne peut plus être évitée) est toujours utilisée et tournée en une sorte de bien compensatoire par les Autorités qui se tiennent derrière. Elle est quelquefois employée aussi comme une alternative de quelque chose de pis encore; ou une plus petite guerre est faite dans le but d'en éviter une plus désastreuse.

Le côté caché du combat actuel est peut-être moins remarquable qu'on peut s'y attendre. Les sous-formes produits par les décharges d'artillerie et par l'incessant bruit des fusils, sont naturellement de nature saisissante, mais aussi loin qu'on envisage le monde astral, une masse de confusion houleuse est la principale caractéristique dans le voisinage du champ de bataille.

Beaucoup d'aides invisibles viennent, pendant une bataille recevoir les morts et leur fournir toute assistance de laquelle ils peuvent avoir besoin. Mais, prenant l'ensemble, il y a beaucoup plus de sentiments excités sur la guerre dans les âmes des gens du pays et les familles que dans celles des soldats qui actuellement y prennent part.

CATASTROPHES

De temps en temps, de grandes catastrophes autres que la guerre frappent le monde. Deux cent mille personnes périssent soudainement dans un tremblement de terre à Messine; quel est le côté occulte d'un tel fait? La vue intérieure nous aide à regarder de façon plus compréhensive de tels évènements, et tout en ne plaignant pas moins les souffrants, nous évitons le sentiment de débordante horreur et d'épouvante qui paralyse beaucoup de gens en pareille occasion. Pensons avec calme, analysons ce qui arrive réellement en ce cas. Deux cent mille personnes furent soudain délivrées du fardeau de la chair. Sûrement, nous n'avons pas besoin de les plaindre. Nous ne pouvons pas parler d'eux comme martyrs, car ils ont été enlevés soudainement et sans douleur dans une vie plus haute et plus heureuse; et, dans une telle catastrophe, il y a en réalité moins de souffrance que relativement à beaucoup de cas isolés de mort.

La souffrance causée par une mort soudaine n'est jamais pour le mort, mais pour sa famille qui, ne comprenant pas les faits de la mort, croient l'avoir perdu. Mais, précisément, dans une grande catastrophe de cette nature, peu sont laissés pour pleurer les autres, car les familles, dans un certain rayon, sont presque toutes détruites. Les parents directs, dans la plupart des cas, meurent ensemble, et, ceux qui restent pour pleurer sont des parents plus éloignés, fixés dans de lointains districts.

Quelques victimes, c'est hors de doute, souffrirent terriblement : hommes qui furent blessés et laissés des journées attendant du secours; d'autres, qui furent enfermés sous des amas de ruines où ils étouffèrent, ou encore moururent de faim. Vers ceux-ci vraiment peut aller notre plus vive sympathie. Rappelons pourtant qu'ils ne peuvent avoir été nombreux — moins nombreux que ceux qui meurent de faim chaque semaine dans les grandes capitales comme la cité de Londres, car l'inanition n'est pas seulement le manque absolu de nourriture pendant un certain nombre de jours. Un homme qui n'a pas suffisamment d'aliments, ou qui a de mauvais aliments ne contenant pas assez de principes nutritifs pendant toute une période d'années, meurt de faim aussi sûrement que celui qui, pendant un certain nombre de jours, n'a pas de nourriture du tout; et la souffrance est bien plus prolongée dans le premier cas que dans le dernier.

Mais on peut dire encore : dans ce tremblement de terre beaucoup de gens demeurèrent sans toit et furent privés de leur ordinaire ration de nourriture — tout ceci créa de la souffrance. C'est vrai, et à tous ceux-ci encore peut s'étendre notre plus cordiale sympathie. Nous savons d'ailleurs que le monde entier compatit ; et du point de vue occulte, de loin, l'effet le plus important de ce tremblement de terre fut la grande vague de sympathie et de pitié qui de tous les points habitables du globe où la nouvelle fut portée, vint s'abattre sur le lieu éprouvé.

Ce n'est pas la mort que nous devons regarder comme un mauvais sort, notre savoir Théosophique nous a appris au moins cela. Ce n'est jamais la mort que nous devons plaindre, mais le vivant qui souffre encore dans toutes les entraves de cet étrange plan physique.

À ceux dont la conscience ne connaît pas d'autre monde, il semble terrible de l'avoir quitté ; un homme dont la vue erre librement dans des mondes plus hauts, sait, avec une certitude vivante et inébranlable, que si l'on considère le bonheur seul, le plus heureux moment pour chaque homme est celui où il s'échappe de ce monde dans la plus vaste et plus réelle vie au-dessus.

Accordons que notre vie ici est une nécessité, que nous avons un développement à faire qui ne peut être fait que sous ces dures conditions, c'est pour cette raison que notre vie physique est nécessaire ; nous y entrons comme un homme quitte sa maison pour quelque tâche déplaisante qu'il sait néanmoins devoir être accomplie. Plaignez de tout cœur le pauvre être qui est exilé de cette vie plus haute, mais ne perdez pas votre chagrin sur ceux qui ont enfin rejoint leur maison, la gloire, la beauté, le repos.

Vue du monde physique, chaque chose est dénaturée parce que nous percevons d'elle seulement une infime partie, que nous nous entêtons avec une étrange stupidité à prendre pour le tout. L'Occultisme nous en fait découvrir une plus belle proportion et fait de notre vie une perspective ; ainsi, tout en ne manquant pas de sympathie pour tous ceux qui souffrent, nous apprenons que ceux qui ont le plus besoin de notre sympathie ne sont pas ceux à qui le monde, sans discernement, prodigue la sienne.

Tous les mondes, semblablement, sont des parties de la grande Divinité Solaire; "en Lui nous vivons et nous mouvons, et avons notre être", et puisque nous ne pouvons tomber loin de Sa présence, ni échapper à Sa main conductrice, qu'importe tout le reste?

CHAPITRE XII

PAR LES ÊTRES INVISIBLES

LES GENS SENSIBLES

L es évènements occasionnels que nous avons jusqu'à présent examinés, sont de ceux qui peuvent arriver dans la vie de presque chacun. Il y a une autre classe d'évènements occasionnels qui arrivent seulement à un certain type de gens; mais ils exercent sur ces gens une influence si grande qu'elle ne peut être mesurée sur-le-champ; elle est assez grande, souvent pour altérer le cours entier d'une vie. Il y a parmi nous ceux qui sont plus sensibles que la majorité des hommes; qui ont des songes, des visions, et à eux ces visions sont le fait le plus important de la vie. Naturellement aussi, ces gens sont attirés par l'étude de l'occultisme, de telle sorte que parmi nos lecteurs, leur proportion est vraisemblablement beaucoup plus grande que dans le monde, où l'on n'a aucun souci de ces choses. À ces visions aussi, il y a un côté caché qu'il est très important d'étudier.

Les visions sont de plusieurs sortes — les unes triviales et sans importance, d'autres profondément intéressantes et productrices d'effets atteignant très loin ceux qui les expérimentent. Dans quelques cas, leur genèse est évidente; dans d'autres, des associations curieuses et inattendues jouent leur rôle et une quantité de motifs tout à fait séparés peuvent se combiner pour produire ce qui semble être une seule histoire.

Comme j'ai écrit plusieurs livres sur les conditions du monde astral, il arrive assez fréquemment que des personnes ayant eu des expériences psychiques ou visions qu'elles n'ont pas pleinement comprises, m'envoient des récits et me demandent si mon expérience touchant ces lignes suggère quelque explication. Il n'est pas toujours facile de répondre à de telles lettres ; non pas qu'il y ait d'habitude aucune difficulté à formuler une hypothèse qui s'appliquerait aux circonstances, mais parce qu'il y a trop de telles hypothèses. Presque chaque expérience décrite pourrait aussi facilement avoir été produite de l'une quelconque de six façons différentes, et sans entreprendre une investigation spéciale et détaillée, il est souvent impossible de dire laquelle de ces méthodes fut employée dans un cas particulier. Naturellement, très peu parmi les centaines de cas soumis, sont d'intérêt général suffisant pour justifier une telle dépense de temps et de force. Mais, de temps en temps, une se rencontre, qui est spécialement caractéristique, un si bon exemple de son type, qu'une analyse d'elle puisse d'une manière concevable être utile à beaucoup d'autres gens ayant traversé similaire expérience.

UN CAS REMARQUABLE

Une dame vint me voir récemment et me fit un récit d'une vision longue et compliquée, ou série de visions jointes à d'impressives expériences, qui avaient laissé derrière elles un résultat permanent. Pour comprendre ce qui était réellement advenu, une certaine quantité d'investigations était nécessaire, au cours desquelles il devint évident que plusieurs facteurs distincts étaient entrés en jeu pour produire les curieux effets décrits. Chacun de ces facteurs devait être suivi à la trace, séparément, jusqu'à sa source, et je pense que les étudiants peuvent difficilement manquer d'être intéressés par l'examen de la manière dont ces causes indépendantes et sans relation travaillaient à produire un ensemble quelque peu saisissant.

Je donne ici un abrégé de l'histoire qui me fut envoyée, employant en plusieurs cas les mots exacts du narrateur, mais condensant autant que je le puis sans perdre l'esprit et le style de l'original. Il faut expliquer que la dame n'étant plus satisfaite par les doctrines religieuses de son enfance, avait commencé l'étude des religions comparées, lisant plusieurs livres Théosophiques, parmi lesquels la *Doctrine Secrète*. Elle désirait très ardemment connaître la vérité, et faire tous les progrès qui lui seraient possibles. Dans le courant de sa lecture, elle arriva au livre de Swami Vivekananda sur la Raja Yoga et pratiqua les exercices respiratoires qui y sont recommandés. Le résultat fut qu'elle développa rapidement une sorte de clairvoyance et commença à écrire automatiquement. Pendant environ cinq jours, elle s'abandonna à ses pouvoirs astrals, écrivant pendant la journée tout ce qu'ils désiraient.

Elle semblait fortement opposée à l'idée de la peine capitale, et avait ressenti grande sympathie et pitié pour un meurtrier récemment exécuté dans son voisinage. Parmi d'autres êtres, ce meurtrier vint, communiqua, et amena avec lui d'autres hommes de la même trempe. Elle fit les plus ardents efforts pour aider ces gens, essayant de toutes les façons possibles de leur donner espoir et réconfort, et tâchant de leur apprendre autant de Théosophie qu'elle en savait. Elle s'aperçut bientôt cependant que le meurtrier la dominait et l'obsédait, et qu'elle était incapable de le chasser. Son cas devint rapidement pire, sa vie et sa raison penchèrent dans la balance. Pendant un temps assez long, aucune inspiration, aucun effort n'adoucirent ses souffrances, quoiqu'elle priât continuellement de toute son âme.

Enfin, un jour, elle devint consciente de la présence d'un autre être qui lui apportait du soulagement. Il lui dit que la prière de son esprit avait été reconnue, qu'il avait été désigné comme son "guide"; qu'à cause de son développement spirituel et de la puissance qu'elle avait montrée en prière, elle était considérée comme donnant les plus grandes espérances, et allait devenir le vase d'élec-

tion des plus rares faveurs. En fait, il en dit tellement sur sa remarquable position et la reconnaissance qu'elle avait gagnée, qu'elle
demanda avec étonnement :

"Qui suis-je donc ?
— Vous êtes Bouddha, fut la renversante réplique.
— Et qui êtes-vous, vous-même ? demanda-t-elle.
— Je suis le Christ, répondit-il, et je m'occuperai désormais
    de vous."

Ici, notre correspondante montra son bon sens, et sa grande
supériorité sur la majorité de ceux qui reçoivent semblables communications, en refusant absolument de croire ces étonnantes
déclarations, mais elle accepta néanmoins la direction (et l'enseignement sur d'autres points) de l'être qui émit ces étourdissantes
prétentions. Il lui dit alors qu'elle allait passer par une initiation, et
que si elle réussissait, elle serait admise au "Concile du Ciel", réuni
pour décider si le monde devait être détruit sur l'heure, ou si un
autre effort devait être fait pour son salut. Il la pressa de hâter sa
mise en état d'assister à ce meeting, pendant que le sort du monde
était encore dans la balance, de telle sorte qu'elle puisse donner sa
voix en faveur du salut. Son attitude d'esprit était assez curieuse ;
elle n'acceptait certainement pas ces extravagantes revendications,
mais tout de même croyait à moitié qu'une grande œuvre devait
être accomplie, consentit à continuer l'épreuve, se soumit à la direction de l'être qui l'avait délivrée de l'obsession.

Comme préliminaires à l'initiation, elle fut conduite à mettre
un lit, dans une chambre dont elle put fermer la porte à clef, pour
s'étendre et s'installer confortablement. Le guide, alors, lui dit de
respirer suivant la manière enseignée par Vivekananda. Il lui dit
que ses efforts précédents avaient élevé le serpent-feu au plexus solaire et que maintenant elle devait l'élever au cerveau — processus
dans lequel il l'aiderait et la dirigerait.

Elle décrivit les sensations qui suivirent comme ressemblant exactement au travail d'une femme qui enfante, à cette exception que la douleur était le long de l'épine dorsale, et qu'il semblait que la naissance dût avoir lieu dans le cerveau. Plusieurs fois ses souffrances furent si torturantes qu'elle se désespéra et fut sur le point d'abandonner la lutte, mais le guide semblait fort anxieux et toujours l'implorait de ne pas céder, mais de traverser l'épreuve jusqu'à bonne fin. Il planait au-dessus d'elle, encourageant, dirigeant, aidant, comme un médecin ou une infirmière, faisant tout ce qu'il pouvait pour aider la naissance. Enfin, elle réussit, et elle affirma que la naissance lui sembla une chose aussi définie et aussi réelle que celle d'un de ses propres enfants. Quand ce fut terminé, le guide fut grandement soulagé et s'exclama "Dieu merci, c'est fini".

Cette extraordinaire expérience n'était cependant que le prélude d'une longue série de merveilleuses visions qui durèrent douze jours complets de notre temps physique. Ces visions étaient partie d'un caractère directement personnel, partie de nature d'instruction générale — souvent incohérentes et indescriptibles, quoique toujours intéressantes et impressives. La part personnelle consistait en ses rapports avec le soi-disant "Concile du Ciel" et le résultat de ses manières d'agir avec lui, et comprenait aussi de curieuses visions symboliques dans lesquelles des personnes bien connues d'elle dans la vie physique semblaient jouer le rôle du monde qu'elle essayait de sauver, et de l'ennemi du genre humain Satan, ange déchu, qui lui résistait. Elle remarqua pertinemment que ceci était le plus étrange puisque depuis de longues années elle avait dépassé toute croyance en un démon personnel, ou en la nécessité de ce qui est ordinairement appelé "salut".

L'instruction générale était largement Théosophique dans son caractère et avait trait principalement aux stages de la création et à l'évolution des diverses races-racines. Elle décrit le premier stage comme suit :

"Je contemplai alors une merveilleuse vision. En premier, au cœur de l'obscurité, je vis une vaste Obscurité, qui semblait courir et couver depuis des âges. Alors, un léger mouvement commença, comme si c'eût été le rêve faible encore de cette grande obscurité. Peu à peu, le mouvement s'amplifia jusqu'à ce qu'enfin une pensée définie semblât s'en dégager. Puis des formes constamment changeantes apparurent. Tout était chaos. Les formes même étaient au centre du chaos et le travail de l'Univers était terrible. Tout était un. Il semblait que l'effort pour dégager l'ordre et faire de tant de formes une unité, démontrât au-delà de tout doute que tout était fait par Un Grand Être, et que la souffrance et la responsabilité étaient sentis par Lui seul. Ceci continua pendant longtemps avec une autre expression de création, avec des résultats agrandis et une invariable solennité.

Je ne sais pas quand je commençai à voir des âmes. Cela doit avoir été assez tôt dans la merveilleuse exhibition, car je me rappelle très distinctement comment, serrées, elles gisaient partout, au cœur du chaos et au cœur des formes. Dans la continuelle vibration de cette merveilleuse évolution, ces âmes étaient englouties dans les formes, lesquelles, de nouveau, changeaient en âmes. Ces âmes avaient la forme d'œufs, et de toutes tailles, depuis les plus petites jusqu'aux plus grandes, mais aucune aussi grande que ce que je vis plus tard dans une merveilleuse suite.

Après un temps, le panorama des merveilles changea et le monde prit une forme familière à mon mode de pensées. Symbole après symbole passa, contenant toute l'histoire et la mythologie. Je ne me souviens que de peu maintenant, mais un servira d'explication.

Je vis une vache, de proportions immenses, presque aussi grande qu'une de nos montagnes. Une échelle était placée contre elle, et un homme y grimpait doucement et laborieusement échelon par échelon. Il représentait l'Humanité. Quand, enfin, il atteignit son dos, il fit un effort en avant et empoigna ses deux cornes. L'Humanité réclamait les produits et la libéralité de la terre pour tous, non pour quelques-uns seulement. Mon guide appelait la vache "La vache de Déméter". Ma lecture des classiques m'avait enseigné que Déméter représentait la terre."

C'est apparemment à ce stage qu'elle fut introduite au "Concile du Ciel". Elle vit qu'il consistait en un petit nombre de colossales figures assises en demi-cercle. Les membres semblaient sans indulgence pour le monde, et décidèrent qu'il serait détruit, mais elle supplia ardemment qu'une autre chance soit donnée à l'humanité, disant qu'elle avait vécu et était morte plusieurs fois pour le monde, et qu'elle était prête à se dévouer une fois de plus à son service. Son guide lui dit après, qu'elle n'avait pas idée en ce monde physique de ce qu'elle avait été éloquente dans sa plaidoirie à cette occasion. Il semble y avoir eu quelques différences d'opinion dans le Concile, mais, à la fin, la majorité céda à sa prière et promit d'envoyer aide à elle et à son guide afin qu'ils puissent travailler pour le monde. (Un examen de la vérité cachée derrière cette remarquable vision du "Concile du Ciel" fut un des traits les plus intéressants de l'investigation sur laquelle j'écrirai plus tard.) Après ceci, les visions semi-théosophiques étaient résumées. Une fois de plus, je reproduis les mots de sa lettre :

"Cette nuit, d'autres visions succédèrent, mais l'histoire de la symbologie changea. Je vis une vallée dans laquelle gisait la race humaine, et sur elle flottait un essaim d'êtres vêtus de blanc, mais la blancheur ne rayonnait aucune lumière. L'humanité était triste et pleine d'ombre. Je me précipitai pour les éveiller, mais, à mon approche, les figures vêtues de blanc se jetèrent en groupes déterminés, forts et puissants, pour m'empêcher d'accomplir mon dessein. Je reconnus que c'étaient des esprits décevants, désignés par eux-mêmes comme instructeurs et prédicateurs de la terre, et que résolument ils abattaient et maintenaient en bas la pauvre humanité éblouie et pleine d'ombre. Mais comme je regardais, je vis ici et là une âme s'éveillant parmi la multitude humaine. Comme cette âme s'éveillait, elle devint lumineuse, de même que, par une lumière venant de l'intérieur, en même temps elle se redressait de sa position inclinée et commençait à se mouvoir au-dessus du monde endormi, essayant d'en réveiller d'autres. Je semblais me tenir sur une montagne distante, mais je pouvais voir distinctement quand une âme commençait à s'éveiller et à briller ; et avant que la vision s'efface, beaucoup de ces lumières rayonnantes semblaient éclater ici et là ; même une clarté dorée, semblable aux rayons du soleil, commençait à dorer les sommets des monts environnants, et les formes vêtues de blanc, à mesure qu'augmentait cette radiance dorée, s'enfuyaient. Cependant, elles continuèrent d'énergiques efforts pour neutraliser mes tentatives d'aider le monde ou de vivre ma vie.

Toute la nuit, les visions continuèrent, mais celles qui eurent lieu vers le matin sont vagues. Mon guide m'éveilla, me dit de me lever, de prendre une tasse de café et de me ressaisir, tellement j'étais dans l'esprit de me trouver sur le point de quitter complètement le corps. Quand j'eus obéi, je me trouvai éblouie. Tout le temps pendant lequel je m'efforçai de faire du feu et de préparer la tasse de café, mon guide fut présent, et je fus consciente de la plus merveilleuse condition. Des Anges semblaient m'entourer et chanter des hymnes de remerciements. C'était le matin des Actions de Grâces et la précédente inclémence du temps avait fait place à l'apaisement. J'ouvris la porte et je tournai mon visage vers le sud-ouest. Je me sentis entourée d'Êtres célestes et chantai avec eux un merveilleux hymne de reconnaissance. Cela ressemblait à l'Assomption de la Vierge-Mère, à l'immaculée Conception — la naissance et la présence du prodigieux Enfant tout à la fois. Une odeur particulièrement rafraîchissante, mais peu familière, pénétrait l'atmosphère. Mon guide dit que les Anges brûlaient de l'encens. Plus tard, dans la journée, mon guide me dit encore d'aller au lit.

La vision fut la plus étonnante qui soit. De nouveau, je contemplai la création, mais, cette fois, ce fut différent. Je vis les races dans le total. Comme elles apparaissaient et s'évanouissaient, mon guide disait solennellement : "Et le soir et le matin furent le premier jour. Et le soir et le matin furent le second jour", etc. Comme quoi, bien que je ne puisse plus maintenant l'expliquer tout en ayant senti que je le comprenais au moment — la 5e Race naquit le quatrième jour et semblait être d'une importance spéciale. Mon attention particulière fut appelée sur cette naissance, car la 5e Race humaine était étendue toute prête dans les mains d'un grand Être et me fut présentée pour l'observer. Dans cette vision, je vis que jusqu'à la 5e Race l'espèce humaine était de toutes sortes. Les uns étaient grands, les autres petits. Le chaos prévalait et il y avait peu d'ordre, où que ce soit dans l'univers humain. Mais, après la naissance de la 5e Race humaine, je vis que tout était devenu égal, et que tout travaillait en parfaite harmonie. Je vis aussi à ce moment que la race prenait une forme solide, comme une phalange, la forme, cependant, étant circulaire, et qu'une bande était glissée autour de la masse entière, de telle sorte qu'aucun homme ne pouvait s'échapper de cette bande-lien. Le passage de la race fut marqué par la soudaine transformation de toute la race humaine en la forme de l'âme : la forme d'œuf.

Dans la 6e Race, le développement était très accentué vraiment. Les individus étaient égaux, mais beaucoup plus grands que dans la 5e Race. La tendance de la race entière était beaucoup plus élevée et le mouvement s'était grandement accéléré. À quelque moment, vers la fin de la 5e ou le commencement de la 6e — je ne puis me rappeler exactement quand — je vis de nouveau la lumière du soleil dorer les pics. La race émergeait de l'ombre dans la lumière et la tendance en avant et plus haut s'accentuait de plus en plus rapidement. Alors, l'heure ayant sonné, une fois de plus les œufs demeurèrent ensemble, juste comme des œufs dans un nid, mais ils étaient innombrables.

Ici, mon guide me laissa. Il dit qu'il ne pouvait plus continuer avec moi, que je devais aller seule et interpréter pour moi-même le sens de mes visions. Il m'avertit de prendre garde de ne pas abandonner ma vie, car de ma traversée victorieuse sans l'abandon de ma vie, dépendait mon succès et le salut du monde pour lequel tout ce que nous avions vu avait été fait. En d'autres termes, je me crois traversant une terrible épreuve pour le salut du monde.

Comme je contemplais le développement de la Race, je semblai vraiment monter à d'inimaginables altitudes. La bande que j'avais vue la première fois liant la 5e Race entourait avec force la 6e et la 7e. Elle était devenue impossible à briser. Comme je regardais les visages des hommes de la 7e Race, je vis que, graduellement, ils brillaient avec de plus en plus d'éclat, d'une lumière intérieure. Leur radiante ne venait plus du dehors, mais chacun était une brillante, vivante, éblouissante lumière. Mon corps était alors extrêmement fatigué, et, quand vint le soir, j'implorai du repos. Mais ce repos ne me fut pas accordé. Je fus soumise à plusieurs expériences.

Quelques-unes furent terribles et demandèrent le plus grand déploiement d'efforts dont j'étais capable pour arriver à les supporter. Quelle était la nature de tout ceci, je ne le sais. Je sais seulement que je promis de donner le message de Dieu, envers et contre tout, sous les conditions même les plus terribles s'Il les imposait. Mais les épreuves furent effroyables. À un certain moment, je refusai les visions, bien qu'elles devinssent de plus en plus belles. Elles cessèrent alors, et il me sembla me trouver au pouvoir de Satan. (J'ai personnellement repoussé tous ces termes orthodoxes, mais ils devenaient de nouveau réels dans les visions.)

Pendant un moment, je crus qu'en punition de ma perversité, ou plutôt comme résultat de cette faute, j'avais perdu tout. L'affreuse crise avait passé. Le monde était perdu, à cause de ma défection, et maintenant, il me semblait que ce n'était pas seulement *ce* monde, mais l'Univers. Combien je priai et je luttai alors ! Avant que tout puisse être rétabli, je promis non seulement de donner ma vie, mais la vie de mes enfants, et même la véritable "vie de mon âme", si besoin était, pour le salut du monde.

Je ne puis m'attarder ici. Vers le matin, un souffle merveilleux vint dans mon corps, circulant du haut en bas de mon épine dorsale, comme s'il n'y avait absolument aucune obstruction physique dans mon corps, comme s'il respirait ou coulait à travers moi, il chanta une merveilleuse, divine, antienne, et finit par une prodigieuse union, dans laquelle je me sentis pleinement unie à Dieu. Ce fut un état qu'il serait fou d'essayer de décrire.

Pendant ce temps je contemplai une nouvelle série de visions — toutes de gloire. Il n'y avait aucune forme dont je puisse me rappeler, mais gloire après gloire de "couleur", chacune plus brillante et plus magnifique que la précédente. À la fin, ce fut un merveilleux violet, et comme il rayonnait sur moi, une indescriptible gloire, on me dit que je pouvais avancer et voir Dieu, si je le voulais. Je demandai si de là je pourrais revenir, et il me fut dit que si j'allais plus avant, je ne pourrais plus revenir. Je dis alors une fois de plus, comme je l'avais fait dans une centaine d'autres épreuves Je dois vivre pour sauver le monde. Et comme je disais ceci et refusais d'aller plus avant, le soleil se levait sur le monde, où j'étais alors consciente ; je levai les yeux vers ma splendide vision, trouvant le soleil bien terne, et la vision graduellement s'effaça. Juste quand, je ne saurais le dire, mais à peu près à ce moment, je fus étendue sur une croix pendant la nuit, placée dans un sépulcre, et je crus que mon corps était mort. Mon cœur physique, pensai-je, était arrêté, et la souffrance que j'endurai fut torturante. Mais la béatitude de mon âme dans les plus hautes visions fut aussi grande que fut la souffrance de mon corps dans les épreuves sacrificatoires.

Après ceci, je ne dois plus tenter aucun effort de description. Je ne puis réellement dire les choses étranges qui m'arrivèrent, d'ailleurs elles ne sont pas claires dans ma mémoire. Une des idées fut que j'étais mise en préparation pour l'œuvre que j'avais à faire ; une autre, que si je semblais entendre et être une part de cette œuvre, involution aussi bien qu'évolution. Peut-être cela représentait-il les expériences de l'âme se préparant à l'incarnation.

Quand, enfin, je sortis de tout cela, je trouvai ma famille accablée de douleur autour de mon lit. Ils avaient pensé que j'allais mourir. Depuis le commencement de cet état anormal jusqu'à la fin, douze jours s'étaient écoulés, et pendant cinq jours et cinq nuits, je n'avais pas dormi. Le dernier jour, j'avais cru moi-même qu'après tout je n'étais pas pour vivre plus longtemps en ce monde, et quand je m'éveillai à la pleine et normale conscience, la voix que j'avais entendue si mystérieusement s'évanouit peu à peu, comme firent les visions, et ni les unes ni les autres ne me sont revenues depuis.

Mais, depuis lors, j'ai été consciente d'une nouvelle vie spirituelle, et dans la méditation, j'atteins un état bienheureux, et je suis sure que quelque merveilleuse chose m'est arrivée."

L'EXAMEN DE LA CETTE VISION

Il faut bien comprendre que les extraits ci-dessus sont seulement une petite partie des visions décrites par notre correspondante, mais je pense que j'ai donné d'elles un large échantillon, et que je n'ai omis aucun point d'intérêt spécial.

N'importe qui est accoutumé à analyser les phénomènes psychiques verra immédiatement dans ce récit plusieurs traits qui le différencient de la moyenne. Beaucoup de visions, quand bien même tout à fait travaillées et détaillées, et intensément réalistes au voyant, prouvent à l'examen qu'elles sont entièrement créées par le voyant lui-même. Je veux dire qu'un homme forme d'abord en son esprit l'image d'un sujet suivant certaines lignes, créant par là même une série de formes-pensées ; il en vient alors à sortir de son corps, en sommeil ou en transe, voit ses propres formes-pensées sans les reconnaître comme siennes, et les suppose être des actualités au lieu d'imparfaites réflexions. De la sorte, il est fermement confirmé dans sa croyance singulière ou superstition, quoi qu'elle arrive à être, parce que lui-même l'a vue en une vision qu'il considère certainement comme céleste. Un tel homme est, bien entendu, parfaitement sincère en sa conviction, et même parfaitement juste en disant qu'il a vu certaines choses ; le point faible est qu'il n'a pas entraînement qui l'aurait rendu apte à distinguer la nature de ce qu'il a vu. Dans le cas qui nous occupe, il y a différentes petites touches qui n'ont très vraisemblablement pas été les pensées de la voyante, et il est d'une évidence considérable qu'un esprit différant beaucoup du sien doit avoir été responsable d'une grande partie de ce qui fut vu.

Comme notre correspondante était anxieuse de comprendre la genèse de ses visions, et comme leur histoire promettait des traits quelque peu inaccoutumés, il semblait que cela valut la peine de faire une investigation définie dans l'affaire.

La dame nous envoya un rapport, et il fut plus tard reconnu nécessaire d'examiner les clichés astrals et mentals qui s'y rapportaient ; et de la sorte vérifier ce qui lui était réellement arrivé. Il devint bientôt évident que plusieurs facteurs distincts entraient dans l'affaire, et que c'était seulement en débrouillant patiemment les fils et en suivant chacun jusqu'à sa source qu'on arriverait à voir clairement les causes. Exposons le cas brièvement :

Cette dame, comme l'ont fait des centaines d'autres gens, s'était mise en trouble sérieux par un usage mal avisé des exercices respiratoires. Ses efforts désespérés pour échapper au résultat de ces exercices attirèrent l'attention d'un homme mort qui était assez fort pour lui être de quelque utilité. Mais cet homme avait des buts à lui, à atteindre ; buts qui n'étaient pas sciemment égoïstes, mais dépendants d'une curieuse erreur de vue personnelle — comme il l'aidait, il réalisa qu'il avait là ce qui pouvait être un instrument puissant pour l'avancement de ses desseins. Il modifia promptement son schéma, lui donna la part proéminente et la poussa dans des expériences que sans lui elle n'aurait probablement jamais eues avant plusieurs incarnations encore.

Beaucoup de ce qui résulta n'était évidemment pas du tout ce qu'il attendait, bien qu'il essayât bravement de tourner tout en avantages. En dernière analyse, il la lâcha, partie parce qu'il était alarmé de la tournure que prenaient les choses, partie parce qu'il commençait à voir qu'il ne pouvait pas l'utiliser tout à fait comme il l'avait espéré. La conséquence de l'aventure tout entière, autant qu'elle concerne notre correspondante, a été bonne, mais c'est par une grande chance dont elle ne pourra jamais être trop reconnaissante, car les risques étaient énormes et, suivant tout calcul ordinaire, il y avait à peine la plus petite possibilité qu'elle sorte d'une telle expérience avec sa vie et sa raison intactes.

Pour saisir tout ce qui arriva, nous devons, en premier lieu, essayer de comprendre quelle sorte d'homme était ce "guide" et comment il en vint à être ce qu'il était. Pendant la vie physique, il avait été un petit métayer, homme doux, mais ignorant, fanatiquement religieux, dans une manière protestante, étroite. Sa seule littérature était la Christian Bible sur laquelle il avait les yeux fixés tous les longs soirs d'hiver, à un point tel que sa vie entière devint saturée des conceptions qu'il avait de ses enseignements. Inutile de le dire, ses conceptions étaient habituellement erronées, souvent assez grossièrement matérielles pour être comiques, mais l'homme était si parfaitement sérieux qu'il était impossible de se moquer de lui.

Il vivait dans la partie la moins peuplée de la contrée, et comme il ne trouvait pas en ses peu nombreux voisins de sympathie pour ses vues religieuses, il devint de plus en plus reclus à mesure que passaient les années ; vivant frugalement du produit d'une petite partie de sa ferme, se consacrant avec une ardeur croissante à l'étude de son seul livre. À force de nourrir la même idée constamment, il arriva à un état de monomanie religieuse dans laquelle il vint à se croire le sauveur élu du monde, le Christ destiné à offrir au monde une fois de plus la chance du salut que deux mille ans auparavant il n'avait reçue que partiellement. Un trait proéminent de son dessein était d'arracher à leurs fausses croyances les vastes masses de l'humanité non chrétienne ; et il avait l'idée que ceci ne devait pas être fait suivant les voies ordinaires des missionnaires, mais à travers l'influence de ses propres grands guides. Ce fut cette partie de son programme qui l'engagea à prendre un si vif intérêt à notre correspondante, ainsi que nous le verrons plus tard. Pendant qu'il était encore pleinement possédé par ces erreurs religieuses, le digne fermier mourut. Assez naturellement, sa vie astrale fut une simple continuation de sa vie physique, élevée ainsi à un plus haut pouvoir. Il se trouva bientôt au milieu des indigestes formes-pensées de la Jérusalem dorée, coin spécial duquel il semblait avoir modelé pour lui-même suivant son idiosyncrasie. Le résultat de ses efforts pour visualiser les descriptions données dans l'Apocalypse était quelquefois ingénieux et original. Je remarquai spécialement son image des quatre-vingts vieillards saluant, perpétuellement en adoration devant le trône, et lançant aux pieds de la divinité leurs couronnes d'or qui s'élevaient immédiatement du sol et revenaient d'elles-mêmes sur leurs têtes, uniquement pour être jetées encore. Sa "mer de verre mélangée de feu" n'était pas très réussie et ressemblait plutôt à quelque extraordinaire et magique produit d'une éruption volcanique. Son image de Dieu était tout à fait conventionnelle — un vieil homme à l'air sévère, avec une longue barbe blanche. Dans sa jeunesse sur la terre, il avait certainement eu du Christ une pensée-image, l'habituelle impossible combinaison d'un crucifix et d'un agneau portant un drapeau, mais plus tard, quand il fut persuadé qu'il était lui-même le Christ, cette figure n'étant plus fortifiée était devenue peu évidente et inactive.

C'est parmi ces formes-pensées de lui, que nous avons à chercher pour le "Concile du Ciel" qui joue un rôle dans la vision de notre correspondante, et la constitution de ce Concile s'avère intéressante et instructive. L'idée semble, à l'origine, avoir été que le Concile fut une sélection d'environ dix des plus importants caractères bibliques (Elie, Moïse, Pierre, etc.) représentés par de colossales figures siégeant en demi-cercle sur des chaises d'apparence inconfortables à hauts dossiers dorés lesquels sièges, bien que supposés être des trônes célestes, dérivaient manifestement d'un souvenir imparfait de la chaire de quelque cathédrale gothique. Le dieu lui-même présidait leurs délibérations.

A l'origine, les membres de ce Concile n'étaient évidemment que des formes-pensées, mais, au moment où notre enquête nous mit en contact avec eux, plusieurs avaient été saisis et animés par des êtres vivants, et cette animation introduisait quelques nouveaux et intéressants facteurs. Deux de ces êtres étaient des hommes morts, tous deux gens religieux, chacun travaillant suivant son propre point de vue. L'un était un homme d'extraction germanique qui pendant sa vie sur la terre, avait été cordonnier — homme simple et ignorant, un peu semblable au fermier. Lui aussi avait étudié assidûment la Bible, lui aussi était un rêveur de rêves vagues et mystiques ; lui aussi sentit qu'il avait une révélation ou interprétation spéciale à offrir au monde — quelque chose de plus rationnel toutefois que les idées du fermier. Il en était venu à sentir que la vérité essentielle du Christianisme gisait dans l'union mystique du Christ et de son épouse céleste l'Église. Pour lui, le Christ était bien moins le personnage historique des Évangiles que le vivant esprit de l'Église, et la tâche du vrai chrétien était d'éveiller au-dedans de lui-même l'esprit du Christ. Le message dont l'humanité avait besoin, pensait-il, était la possibilité et le devoir pour chaque homme de devenir un Christ — message qui lui semblait si clair et si simple qu'il lui suffisait d'être délivré pour commander l'instante attention et ainsi sauver le monde du péché et l'élever immédiatement dans la lumière de la vérité. Il avait commencé à prêcher dans ce sens étant encore sur la terre, mais il mourut avant d'avoir fait beaucoup pour la conversion de l'humanité.

Arrivé dans le monde astral, il fut aussi ardent que jamais à répandre ses vues et, ayant rencontré le fermier, il lia amitié avec lui. Ils avaient beaucoup en commun et chacun sentait que l'autre pouvait l'aider dans la poursuite de ses desseins. Le cordonnier ne reconnaissait pas le fermier pour le seul Christ, mais il lui appliquait sa théorie et le considérait comme une personne en qui l'esprit du Christ était exceptionnellement développé. Le fermier ne comprenait que vaguement l'idée centrale du cordonnier, mais il réalisait qu'il avait trouvé quelqu'un de disposé à coopérer au salut du monde. Chacun regardait l'autre comme quelque peu excentrique, mais tout de même chacun, avec une simple malice, pensait qu'il pourrait faire usage de l'autre pour ses propres desseins.

Entre eux ils avaient conçu cette curieuse idée d'un "Concile du Ciel", duquel ils étaient tous les deux membres; ou peut-être avaient-ils trouvé une forme-pensée de cette sorte faite par quelqu'un d'autre, l'avaient simplement adoptée et s'étaient joints à elle. Les formes-pensées, vues par une vision exercée, étaient grossières et imparfaites, quoique sans doute satisfaisant tout à fait leurs auteurs. Moïse, par exemple, était sérieusement incomplet. Il était assis, droit et rigide, comme collé à son inconfortable trône d'or, mais en réalité il n'était qu'un visage et une façade en saillie de la chaise et n'avait jamais été convenablement terminé par derrière. En ceci, il ressemblait à beaucoup de formes-pensées trouvées dans le Summerland où il n'est pas infréquent, de voir des mères dorlotant des enfants qui sont défectueux exactement de la même manière. Les créateurs de telles formes sont toujours complètement heureux d'elles et ne perçoivent jamais leurs imperfections, car, bien que la seule vie de pareilles poupées soit la pensée qui est mise dedans, cette pensée répondra toujours à son générateur, et fait exactement ce qui est attendu d'elle. Pierre était un autre personnage très insuffisant de ce Concile — l'air tout à fait insignifiant; mais il portait toutefois un grand trousseau de clefs dont le cliquetis était sa principale contribution aux délibérations.

Tandis que la majorité de ce Concile était du type qui vient d'être décrit, les formes-pensées du dieu, de saint Paul (l'image choisie pour l'occuper, par le cordonnier) et le prophète Elie, étaient beaucoup plus définies et originales. Le dernier, vraiment, nous étonna par son activité, et, à l'examen, il fut trouvé que, lui aussi, était occupé (ou tout au moins employé comme une sorte de porte-parole) par un autre homme mort, un Welsh qui, dans la première partie de sa vie terrestre, avait traversé l'expérience appelée "conversion", et plus tard émigré en Amérique, où il avait vécu quelques années et était mort.

Pendant sa vie physique, il avait toujours recherché les expériences religieuses de type émotionnel. De curieux penchants socialistes étaient entremêlés à sa religion, il rêvait d'un millénium d'or qui était moitié Christianisme émotionnel et insensé, moitié Socialisme matérialiste. Il avait plutôt saisi davantage que les autres la relation entre les mondes physique et astral et les possibilités du dernier, et il comprenait qu'avant d'espérer influencer le monde physique, il devait, d'une façon ou d'une autre, entrer en contact avec lui. Il ne pensait pas à la réincarnation, n'ayant jamais été instruit d'une telle idée, mais il savait qu'il était passé du monde physique dans le monde astral et, pour cela, pensait qu'il devait exister une façon de faire l'inverse. Son attention était très occupée par ce problème, et quand il sut que le fermier avait trouvé un médium à travers lequel il pouvait, dans une certaine mesure, entrer en contact avec le monde physique, il décida de se servir des deux de toutes les façons possibles.

Ceci semblait un premier pas faisable dans la direction de ses fins, et il se présenta pour lui d'entrer dans la forme-pensée d'Elie au "Concile du Ciel" comme un moyen de s'introduire lui-même en position telle qu'elle lui assurerait instantanément le respect des autres. Je ne pense pas qu'il fut en aucune façon égoïste ou vaniteux en faisant ceci ; c'était simplement pour lui un "moyen pour la fin", providentiellement mis sur son chemin.

Mais un résultat inattendu s'ensuivit. Mascaradant Elie, il essaya de se comporter comme il pensait que le prophète l'eût fait, et voulut donner un parfum de Vieux Testament à sa personnification. Ceci réagit sur sa vie astrale ordinaire ; il commença à vivre tout le temps dans le rôle, et, par degrés, douta s'il n'était pas lui-même réellement Elie ! Il est littéralement en chemin de se transformer lui-même et sera sûrement bientôt un monomane confirmé. Au moment de notre investigation, il savait encore qu'il était un homme Welsh personnifiant par occasion Elie ; mais je suis certain que, dans un futur très prochain, il franchira l'étape et sera aussi sûr d'être Elie que le fermier l'est d'être le Christ.

En attendant, il ne s'était pas encore présenté aux autres membres humains du Concile comme étant un homme Welsh, mais se flattait que, passant pour Elie, il inspirait un grand respect et dirigeait en fait leurs décisions. C'est pourquoi nous avons l'étonnant spectacle d'un Concile dont les seuls membres effectifs étaient trois hommes morts, chacun de ces hommes pensant qu'il manipulait les autres pour l'avancement de ses propres desseins ; et, même, aucun de ces objectifs n'était égoïste, et tous les hommes concernés étaient religieux, bien intentionnés, et honnêtes dans l'intention. Une aussi extraordinaire combinaison ne peut être possible que dans le monde astral ; et encore, le fait le plus étonnant et le plus caractéristique reste à dire.

Il a déjà été mentionné que le "Dieu" lui-même était supposé présider l'auditoire du Concile. Il n'était bien entendu qu'une forme-pensée comme tout le reste, mais il manifestait de temps en temps une activité inappropriée et spasmodique montrant la présence de quelque force extérieure, différant des autres en qualité. Une soigneuse investigation montra que, juste comme la forme d'Elie était animée par le Welsh, cette forme du dieu était animée par un espiègle esprit de, la nature !

J'ai déjà décrit quelques-unes des caractéristiques de ce délicieux règne de la Nature. Je rappellerai seulement quel vif plaisir certaines de ces créatures prennent à se donner entre elles des représentations théâtrales et toutes sortes de mascarades (plus spécialement encore si, par-là, elles peuvent réussir à abuser ou effrayer un membre de l'évolution humaine supérieure) et aussi combien elles prennent de plaisir à raconter quelque conte captivant à leurs compagnons, Ayant ceci en l'esprit, nous verrons à l'instant que du point de vue d'un malin esprit de la nature, il y avait là une opportunité absolument unique. Il pouvait (et il le fit) jouer sur la plus grande échelle concevable, une farce à trois êtres humains, et nous pouvons imaginer quelle satisfaisante histoire il aurait ensuite à raconter à ses compagnons admiratifs. Inutile de dire qu'il n'avait pas la moindre idée d'irrévérence ; il n'aurait probablement pas été plus capable d'une pareille conception qu'une simple mouche. Pour lui, la chose n'était que l'inégalable occasion d'une mystification somptueuse — et il fit, à cet égard, du mieux qu'il put.

Bien entendu, il ne pouvait ni comprendre le meeting ni se joindre aux délibérations, aussi, la plupart du temps, gardait-il un silence qui était très effectif. Il avait pourtant acquis un petit nombre de phrases bibliques appropriées à son rôle et il les déversait sur le Concile par intervalles, comme un perroquet, n'ayant apparemment aucune idée de leur signification. "Ainsi dit le Seigneur" ; "Amen, ainsi soit-il" ; "Je suis le Seigneur, ton Dieu ; tu n'auras pas d'autres dieux que moi" ; "Je punirai la terre par une grande affliction", telles étaient quelques-unes des gemmes de sa collection, les spécimens de son éloquence inconsciente. De temps en temps, la plaisanterie devenait excessive pour lui, ou peut-être la contrainte était fastidieuse, et il abandonnait la forme-pensée pendant quelques moments pour alléger ses trop grands efforts de sentiments par une danse sauvage et des éclats de rire hors de la vue de son Concile. Quand ceci arrivait, il était fort intéressant de voir comment la forme-pensée s'affaiblissait de la vigilance à la stupidité, et les infortunés membres humains du Concile supposaient immédiatement que quelque chose était survenu pour provoquer ce divin courroux qui est toujours part si saillante de ce type de religion.

Voici donc la réalité cachée de ce "Concile du Ciel" inspirant tant de crainte révérencieuse, devant lequel notre correspondante plaida si ardemment. Il est facile de comprendre que seuls les hommes morts pouvaient réellement contribuer à quelque discussion qui put avoir lieu; les autres membres du Concile ne pouvaient donner naissance à rien, quoiqu'elles aient pu avoir assez de vitalité pour donner une apparence d'assentiment à une proposition.

Pour comprendre la part jouée dans la vision par les formes-pensées Théosophiques, nous devons jeter un coup d'oeil sur l'histoire de l'état mental de notre correspondante. Désertant une forme plutôt matérialiste du christianisme, elle devint pratiquement une athée. Alors elle perdit un enfant bien-aimé, et dans une telle nature, ces diverses expériences produisent naturellement de profondes émotions, chacune d'elles eut sa part dans le modelage de son tempérament. À cette période, elle vint en contact avec la Théosophie et commença ses études rien moins que par le formidable livre de la *Doctrine Secrète*. Sans se rebuter de ses difficultés, elle s'y appliqua avec ardeur et s'efforça de saisir ses enseignements, de faire des images mentales de ce qui est décrit dans Stanzas de Dzyan. Certaines de ces idées avaient un attrait spécial pour elle. La pensée de l'initiation avec ses mystérieuses et dangereuses épreuves, en était une; une autre était la succession des races, couplée à la grande question de qui passera et qui ne passera pas le test final pour atteindre en sécurité le lointain rivage.

Tout ceci était évidemment un peu teinté des conceptions chrétiennes d'autrefois sur la "conversion" et le "salut", bien qu'en même temps les splendides horizons des grandes religions orientales s'ouvrissent devant elle.

De la sorte, il advint qu'elle s'entoura d'un grand amas de fortes formes-pensées, d'un caractère plus ou moins Théosophique et, par le seul fait d'agir ainsi inconsciemment, mit en mouvement certaines lois occultes. Dans les mondes supérieurs, le semblable attire le semblable, et ses formes en attirèrent bientôt d'autres de nature similaire. À quelques centaines de milles d'où elle vivait, était une Loge Théosophique très ardente qui parmi d'autres activités, maintenait une classe de Doctrine Secrète. Un vaste amas de formes-pensées et de spéculations avait été lancé par cette classe, et notre correspondante fut bientôt en contact avec cet astral dépôt. Comment se fit le premier contact ? Je ne l'observai pas. Peut-être, voyageant en corps astral, notre correspondante a-t-elle été attirée par les exhibitions de sujets qui l'intéressaient si profondément ; ou de côté quelque membre de la classe a-t-il remarqué astralement ses formes-pensées et essayé de les joindre ? Ou il se peut simplement que les vibrations sympathiques se soient attirées l'une l'autre, comme elles font invariablement, sans intervention humaine ? De quelque façon que cela se soit produit, le fait reste qu'elle était environnée d'un énorme corps de formes-pensées d'un type particulier, au moment même où elle était précisément en état d'être le plus profondément affectée par elles.

A cette période, elle commença à pratiquer les exercices respiratoires, et par ce moyen s'ouvrit aux influences astrales. Sa vive sympathie devant la souffrance la fit chercher le meurtrier mort, ou peut-être le lui amena, et l'écriture automatique, et l'obsession suivirent le cours naturel des évènements. Le meurtrier déploya tout son pouvoir pour maintenir l'avantage qu'il avait gagné, et elle lutta désespérément pour se protéger et se libérer, faisant d'elle à ce moment un objet très en vue dans le monde astral par la véhémence de ses efforts et la somme d'énergie qu'elle déployait.

Comme le fermier errait, le tumulte attira son attention et, dans son idée qu'il était le Christ, sentit de son devoir d'intervenir et d'expulser le meurtrier. Il n'avait encore jamais abordé un si brillant corps astral ni jamais vu d'aussi impressionnants entourages que ceux de la personne qu'il avait secourue — une multitude de formes à la fois si inaccoutumées de type (relié comme ce l'était avec l'enchaînement cosmique considéré du point de vue oriental) et en même temps de si loin plus énormes en quantité qu'une personne en porte normalement avec elle. Il y avait ici les formes de Dieux orientaux, de fondateurs de religions, de Maîtres, d'Adeptes, d'Anges, et de toutes sortes de magnifiques mais peu familières conceptions. Si nous nous souvenons que le fermier ne pouvait pas savoir que tout ceci n'était que formes-pensées, et qu'il les prit inévitablement pour d'actuels êtres vivants, nous verrons combien il est peu étonnant qu'avec son ignorance de toutes ces choses et sa constante attente d'une aide céleste dans son œuvre, il se soit senti spécialement guidé par la Providence pour aider qui pouvait l'aider en retour — une personne d'importance dans le monde oriental, comparable à ce qu'il s'arrogeait être lui-même en occident. Instantanément, il saisit sa chance ; il se proclama le guide désigné, et se mit en devoir de s'occuper du développement ultérieur de la dame.

Un curieux fait à remarquer ici est que tout en se posant comme guide, il était largement influencé par les pensées de notre correspondante, et, en bien des cas, les lui renvoyait simplement en différent langage.

Il ne savait rien du serpent de feu, mais il pensa que c'était quelque forme du souffle divin ; il vit que quelque progrès d'éveil avait déjà été accompli par son aide et il fit de son mieux pour encourager et aider cet avènement. Leurs efforts réunis réussirent à soulever ce qui peut être appelé les couches supérieures de cette mystérieuse force, mais heureusement pour la dame, leur ignorance de ce qu'il faut réellement pour le plein accomplissement les rendit incapables de l'émouvoir à ses profondeurs, sans quoi le corps de la dame eût été sûrement détruit. Ils ne savaient évidemment pas plus avant, à travers quels centres il devait être envoyé pour apporter la continuelle conscience, ainsi ils manquèrent leur but. Mais la description donnée des souffrances endurées est exacte dans toute son étendue, et quelques-unes des expressions employées sont remarquablement suggestives. Combien dangereux était leur essai, on peut s'en rendre compte d'après le récit que fit la dame, de ses souffrances, et d'après le témoignage de la famille sur l'état où elle fut. Cette histoire donne le plus impressionnant avertissement contre le risque de tenter un développement prématuré dans de telles directions.

Il est inutile de faire en détail l'examen critique de ce qu'on peut appeler la partie Théosophique de la vision — merveilleuse, exaltante, inspiratrice de respectueuse terreur, telle qu'elle le fut sans doute à la voyante, elle ne représente pourtant pas les occurrences en actes de l'évolution, mais la combinaison et la synthèse d'un certain nombre de pensées-images. Quelques parties de la symbologie sont intéressantes et illuminatives, tandis que d'autres, évidemment, requièrent modifications. Certains traits tels que les chants des anges sont clairement dus à l'influence du courant chrétien de pensée, dans l'esprit du guide. Il surveillait le développement de la vision avec notre correspondante, mais, ignorant de l'enseignement oriental, il n'en comprit que très peu. Par exemple, il semble avoir confondu les races successives avec les différentes tribus d'Israël, et avoir essayé d'ajuster ce qu'il vit avec l'histoire.

C'est dans la monomanie du guide que nous devons chercher la cause du lourd sentiment de responsabilité qui recouvre la vision entière, la conviction que, du succès de notre correspondante, dépend le salut du monde. Cette sorte de naïve vanité ou mégalomanie est une des plus communes caractéristiques des communications du plan astral. Une des plus ordinaires illusions de l'homme mort est que s'il trouve seulement une dame comme médium, il peut révolutionner la pensée entière de la planète par la simple déclaration de quelques faits évidents d'eux-mêmes. Mais ce cas contenait plus que l'habituelle excuse. Le pauvre fermier était profondément impressionné par la pensée que si le monde ne l'acceptait pas cette fois-ci, celui-ci perdrait sa chance finale de salut, et il soumit cette théorie un jour au dieu, pendant le Concile, à un moment où l'esprit de la nature était justement en fonctions. Il est peu vraisemblable que l'esprit de la nature n'eût aucune claire conception de la portée de la question, mais il comprit tout au moins qu'on demandait son assentiment à une proposition quelconque; aussi il le donna, de sa manière la plus pompeuse; ceci, bien entendu, confirma le fermier dans son erreur et fit d'elle la pensée dominante de sa vie. Sans son influence aucune impression pareille ne serait jamais venue à l'esprit de la dame, de qui les vues sur sa propre position et ses pouvoirs étaient beaucoup plus saines et plus modestes.

La personnification du monde et du démon en formes humaines est due aussi à la pensée du guide, car la dame elle-même était trop instruite pour croire à la superstition discréditée d'un Satan personnel. Ceci semble être arrivé à une période de l'expérience où elle était très fatiguée, et par là même plus pleinement sous la domination d'esprit de son guide, et moins apte à exercer son pouvoir naturel de discernement. La tension nerveuse résultant des conditions à travers lesquelles elle passa, dut être indescriptible; vraiment, elle l'amena périlleusement près de l'hallucination physique. Elle décrit certains actes de révérence que lui firent sur la terre physique, des animaux, mais l'investigation ne confirme pas ce fait, montrant que les actions des animaux avaient été tout à fait normales et dictées par leur instinct ordinaire, quoique la dame, dans son état de tension exagérée, leur donnât une interprétation différente.

L'intérêt spécial du cas, pour ceux qui l'examinèrent, fut la manière dont un nombre de facteurs astrals indépendants et tout à fait ordinaires se combinèrent pour produire un tout dramatique et imposant. La force prédominante fut la volonté du guide et la vigueur de son extraordinaire illusion; encore que ceci eut été ineffectif ou tout au moins eut travaillé tout à fait différemment sans l'action de notre correspondante qui s'ouvrit témérairement aux influences astrales. La classe de la Doctrine Secrète et ses formes-pensées, l'autre homme mort du Concile, le folâtre esprit de la nature, tous jouèrent leur part et l'un d'eux, absent, l'image eût été moins complète ou l'intrigue se serait déroulée dans d'autres directions.

Il me semble que l'histoire a sa valeur, comme montrant l'étonnante fertilité et l'abondance de ressources du monde astral, et l'impérieuse nécessité de cette pleine connaissance qui ne doit être obtenue que par un parfait entraînement occulte. D'un bout à l'autre de cette histoire, nous voyons des gens réellement bons et bien intentionnés se trompant de façon pitoyable faute de cette connaissance, se mettant souvent en de telles situations qu'on ne peut pas s'étonner qu'ils fussent joués.

On peut présumer qu'il leur était nécessaire d'apprendre à la dure école de l'expérience, et il est bon aussi de se rappeler qu'aucune épreuve de cette nature ne vient jamais à personne sans une adéquate opportunité de préparation. Pas un de ceux qui ont étudié la Bible d'aussi près que le guide ne peut avoir manqué de remarquer l'avertissement qu'elle donne d'une déception possible par de faux Christs et de faux prophètes, et même dans le livre de Swami Vivekananda on trouve une ardente adjuration contre l'usage prématuré ou sans méthode, de ses instructions. Malheureusement, les gens ne prennent jamais ces avis pour eux-mêmes, mais, invariablement, les appliquent à leurs voisins ou à leurs contradicteurs.

Cependant, il doit être remarqué que pour notre correspondante, les suites furent bonnes. Les formes vues étaient largement illusoires, mais les hautes émotions éveillées, la crainte respectueuse et le ravissement, tout ceci produisit des résultats permanents ne pouvant avoir en eux que beaucoup de bon. L'enthousiasme illimité pour les choses spirituelles, le désir généreux d'aider, même au prix de n'importe quel sacrifice, sont en eux-mêmes de puissantes forces, qui engendrées, attirent une réponse de mondes très supérieurs à ceux qui sont en fait atteints par la conscience, dans la vision elle-même. Le sentiment est produit, aussi imparfaitement conçu que puisse être ce qui l'occasionne, et ainsi, tandis que nous félicitons notre correspondante d'avoir traversé sans dommages des périls plus effroyables qu'elle ne peut encore le réaliser, nous pouvons nous permettre d'espérer que la paix et l'élévation qu'elle a gagnées s'avèrent un permanent héritage. Le profond sentiment d'union avec le divin qui apporte avec lui une telle béatitude était, sans aucun doute, une touche vraie des plus basses lisières du monde intuitif et ce résultat vaut bien toutes les souffrances qu'endura la patiente. Mais l'étudiant sait que tout cela (et même bien davantage) serait obtenu sans la douleur, et sans le terrible risque, par l'investissement de la même somme d'énergie dans des méthodes plus ordinaires qui se sont justifiées à la sagesse des âges. Forcer son chemin dans des royaumes inconnus sans la direction de qui connaît réellement, c'est aller au désastre ; et c'est un danger auquel personne n'a besoin de s'exposer, car les vieux sentiers sont toujours ouverts et le vieux dicton reste vrai : "Quand l'élève est prêt, le Maître apparaît".

EN ÉCRIVANT UN LIVRE

Beaucoup de nous sont constamment influencés par des êtres invisibles d'une grande quantité de manières, dont nous n'avons pas la plus légère idée. Nous avons parlé de la fierté de la race et des castes. Elle existe souvent dans une forme plus intense encore que la fierté de la famille, et, dans ce cas, est assez fréquemment due à l'influence de nos ancêtres. J'ai connu plusieurs cas dans lesquels un homme s'organisa pour demeurer longtemps dans le monde astral afin de planer sur ses descendants et d'essayer de les déterminer à conserver l'orgueil de leur race. La dernière Reine Élisabeth, par exemple, avait un tel amour de son pays que c'est seulement très récemment qu'elle se laissa aller dans le monde du ciel, ayant passé tout le temps intermédiaire à s'efforcer, et jusqu'ici presque entièrement sans succès, de pénétrer ses successeurs de ce qui devait être fait pour l'Angleterre. Elle est peut-être un cas extrême, mais dans plusieurs autres familles royales, la continuité de tradition maintenue a été de la même façon due à la constante pression exercée intentionnellement du monde astral par les plus vieux membres de la famille.

Il n'est, en aucune façon, rare que des pères et des mères ayant souhaité de tout cœur pour leur fils ou fille quelque particulière alliance, s'efforcent après la mort d'amener la réalisation de leurs désirs. Dans des cas plus rares, ils ont pu se manifester en apparition pour donner plus d'emphase à leurs ordres. Plus souvent ils exercent une influence insidieuse parce que non suspectée en gardant constamment devant l'esprit de la personne qu'ils désirent influencer, leur pensée sur l'affaire — ferme pression que l'homme ordinaire peut prendre pour son propre désir subconscient.

Les cas où les morts se sont constitués anges gardiens des vivants sont excessivement nombreux, et de cette manière les mères protègent souvent leurs fils, les maris morts leurs veuves, pendant de longues années. Quelquefois, une telle influence n'a pas un caractère protecteur, mais est exercée à seule fin que l'homme mort trouve le moyen d'exprimer des idées qu'il est anxieux de présenter au monde. La personne sur qui l'impression est faite en est quelquefois consciente et quelquefois entièrement inconsciente. Un certain nouvelliste distingué m'a dit que toutes les merveilleuses intrigues de ses histoires lui venaient invariablement comme une sorte d'inspiration, qu'il les écrivait sans savoir à l'avance comment elles se dérouleraient, qu'en fait, comme il l'établit, elles sont réellement écrites à travers lui. Beaucoup plus souvent que nous ne pensons, les auteurs et les compositeurs de musique sont influencés de cette façon, de telle sorte que bien des livres crédités aux vivants sont en réalité l'œuvre des morts.

Dans quelques cas, l'homme mort désire publier sa profession d'auteur, de sorte que les livres déclarés être écrits par les morts deviennent tout à fait un trait de la littérature moderne ; ou peut-être, une meilleure manière d'exprimer ceci, serait que beaucoup d'entre nous viennent graduellement à reconnaître que la mort, dans le vieux et mauvais sens du mot, n'existe pas ; et que si un homme ayant abandonné son corps physique peut avoir certaine difficulté à écrire un livre avec sa propre main, il est tout à fait aussi capable d'en dicter un, que tout auteur vivant. Quelquefois, ces livres sont des traités de morale ou de métaphysique, mais quelquefois aussi, des nouvelles, et dans cette dernière forme, ils font sans aucun doute beaucoup de bien, car ils atteignent bien des gens qui ne sont pas placés pour rencontrer un plus sérieux essai sur les choses occultes, et qui plus certainement encore, ne prendraient pas la peine de le lire s'ils le rencontraient.

Un bon spécimen de cette classe (et c'est une classe qui devient plus nombreuse d'année en année) est *L'étrange histoire d'Ahrinziman* — livre qui fut porté à ma connaissance il y a quelques années. Laissez-moi le prendre comme exemple, expliquer ce qu'il est, et comment il vint à être écrit. Je sais que la première impulsion de ceux qui sont assoupis dans la confortable brume qui environne l'intelligence moyenne et la matelasse contre les faits réels de la vie, sera de proclamer que la chose entière est un non-sens, sur la théorie informe que quand l'homme est mort il est mort, et qu'il est alors tout à fait impossible qu'il puisse rien dicter ; et même ceux qui savent mieux que cela, peuvent être tentés de suspecter qu'assigner la profession d'auteur à un homme parti de son corps, n'est qu'une nouvelle forme de publicité, une ruse de commerce.

Aussi, peut-être aurais-je mieux fait de commencer par dire que j'ai l'assurance digne de foi que ce livre est à tout le moins une réelle dictée du monde astral, bien que, naturellement, ceci ne garantisse en aucune façon qu'il est à tous autres respects ce qu'il prétend être.

Les gens qui ne sont pas familiarisés avec les conditions de vie parmi ceux que nous appelons improprement "les morts" semblent trouver impossible de réaliser combien cette vie est naturelle à tous égards, ou de comprendre que la nature humaine peut et doit exhiber tous ses différents aspects juste aussi finement de l'autre côté du tombeau que de celui-ci. L'homme mort n'a pas été nécessairement rangé au nombre des saints, pas plus qu'il n'est soudain devenu grave et vénérable ; il est exactement le même homme qu'avant, juste aussi sensible à l'influence de la vanité ou de la jalousie, juste aussi capable de faire des fautes.

Un auteur astral peut employer les mêmes procédés littéraires qu'un auteur physique et concevoir son récit en toute forme qui lui plaît. Quand nous trouvons M. Ridder Haggard écrivant à la première personne sous le nom d'Allan Quartermain, ou Ludwig Horace Holly, nous n'assumons pas nécessairement qu'il raconte ses expériences personnelles, ni non plus que Quartermain ou Holly eurent une existence historique. Exactement de la même manière, nous pouvons réaliser que quand un homme mort dicte à la première personne l'"Histoire d'Ahrinziman", il peut essayer de nous donner une autobiographie plus ou moins modifiée, ou il peut simplement concevoir une allégorie ou un "problème-nouvelle", dans une forme frappante et attractive ; et cette suggestion ne met pas plus en cause la bonne foi de l'auteur mort que la phrase précédente ne mettait en cause celle de M. Haggard.

Que ceci soit ce qu'il voudra, Ahrinziman nous raconte une bonne histoire — une histoire parfaitement orientale en sa façon. Il se décrit comme le fils illégitime d'un roi de Perse. Sa mère, une vierge vestale grecque, capturée lors de quelque incursion persane, est tuée par la reine légitime dans un accès de jalousie, et, pour éviter d'ultérieures expressions de cette jalousie dévorante, l'enfant est élevé par un paysan, parmi les montagnes, dans un lointain district de l'empire. Le garçon est, par nature, clairvoyant jusqu'à un certain point, capable de voir les esprits de la nature qui l'environnent, et aussi sa mère morte. Un peu plus tard, il vient en contact avec des prêtres, apprend beaucoup d'eux, est dans la suite admis au temple et devient un médium pour eux. Le mécontentement le saisit, il s'enfuit et se joint à une bande de voleurs dans les montagnes, mais, après quelques années, il les abandonne à leur tour. Il rencontre alors un praticien de la magie noire et s'attache à lui comme élève; mais le maître meurt en accomplissant un de ses enchantements, et l'élève n'est sauvé de partager son sort que par l'intervention de sa mère morte.

Pendant d'ultérieurs vagabondages, il rencontre le prince qui est, en réalité, son demi-frère (le fils de la reine qui assassina sa mère) et est mis à même, par son pouvoir de clairvoyant, de le guérir d'une obsession. Le prince, dans son ordre régulier, monte sur le trône et élève notre héros à une position d'honneur, ne sachant rien cependant de la réelle parenté qui existait entre eux. À ce moment, Ahrinziman se marie, malheureusement, avec une femme tout à fait indigne qui jamais ne l'apprécie réellement, et le trahit sans hésitation quand elle voit qu'elle a attiré les regards favorables du roi. À travers sa partielle clairvoyance, Ahrinziman s'en aperçoit et, dans sa rage jalouse, cause la mort du roi par des moyens astrals. Lui-même succède au trône (ayant déclaré sa parenté), mais, après un court règne, est mis à mort par un autre prétendant.

Le reste du livre est consacré à la description de ses expériences dans le monde astral. Il est représenté au début comme plein de jalousie et de haine, et, en conséquence, tenant tête à toutes sortes d'horribles êtres pour accomplir à travers eux sa revanche, mais, graduellement, ses bons sentiments intérieurs s'affirment, et il commence à essayer d'aider au lieu de blesser, et ainsi à travers une longue et laborieuse progression, il atteint enfin la béatitude parfaite.

Jusqu'à quel point toute cette histoire peut-elle être vraie? Pouvons-nous la prendre, en totalité ou en partie, pour l'autobiographie qu'elle prétend être, ou devons-nous la considérer comme un roman? Certainement, nous pouvons dire d'elle, en grande partie *"Se non è vero è bene trovato".* Concernant la partie physique de l'histoire, nous n'avons que de maigres archives de ce qui se passa en Perse au Ve siècle avant l'ère chrétienne, mais, aussi loin qu'elle aille, notre histoire fragmentaire de cette période semble concorder bien exactement avec ce qu'écrit Ahrinziman.

L'intérêt de l'étudiant des choses occultes sera naturellement concentré sur les expériences astrales, au sujet desquelles principalement le livre est écrit; et il désirera connaître jusqu'où celles-ci peuvent être confirmées, du point de vue de la connaissance occulte où est arrivé jusqu'à présent notre monde occidental.

Ceux qui ont étudié le plus profondément seront les premiers à admettre que dans cette splendide science de l'âme, nous n'en sommes encore qu'à ramasser des cailloux sur le rivage du grand océan de la science; que notre plus complète information est encore bien loin d'épuiser son sujet, et que la merveilleuse variété et adaptabilité des conditions astrales est si grande qu'il serait téméraire de dire: ceci ou cela est impossible. Pourtant, certaines grandes règles sont bien établies, et quelques-unes semblent violées dans l'histoire d'Alarinziman si nous la prenons littéralement — mais tout tombe immédiatement en place si nous accordons certaines réserves sur sa part. Si la chose est une simple allégorie, bien — et bon — mais il est intéressant de voir comment Ahrinziman peut être parfaitement honnête dans sa narration, quand bien même certains points sont en contradiction avec les faits acceptés.

La première grande question est de savoir si un stage d'une période telle que deux mille trois cents ans, dans le monde astral, est jamais possible — sachant que vingt ou trente ans sont une belle moyenne pour les personnes ordinaires. Il est vrai qu'un homme d'un pouvoir de volonté rare peut prolonger beaucoup sa vie astrale en intensifiant ses passions et désirs, en jetant toute sa vigueur dans le côté le plus bas de sa nature au lieu de la diriger vers le côté le plus élevé; et ceci est exactement ce qu'Ahrinziman se représente avoir fait. J'ai lu un cas, en Allemagne, où un prêtre errant fut lié à la terre pendant quatre cents ans, et j'ai moi-même connu un cas où l'ambition et une volonté déterminée maintinrent une personne dans la vie astrale pendant trois cents ans; mais de telles instances sont rares, et aucune d'elles n'approche, même de loin, l'échappée de siècles prétendue par Ahrinziman. Il est clair aussi qu'il ne se considère en aucune façon comme un cas spécial; il parle de nombreux amis et contemporains comme étant encore avec lui, les uns plus, les autres moins avancés que lui en progrès. Si, pour cela, nous devons accepter son histoire comme authentique, elle devient plus probable en la regardant plutôt comme une tentative de décrire les conditions qu'il traversa pendant le premier siècle après sa mort, que comme l'indication d'aucune chose à présent existante.

Bien qu'ardent pour le savoir occulte, il ne montra pas grande attraction vers la spiritualité, sauf dans son enfance; ses actions furent principalement le résultat de l'ambition, de la passion, de la revanche, et il mourut par violence, en pleine jeunesse. Considérant tous ces facteurs, nous pourrions augurer une vie astrale orageuse et prolongée, dont la première partie serait, extrêmement désagréable; nous pourrions augurer aussi que les passions s'useraient, que le meilleur côté de sa nature s'affirmerait, et que des opportunités de progression s'offriraient à lui.

Tout ceci, Ahrinziman le décrit, mais il l'entoure d'un luxe d'allégorie qui peut aisément être mal compris, et il étend sur deux mille trois cents ans ce qui doit en avoir occupé quarante ou cinquante. Nous ne devons pas oublier qu'aucune de nos méthodes pour mesurer le temps n'est valable dans le monde astral; que si, dans la vie physique même, un petit nombre d'heures de souffrance ou d'anxiété nous semble à peu près interminable, cette caractéristique est amplifiée au centuple dans une existence dont les sentiments et les passions sont la véritable essence. S'il est difficilement concevable qu'Ahrinziman ait pu passer deux mille trois cents ans dans le monde astral, il est aisé de croire que son séjour lui semble durer l'éternité.

Si l'on doit y ajouter foi comme pour la partie physique de sa vie, le fait reste encore que depuis son assassinat deux mille trois cents ans se sont écoulés ; qu'a-t-il fait alors durant toutes ces années ? Je n'ai pas de relations personnelles avec lui, et aucun droit de me livrer à d'impertinentes enquêtes, mais j'ai récemment examiné un cas un peu parallèle au sien, qui peut nous suggérer une explication possible.

Je fus consulté par une dame qui déclarait que son "esprit-guide" était un prêtre de l'ancienne Égypte ; comme les avis qu'il lui donnait étaient bons, et son enseignement exact, il semblait qu'il valait la peine d'examiner ses raisons d'émettre une si extraordinaire prétention ; car il apparaissait peu vraisemblable qu'un homme si droit et revêtu d'une telle dignité pût s'abaisser à l'ordinaire et mesquin stratagème de la personnification. En le rencontrant, je vis à l'instant qu'il avait été, sans aucun doute, jusqu'à un certain niveau d'initiation dans les Mystères s'accordant au Rite Égyptien. Je m'étonnai naturellement qu'il pût être encore actif dans le monde astral. Par l'examen, je trouvai que depuis sa vie comme prêtre égyptien, il avait eu une autre incarnation, lassante et peu satisfaisante, qu'il avait passée entre les murs d'un monastère, se vouant apparemment à la liquidation de quelque accumulation de Karma ; mais, après sa mort, certaines circonstances (un pur accident, semblait-il) l'amenèrent en contact avec le courant de pensée de ses vieux entourages égyptiens.

Instantanément, la mémoire de cette précédente vie jaillit dans sa conscience (je pense qu'elle avait toujours plané sur le seuil, et l'homme avait toujours ardemment désiré, bien qu'il ne sût pas quoi) et ce fut tellement plus vivant, plus réel que le sombre monastère, que ce dernier devint pour lui un simple mauvais rêve. Il l'oublia bientôt tout à fait; on le regarda comme une partie ennuyeuse de sa punition astrale; ainsi, il était absolument honnête en déclarant qu'il était prêtre égyptien, la puissante personnalité avec laquelle il s'était dentifié jusqu'à la fin de sa dernière vie dans le monde du ciel, juste avant sa descente dans la comparativement récente incarnation, où il devint un moine. Je n'affirme pas que le cas d'Ahrinziman est similaire, mais il est possible qu'il le soit.

Naturellement, Ahrinziman écrit comme un homme de son temps et emploie la terminologie à laquelle il est accoutumé, dont beaucoup sonne bizarrement à nos oreilles d'aujourd'hui, surtout parce qu'il confond constamment ses symboles avec des faits matériels. Bien entendu, il n'est pas, en fait, vrai, comme il le suppose, que les hommes sont divisés en trois grands groupes ayant à leur tête des anges portant respectivement une étoile blanche, rouge et dorée; pas plus qu'il n'est, en fait, vrai que Phébus conduit son chariot chaque jour de l'est à l'ouest à travers le firmament, ou que Dieu le Fils est nouvellement né à Noël quand les jours commencent à allonger. Mais il est vrai que quelques anciennes religions adoptèrent un système de symbologie étroitement parent de celui que ce livre emploie — et qu'un homme passant dans la vie astrale l'esprit plein de telles idées préconçues, peut aller longtemps interprétant tout d'après elles, et négligeant des faits qui ne sont pas de leur domaine.

Il est vrai aussi qu'il existe de puissants esprits dont la méthode d'évolution est si entièrement différente de la nôtre, que, pour nous, cette méthode serait mauvaise; mais, normalement, nous n'entrons pas en contact avec eux et ce n'est pas non plus d'eux que parle Ahrinziman car lui-même admet que ses anges de lumière et de ténèbres sont, après tout, des êtres humains ayant vécu leur vie sur la terre. Il décrit avec vigueur les prodigieux édifices-pensées érigés par les passions de l'homme, quoique, souvent, il ne distingue point les temporaires images-pensées des plus permanentes réalités du monde. Il nous donne une horrible description d'une sorte de bataille astrale dans laquelle la plaine est jonché des "*disjecta membra*" des combattants, détail lugubre qui ne peut être exact, ceci est immédiatement manifeste à qui comprend la fluide nature du corps astral.

Vraiment, si ses remarques doivent être prises comme représentant l'ancien savoir persan sur les choses astrales, nous sommes obligés de reconnaître que cette présentation était moins scientifique et moins compréhensive que celle qui est mise devant les étudiants de l'occultisme à l'époque actuelle. Par exemple, Ahrinziman ne semble pas avoir saisi bien clairement le grand fait central de la réincarnation, ou peut-être la regarde comme une possibilité occasionnelle, au lieu de la reconnaître comme le moyen désigné de l'évolution pour l'humanité. Son emploi de termes est quelque peu embarrassant lorsqu'on n'y est pas accoutumé, car il est bien évident qu'il donne le nom de "corps spirituel" à ce que nous nommons maintenant le véhicule astral, et que son "corps astral" n'est rien de plus que le double éthérique ; on peut le vérifier quand il décrit ce dernier comme étant légèrement plus grand que le physique, et capable d'être influencé par les acides puissants ; remarques qui sont vraies du double éthérique, mais seraient inexactes si elles s'appliquaient à ce que nous nommons maintenant le corps astral. Il a aussi une déconcertante habitude de parler des conditions astrales désagréables comme étant au-dessous du plan terrestre, et des conditions agréables comme au-dessus de ce dernier, tout en les décrivant tous les deux comme moins matériels que notre terre. Il a probablement été induit en erreur par le fait que la plus dense matière astrale interpénètre notre globe physique, et que ceux qui sont confinés à la subdivision la moins désirable peuvent souvent se trouver en fait à l'intérieur de la croûte terrestre. En plus de ceci, il y a, sans doute, un monde plus bas que le monde physique avec lequel l'humanité normale n'a heureusement pas de rapports ; mais il est plus, et non moins matériel, que le monde que nous pensons connaître. Très fréquemment, il décrit en un langage qui convainc à l'instant l'étudiant, qu'il a *vu* la chose dont il écrit ; et alors, il continue à nous désappointer en l'expliquant d'une manière embrouillée et non scientifique, ou en traitant des symboles poétiques comme s'ils étaient des faits matériels. Une ou deux fois, ses conceptions apparaissent teintées par la théorie de l'âme-jumelle — ligne de pensée à éviter soigneusement par ceux qui désirent réellement avancer dans l'étude occulte.

Il est dans l'erreur quand il parle de l'état de médium pomme une nécessité de l'évolution spirituelle, quoique peut-être ceci soit une fois de plus une question de terminologie ; il emploie peut-être le mot dans le sens de sensibilité psychique. Il est cependant tout à fait dans l'erreur quand il dit qu'il est impossible à un homme, encore possesseur de son corps physique, de comprendre pleinement ou de contrôler les forces et les êtres astrals, ou d'avoir une vue spirituelle parfaite. Ce qu'il veut dire, ou du moins devrait vouloir dire est ceci : un homme encore *confiné* dans son corps physique ne peut pas posséder ces pouvoirs élevés, car il n'a pas réalisé qu'un homme peut apprendre pendant sa vie à quitter son corps physique aussi complètement qu'à la mort, et peut le réintégrer quand il le désire. Il montre aussi son ignorance de l'enseignement oriental quand il le stigmatise comme égoïste et déclare que par lui "l'ardent désir des foules assoiffées de lumière reste sans réponse". Dans l'ensemble, cependant, son enseignement est louablement exempt de sectarisme.

Quoique l'étudiant de l'occultisme se trouve parfois obligé de différer d'Ahrinziman sur certains points, je me hâte d'ajouter qu'il y en a beaucoup sur lesquels nous devons tous être d'accord avec lui. Pour prendre au hasard quelques-unes des nombreuses gemmes qu'on y peut trouver, sa critique sur les guerres et les conquêtes, et sur l'histoire des religions, est admirable. Nous sommes tous avec lui quand il écrit :

"Je maintiens que la vérité et l'erreur, le bon et le mauvais existent partout, et dans toutes les religions, et parmi tous les peuples; et, aussi pures que puissent être les doctrines originales de toutes les formes de foi, il est impossible d'empêcher les ambitions et les convoitises, l'avidité et la cruauté de l'âme humaine non développée, de pervertir la pureté des enseignements, de les tourner aux plus bas desseins, et de les recouvrir des plus grosses erreurs... Les rites absurdes, les horribles sacrifices, les révoltantes pratiques, les grotesques croyances, les fantastiques théories qui se sont glissées dans l'enseignement de cette religion étaient toutes des excroissances appliquées une par une sur la simple pureté de l'enseignement de son fondateur."

Sa terminologie n'est peut-être pas la meilleure possible, mais il y a beaucoup de vérité dans sa pensée que le mal est la perversion de quelque bonne qualité en laquelle il sera un jour transmué. Beaucoup de ses idées sur le développement spirituel sont grandement à recommander. Les dangers de l'état de médium et de l'hypnotisme pourraient difficilement être mieux exprimés que dans ce solennel avertissement:

"Que personne n'abandonne la souveraineté de soi-même, son corps ou son âme entre les mains d'un autre, soit-il prêtre ou laïque. Car la liberté de l'homme est sa divine prérogative et celui qui la cède à un autre est plus abject que le plus bas esclave."

Il l'explique à nouveau dans une des notes:

"Une transe parfaite devrait être l'envol conscient de l'âme dans une condition supérieure, d'où elle devrait revenir fortifiée et rafraîchie, capable de plus vastes pensées, de plus nobles actions, et en plus forte et plus parfaite possession de sa propre individualité. Appliquer le mot "transe" à ces exhibitions de semi-consciente aberration mentale de personnes livrées par leur sensibilité au contrôle magnétique d'esprits incarnés ou désincarnés, est propager une erreur qui depuis longtemps, devrait être discréditée. Avec la diffusion du développement médiumnique, toutes et chaque variétés et degrés de conditions subconscientes sont venues à être classées comme "transes", mais elles ne ressemblent pas plus à la vraie transe et au développement mystique des plus anciennes croyances occultes, que le sommeil produit par l'usage d'un puissant narcotique ressemble à celui de la saine nature fatiguée. La transe hypnotique est aussi pernicieuse à l'âme que le serait au corps l'habituel usage des narcotiques. Que le magnétiseur soit en son corps ou hors de son corps, les résultats sont les mêmes ; un usage habituel du magnétisme pour déterminer le sommeil ou "transe" est un mal."

Il décrit exactement comment les morts les plus inférieurs foisonnent aux séances, et comment les soi-disant esprits-guides ne sont, en aucune façon, assez forts pour écarter les mauvaises influences. Il nous avertit aussi très clairement de la facilité avec laquelle les idées des interrogateurs terrestres se mêlent aux révélations du médium magnétisé, de telle sorte que, par une semblable méthode d'investigation, un homme ne reçoit d'autres informations et conseils que ceux qu'il désire, ou attend. Il comprend que l'ascétisme comme celui-ci est inutile et souvent dangereux, et que le corps physique doit être en parfaite santé et pouvoir, si les visions doivent être créditées. Il réalise aussi quelque chose des difficultés du chemin :

"Peu, très peu de ceux qui possèdent la clarté de vue nécessaire apprennent jamais comment s'en servir avec succès, encore moins ont l'indomptable volonté et l'inétanchable soif de la connaissance qui les fera traverser tous les dangers, toutes les épreuves, les désappointements, la peine et le labeur infinis compris dans ces études."

Il a toute l'histoire de son côté quand il nous dit que ceux qui développent les plus hauts degrés de pouvoir feront bien de se retirer entièrement de la vie active dans le monde physique ; et son étrange congérie de caractères est graduellement amenée à comprendre que par le désintéressement seul, le progrès réel est possible.

Encore et encore, de petits traits de savoir sautent aux yeux de l'étudiant, montrant que les choses ont été vues avec justesse, bien que l'expression en soit confuse par manque de classification plus définie des faits. Ahrinziman comprend l'action des talismans et des breuvages ; il voit combien une seule action ou pensée de revanche ouvre la porte aux mauvaises influences qui peuvent s'accrocher à leur auteur pour les années à venir ; il décrit comment la présence des morts incite les vivants à penser à eux, quand bien même insuffisamment développés pour les percevoir.

Dans ses récits de la vie astrale, il nous donne une belle description de la méchante reine environnée après sa mort, de mauvaises pensées et mauvais souvenirs, qui étaient pour elle des évènements actuels ; une autre effrayante et réaliste touche est le récit de l'esclave qui passe son temps à ramper dans le passage secret où il a été assassiné, après avoir aidé à le construire. Il nous parle des morts qui ont la confuse impression d'être encore dans leur corps terrestre — et de ceux qui ayant réalisé leur séparation, essaient d'employer les corps terrestres des hommes vivants comme médiums pour l'assouvissement de leurs passions. Il comprend aussi comment les hommes qui se tiennent côte à côte, si l'on ne considère que la proximité dans l'espace, peuvent cependant être absolument inconscients l'un de l'autre ; il sait la glorieuse vérité qu'aucun mal ne peut être éternel ; que l'âme égarée, aussi loin du sentier puisse-t-elle errer, trouvera, elle aussi, après un long, très long temps, le chemin du bercail.

Et il termine avec un espoir auquel nous faisons tous écho : ainsi que les barrières de l'ignorance, divisant depuis si longtemps les nations, s'amincissent devant la force rayonnante de la science, et comme la lumière de la fraternité commence faiblement à briller à travers elles — ainsi le même savoir plus ample et la vue intérieure plus claire puissent, par degrés, détruire l'imaginaire barrière improprement nommée mort, nous montrant qu'il n'y a en vérité pas de séparation puisqu'aussi bien, au moment où nous avons un corps physique et à celui où nous n'en avons plus, nous sommes tous membres de la même grande fraternité, tous en marche vers le même but, tous enveloppés dans la lumière du même Éternel Amour.

CHAPITRE XIII

NOTRE ATTITUDE DEVANT CES INFLUENCES

LES COQUES OU ENVELOPPES PROTECTRICES

Nous avons étudié quelques exemples des différentes influences qui nous assaillent de tous côtés, et nous avons vu que parmi celles-ci il y en a beaucoup qui nous gênent et qu'il faudrait éviter. La question se pose donc tout naturellement: comment pourrons-nous le mieux les éviter ou les neutraliser? Il est facile d'ériger autour de soi, en cas de nécessité, une sorte d'armure faite de matière subtile, ce que les étudiants de l'occultisme appellent généralement une coque protectrice. Mais est-ce là la meilleure méthode pour obvier à ces difficultés?

Une autorité en la matière a dit, en apparence paradoxalement, que la meilleure chose à faire, en fait de coque, était d'abord de n'en point former, ou bien, lorsqu'on en avait formé une, de la rompre aussi promptement que possible. Il y a certainement du vrai dans ces paroles. C'est que, dans la plupart des cas, à l'exception des personnes très peu avancées, tout ce qui pourrait être accompli par la formation d'une coque autour de soi, peut l'être plus effectivement et avec moins de peine par d'autres moyens, ainsi qu'on le verra dans la dernière partie de cet article. Une connaissance exacte en matière de formation des coques de différentes sortes est sans doute parfois utile; mais, ainsi qu'il arrive de la plupart des autres connaissances, on peut en abuser, et avant d'employer ses énergies dans une direction déterminée, il faudrait savoir ce que l'on désire faire et comment cela doit être accompli.

Le premier grand principe à considérer, c'est qu'une coque doit être employée bien plus fréquemment pour la protection des autres que pour soi-même. Les Aides invisibles, par exemple, trouvent souvent utile de faire une telle arme défensive pour quelques-uns de ceux qu'ils essayent de sauver des mauvaises influences de diverses sortes. Mais l'individu ordinaire a surtout dans l'esprit l'idée de se protéger lui-même contre différentes influences extérieures et il demande habituellement comment il peut former une coque dans ce but. Il est des cas où un tel acte est autorisé et nous pouvons les grouper sous trois titres correspondant aux trois véhicules éthérique, astral et mental. Dans ces trois cas également, les coques sont construites par le pouvoir de la volonté, mais avant d'exercer ce pouvoir, il est nécessaire de savoir de quelle espèce de matière la coque doit être faite et ce que l'on désire éloigner. Les premiers conseils à donner sont de rappeler que l'aura qui environne le sujet est de forme ovoïde et qu'on doit concentrer fortement sa pensée sur la surface extérieure de cette aura, en ayant la volonté de la durcir au point qu'elle devienne impénétrable à toute influence du dehors. Ces indications sont très utiles et une coque ainsi obtenue sera ou pourra être bonne et forte; mais l'effort sera à la fois bien moins pénible et beaucoup plus effectif, si la personne comprend exactement ce qu'elle fait, pourquoi elle le fait, et si elle peut ainsi diriger l'énergie de sa volonté uniquement dans la bonne voie, au lieu d'inonder tout le voisinage d'un courant de force mal dirigée. Étudions donc un peu plus en détail ces trois variétés, et voyons à quel but chacune d'elles répond.

LA COQUE ÉTHÉRIQUE

Nous prendrons d'abord la coque qui a pour but de protéger le corps physique, y compris naturellement le corps éthérique, contre les dangers auxquels il peut être exposé. Les usages les plus communs d'une telle coque sont au nombre de trois :

a. Protéger une personne sensitive, quand elle se trouve dans une foule ;
b. Défendre le corps physique la nuit, lorsque la personne le quitte dans son sommeil ;
c. Prévenir le danger de l'infection physique dans le cas où l'étudiant s'y exposerait pour l'accomplissement d'un devoir.

Dans tous ces cas, il est évident que la coque doit être de matière éthérique seulement, afin de répondre au but, bien qu'il soit parfois désirable de créer, en même temps, d'autres coques sur d'autres plans, pour se protéger contre d'autres dangers.

a) Il y a deux motifs pour former une coque dans une foule. Dans une foule mêlée de gens ordinaires, il y aura certainement beaucoup de magnétisme physique d'une espèce très répugnante et même nuisible pour l'étudiant, et ce serait en partie pour s'en défendre qu'il s'envelopperait d'une coque. Il est probable que dans une grande foule il peut se trouver un certain nombre de ces êtres infortunés, sortes de vampires inconscients, qui étant eux-mêmes physiquement faibles, tirent des autres une somme considérable de vitalité, bien que cette absorption se fasse entièrement à l'insu de ceux qui en profitent temporairement, de sorte qu'on peut les considérer comme des cleptomanes éthériques inconscients.

La personne qui a le malheur d'être un vampire inconscient peut être comparée à une éponge gigantesque, toujours prête à absorber toute la vitalité qu'elle peut se procurer. Si elle se contente de s'emparer des radiations d'un blanc bleuâtre que toute personne normale émet, elle ne fera pas de mal, car la matière dont ces dernières sont composées a déjà été reçue et employée par la personne dont l'aura est mise à contribution. Mais habituellement, ce ne sont pas seulement ces rayons qui sont absorbés, mais la matière rosée est aussi entraînée au dehors avec l'autre par tous les pores du corps, de sorte que la victime infortunée n'a pas le temps de l'assimiler ; il en résulte qu'un vampire peut priver une personne de toute sa force en une visite de quelques minutes.

Un vampire inconscient de cette espèce est toujours un objet de pitié ; cependant ce serait une grande faute si, par suite de cette pitié, quelqu'un se laissait volontairement épuiser en pensant que, par-là, il a aidé un être qui en avait grand besoin. C'est que le vampire disperse invariablement la substance qu'il a acquise de cette manière néfaste ; cette substance ne fait que le traverser et n'est pas assimilée, de sorte que la soif perpétuelle du vampire n'est jamais étanchée, et essayer de le contenter par un sacrifice abondant, c'est exactement, pour employer un proverbe indien expressif, "verser de l'eau dans un sac percé".

La seule chose à faire pour aider un vampire inconscient, c'est de lui fournir, de lui déverser en *quantité strictement limitée* le prana après lequel il aspire, et de s'efforcer, par le mesmérisme, de rétablir l'élasticité du double éthérique, de façon que la succion perpétuelle et le coulage qui en résulte ne se produisent plus. Un tel coulage, lorsqu'il a lieu, s'échappe invariablement par chaque pore du corps du vampire en raison de son manque d'élasticité éthérique, et non par une déchirure ou une blessure éthérique, comme quelques-uns le supposent.

Une forte coque est un moyen de se préserver d'un semblable vampirisme et pour beaucoup c'est, pour le moment, la seule voie ouverte.

b) En ce qui concerne les personnes d'une santé normale, il n'y a habituellement pas de trouble pour le corps physique resté seul lorsque le corps astral s'en éloigne pendant le sommeil ou dans la transe, car dans le cas peu probable d'une attaque quelconque faite contre le corps, ce dernier rappellerait immédiatement l'âme errante, et l'individu pourrait se défendre. Il ne faut pas oublier que le corps physique a une conscience à lui, une conscience propre tout à fait distincte de celle de l'homme qui l'habite, — une conscience très vague, il est vrai, mais cependant capable de reconnaître lorsque son véhicule est en danger, et de prendre instinctivement les mesures en son pouvoir pour le protéger. J'ai vu moi-même cette conscience se manifester (alors que le propriétaire du corps en avait été chassé à l'aide du protoxyde d'azote administré par un chirurgien) par un cri vague et une tentative de résistance au moment de l'opération, bien que le sujet lui-même ait dit ensuite qu'il n'avait rien senti. Le corps physique restant toujours intimement attaché au corps astral, même lorsque ce dernier en est très éloigné, toute espèce de trouble le menaçant est presque toujours immédiatement communiqué à l'égo, qui accourt promptement pour savoir de quoi il s'agit.

Il y a cependant des gens malheureux et anormaux qui sont sujets aux attaques de certaines entités qui s'emparent d'eux et obsèdent leurs corps, et ces personnes trouvent parfois nécessaire de prendre des mesures énergiques pour rester en possession d'elles-mêmes. Les circonstances, du reste,

peuvent obliger l'étudiant à dormir dans un milieu peu désirable, comme, par exemple, dans un wagon de chemin de
fer, dans le voisinage immédiat ou même en contact physique de gens de type vampire ou répandant de grossières
et répugnantes émanations. Dans l'un ou l'autre de ces cas,
une forte coque éthérique serait le meilleur moyen de tourner la difficulté, quoique l'étudiant puisse créer une forte
forme-pensée animée dans le but de défendre son corps.
Une telle forme-pensée serait rendue plus effective et plus
vivante encore, si un esprit de la nature d'un type approprié
pouvait être amené à y pénétrer et se plaire à en réaliser les
intentions. Mais cela n'est pas encore à la portée de tous les
étudiants.

c) L'infection du corps ne peut se produire qu'au moyen de
germes physiques d'une espèce ou d'une autre, contre lesquels un mur de matière éthérique dense est une sure protection. Il ne faut jamais oublier, cependant, qu'une coque,
tout en servant à préserver des germes morbides, maintient
en même temps en contact intime avec le corps physique
une masse de nos propres émanations dont beaucoup peuvent avoir un caractère nocif.

Dans tous ces cas de défense contre une infection possible, la coque doit être faite de matière éthérique seulement, et celui qui veut la construire doit se rappeler que
son corps éthérique n'a nullement les mêmes dimensions
que les corps astral ou mental. Ces deux derniers adoptent
la forme et la grandeur de la section ovoïde du corps causal,
dont ces caractéristiques seules peuvent se manifester sur
les plans inférieurs. Le corps éthérique, lui, a la forme du
corps physique et sa surface rayonne dans toutes les directions, mais seulement à une très petite distance, soit un peu
moins d'un centimètre environ. Si donc on adopte le plan

de densifier la périphérie de l'aura, la personne qui tente l'expérience doit se rappeler où se trouve cette périphérie et diriger en conséquence le pouvoir de sa volonté. Elle a cependant l'alternative de faire une coque ovoïde de matière éthérique tirée de l'atmosphère ambiante. Ce moyen serait, sous beaucoup de rapports, préférable, mais exigerait un bien plus grand effort de volonté et une connaissance beaucoup mieux définie de la manière dont la matière physique est modelée par elle. Il ne faut pas oublier qu'une coque telle que celle décrite plus haut, encore qu'invisible à la vue ordinaire, n'existe, après tout, que sur le plan physique et ne préservera que d'émanations physiques déterminées. Elle n'empêchera en rien l'accès de pensées errantes ou de vibrations astrales tendant à produire des passions et des émotions de diverses sortes.

Il y a aussi des exemples de gens sensitifs qui ne peuvent se rapprocher de ceux qui souffrent d'une maladie quelconque, sans que leur corps physique reproduise immédiatement les mêmes symptômes. Il n'est pas douteux que, dans de tels cas, une coque éthérique ne soit très utile, attendu que sans elle la personne sensitive est empêchée d'assister les malades, par l'excès même de cette sensibilité anormale. De plus, pour ceux que leurs intérêts obligent à vivre et à agir dans l'horrible tourbillon de notre civilisation moderne, une telle coque peut parfois être utile en donnant aux nerfs harassés la possibilité de se remettre des excitations excessives auxquelles ils sont soumis.

LES BOUCLIERS

Dans quelques cas, on peut avoir recours, non pas à une coque enveloppant tout le corps, mais simplement à un petit bouclier local pour se défendre contre un contact spécial et temporaire. Toutes les personnes sensitives savent souvent que la coutume occidentale des poignées de main cause souvent une impression désagréable, qui dure assez fréquemment des heures après le moment du contact. S'écarter de quelqu'un pour éviter une poignée de main peut être regardé comme une offense, passer pour de l'orgueil ou le sentiment d'une supériorité présomptueuse. La difficulté est habituellement tournée par un effort de la volonté ayant pour objet de couvrir la main droite d'une forte gaine de matière éthérique, de sorte que le sensitif peut subir le contact étranger désagréable sans qu'une seule des particules chargées de mauvais magnétisme pénètre dans son propre corps.

Les boucliers employés parfois contre le feu sont de même nature, mais ils exigent dans leur manipulation une connaissance plus grande de magie pratique. J'ai fait moi-même sur la paume de ma main, pendant une séance de spiritisme un bouclier de cette nature en matière éthérique et cette défense était si effective que, bien qu'il fût trop mince pour être remarqué au moyen des sens, il me permit cependant de tenir dans ma main pendant quelques minutes un charbon ardent auquel on put enflammer un papier. Une application encore plus étendue du même principe est l'enveloppe protectrice assez grande pour recouvrir des cendres ardentes, dans l'expérience si souvent décrite qui consiste à marcher sur le feu [7].

UN AVERTISSEMENT

Les étudiants qui pour une raison quelconque, désirent défendre leur corps physique durant le sommeil, doivent se garder de tomber dans l'erreur commise, il y a quelque temps, par un digne

---

7   Voir *Revue théosophique française*, IXe année (1898-99), l'article sur les *Dompteurs du feu*. (NDT)

membre de notre Société, qui se donna beaucoup de peine pour s'entourer d'une coque particulièrement impénétrable, mais qui au lieu de la construire en matière éthérique, la fit en matière astrale, et, par suite, l'emporta avec lui lorsqu'il quitta son corps physique en s'endormant. Le résultat fut naturellement que ce dernier resta sans protection aucune pendant que lui-même flottait toute la nuit enveloppé d'une triple armure. Il se trouvait ainsi dès lors absolument incapable d'envoyer une seule vibration pour aider qui que ce fût, et de même être aidé lui-même par les pensées d'amour qui auraient pu être dirigées vers lui par des instructeurs ou des amis.

LA COQUE ASTRALE

Les buts qu'on se propose en faisant une coque astrale sont naturellement d'un ordre entièrement différent, puisqu'ils ne se rapportent qu'aux passions et aux émotions. La plupart se rangent dans trois catégories. On peut former une coque autour du corps astral :

a. pour éloigner les vibrations émotionnelles, telles que celles de la colère, de l'envie, de la haine, intentionnellement dirigées par d'autres vers l'étudiant ;

b. pour repousser des vibrations d'un type vil, telles que celles que peuvent provoquer la sensualité, vibrations non nécessairement dirigées avec intention vers l'étudiant, mais simplement flottantes dans l'ambiance et pouvant éventuellement le heurter au cours de la vie ordinaire ;

c. un étudiant peut trouver utile d'environner son corps astral d'une coque spéciale pendant sa méditation, s'il craint d'être troublé par l'intrusion de pensées d'un type bas, entraînant avec elles de la matière astrale propre à provoquer des émotions peu désirables.

Dans l'un ou l'autre de ces cas, l'effort de la volonté devra être dirigé sur la surface du corps astral, et non sur la contrepartie de la matière astrale plus dense qui a exactement la forme du véhicule physique ; l'action doit avoir lieu sur l'œuf entourant l'aura tel qu'il est dépeint dans *L'Homme visible et invisible*. Il faut se rappeler, en ceci et dans tous les autres cas de formation d'une coque, qu'une image mentale bien définie du but proposé doit être formée et que toute la puissance de volonté doit être concentrée pendant au moins quelques minutes sur l'effort nécessaire pour créer la forme en question. Il ne faut pas oublier non plus qu'une telle densification n'est pas, jusqu'à un certain point, naturelle ; c'est-à-dire qu'elle est un groupement artificiel de matière qui ne répond pas normalement au plan ou au cours des choses et que, conséquemment, il y a une tendance naturelle constante à la désintégration de la coque. L'effort de la volonté doit donc faire une impression bien définie, suffisante pour résister, au moins quelques heures, à l'effort en apparence plus considérable mais persistant de la désintégration, autrement la coque deviendra, peu à peu, perméable, trouée et manquera totalement son objet. Une coque, destinée à durer un certain temps, doit être souvent renouvelée, autrement elle s'affaissera.

En ce qui concerne le corps astral, la même chose est à considérer que pour le corps éthérique ; c'est-à-dire que si une coque isole des vibrations de son ordre, elle les garde aussi en elle. L'étudiant qui fait une coque autour de lui-même devrait avoir bien soin de ne la construire que des matériaux des sous-plans inférieurs de l'astral, attendu que c'est exclusivement cette matière-là qui répond aux vibrations basses en rapport avec la sensualité, la méchanceté, la haine, l'envie et toutes les passions ignobles. Les plus belles émotions, au contraire, s'expriment toujours par la matière des sous-plans supérieurs. Il est tout à fait inutile que de la matière de cette dernière espèce soit employée pour une coque et, en réalité, l'effet, si une telle matière était employée, en serait très peu satisfaisant, attendu qu'elle éloignerait du sujet tous les courants d'affectueuse sympathie et d'assistance qui pourraient être dirigés vers lui, et qu'en second lieu ce sujet serait lui-même incapable, tant qu'il serait dans ces conditions, d'envoyer des courants semblables à ses amis et aux autres.

On peut se demander s'il est possible à l'homme ordinaire ou à l'étudiant novice de savoir quelle espèce de matière astrale il emploie dans la confection de sa coque. La réponse est que, après tout, cela n'est pas plus difficile que l'idée de faire une coque, le tout est d'imaginer fortement ce qu'on veut produire. S'il doit faire une coque de matière astrale, il doit d'abord penser aux limites de son aura astrale et ensuite commencer à en densifier la matière sur tous ces points. On peut donc décrire le processus comme un *emploi intelligent de l'imagination*. En fait, cette imagination doit être, avec un peu plus d'effort, dirigée vers la conception que le corps astral comprend sept degrés de matière différant en densité, puis, la volonté incitée ensuite à choisir ou à susciter et orienter uniquement les matériaux qui conviennent, de façon à en former exclusivement la coque voulue, et, bien que l'étudiant soit incapable de voir par la clairvoyance le résultat de son effort, il ne doit pas douter de l'effet produit ni qu'aucune matière autre que celle à laquelle il a pensé ne soit directement influencée par les courants qu'il peut envoyer.

LA COQUE MENTALE

La coque faite autour du corps mental diffère de celle du plan astral sous ce rapport qu'elle n'a plus pour objet de prévenir les émotions peu désirables, mais les pensées plus ou moins douteuses. Une fois de plus il y a trois cas principaux à considérer dans lesquels une telle coque peut être utile :

a. dans la méditation;

b. à l'approche du sommeil;

c. dans des conditions spéciales où, sans son aide, des pensées basses s'imposeraient vraisemblablement.

a. La fonction de la coque mentale dans la méditation est d'éloigner la masse des pensées inférieures qui flottent perpétuellement dans l'atmosphère. Aucune coque, naturellement, ne peut arrêter les pensées errantes qui s'élèvent dans le propre esprit de l'homme; mais la plupart de nos pensées errantes sont amenées par l'impact en nous, le choc extérieur des pensées flottantes, venant d'autres personnes, et l'intrusion de ces dernières peut être empêchée par une coque. Mais ici encore il est très nécessaire que la seule matière mentale *inférieure* soit employée à la confection d'une telle coque, car autrement les pensées secourables qui se sont élevées pourraient être exclues ou les propres pensées de l'homme pourraient être empêchées d'arriver jusqu'au Maître.

b. Bien des gens sont troublés par des courants de pensées vagabondes lorsqu'ils essaient de s'endormir, et une coque mentale les délivrera de celles qui viennent du dehors. Une telle coque doit être temporaire puisque tout ce qu'on demande, c'est un intervalle de tranquillité suffisant pour s'endormir. Cette coque de matière mentale est quittée par la personne lorsqu'elle quitte son corps physique, mais son œuvre sera alors accomplie, puisqu'elle avait pour objet de permettre de quitter ce corps. Le courant de pensées oiseuses ou de tourment mental reparaîtra lorsque la coque abandonnée se sera brisée, mais comme la conscience de la personne aura alors quitté son cerveau physique, cela ne gênera en rien le reste du corps. Aussi longtemps que l'égo est dans le corps physique, l'action du mental affecte les particules du cerveau et y provoque une activité telle qu'il est impossible à la personne de quitter le véhicule physique ; mais lorsqu'il en est éloigné, le même tourment et les mêmes pensées errantes ne l'y ramènent pas.

c. Le troisième cas est celui dans lequel certains groupes de pensées dont les unes sont désirables et les autres non, semblent liés ensemble ; c'est ainsi qu'une dévotion profonde et une certaine forme de sensualité sont fréquemment presque inextricablement mêlées. Une personne troublée par cette désagréable occurrence peut recueillir le bénéfice de sa dévotion sans souffrir des mauvais effets de la sensualité en entourant son corps mental d'une coque mentale rigide, ne tablant toutefois qu'avec les sous-plans inférieurs, car de cette manière elle exclura les influences inférieures tout en permettant aux supérieures de s'exercer sans entraves. Ceci n'est naturellement qu'un exemple entre beaucoup d'autres qui se rencontrent dans le monde.

LE MEILLEUR EMPLOI D'UNE COQUE

Lorsqu'une coque doit être faite, la méthode que j'ai indiquée ci-dessus est probablement la plus facile pour y arriver, mais il y a encore une autre considération à savoir si, après tout, la coque est ou non une chose désirable. Elle a ses emplois ; en réalité elle est éminemment nécessaire en tant qu'appliquée aux autres. L'individu qui peut agir en Aide invisible la trouve souvent désirable lorsqu'il tente de secourir quelque pauvre âme harassée, qui n'a pas encore la force de se défendre elle-même contre des attaques définies et intentionnelles du dehors, ou contre le tourbillon toujours présent des pensées errantes et épuisantes. Mais penser à employer une coque pour soi-même, c'est, dans une certaine mesure, un aveu de faiblesse ou de défectuosité, car il semble peu douteux que si nous étions tous ce que nous devrions être, nous n'aurions pas besoin de protection de cette nature.

UNE JOLIE ANECDOTE

Une jolie petite histoire, empruntée aux traditions de l'Église chrétienne, vient très heureusement illustrer ce qui précède. On raconte que, quelque part dans le désert, au sud d'Alexandrie, il y avait autrefois un monastère dont l'abbé avait le don de clair-voyance. Parmi ses moines, il y avait deux jeunes hommes qui jouissaient d'une grande réputation de pureté et de sainteté, vertus qui devraient être communes à tous les moines, ce qui n'est pas toujours le cas. Un jour qu'ils chantaient au chœur, il advint que l'abbé dirigea sa faculté de clairvoyance sur les deux jeunes gens pour découvrir comment ils faisaient pour conserver cette pureté au milieu des tentations de la vie journalière. Il examina donc le premier et vit qu'il s'était entouré d'une coque de cristal brillant, et que lorsque les démons tentateurs (formes-pensées impures, di-rions-nous), venaient l'assaillir, ils se heurtaient à sa coque et re-tombaient sans lui faire de mal, de sorte que, à l'intérieur de cette enveloppe protectrice comme dans une forteresse, il restait calme, froid et pur. Alors l'abbé examina le second jeune moine et vit que ce dernier n'avait pas construit de coque autour de sa personne, mais que son cœur était tellement rempli de l'amour de Dieu que cet amour s'échappait perpétuellement de lui dans toutes les di-rections sous forme de torrent d'amour pour ses semblables. Et il arrivait que lorsque les démons tentateurs se précipitaient sur lui, ils étaient emportés par ce courant puissant et que le jeune moine restait ainsi pur et sans souillure. On ajoute que l'abbé déclara que le second moine était plus près du royaume du ciel que le premier.

LE MEILLEUR MOYEN

Il se pourrait bien que beaucoup d'entre nous n'aient pas atteint le niveau du jeune moine; cette histoire met du moins devant les yeux un idéal plus élevé que celui de notre propre préservation et nous pouvons ainsi apprendre quelque chose. Il faut cependant que nous nous gardions soigneusement du sentiment de supériorité ou de séparativité; il faut que nous évitions le danger de trop penser à nous; il faut que nous nous tenions sans cesse dans un état d'expansion, que nous soyons actifs et non passifs. Lorsque nous rencontrons une personne, l'attitude à prendre n'est pas "Comment puis-je me défendre contre elle?" mais plutôt "Que puis-je faire pour elle?" C'est cette dernière attitude qui met en jeu les forces supérieures, parce qu'elle reflète l'attitude du Logos. C'est lorsque nous donnons que nous devenons aptes à recevoir, et que nous sommes les canaux de la puissante force du Logos lui-même.

Nous n'avons pas même besoin de nous préoccuper à l'excès du progrès personnel. On peut être si complètement absorbé par l'idée : "Comment puis-je avancer?" qu'on en oublie entièrement la question plus importante "Que puis-je faire pour aider?".

Il y a quelques bons frères, même parmi les meilleurs d'entre nous, qui sont si perpétuellement occupés à s'examiner, quant à leurs progrès propres, qu'ils rappellent forcément ces enfants qui lorsqu'on leur a assigné un coin de jardin spécial, arrachent constamment les plantes pour voir les progrès des racines. Cette inquiétude excessive est un très réel danger, car il y a beaucoup de gens qui alors qu'ils accomplissent les plus belles actions altruistes, ne se sentent jamais sûrs que leurs intentions sont réellement désintéressées, puisqu'ils se demandent s'ils ne sont pas mus par le désir égoïste de s'éviter le désagrément de voir la peine chez les autres. De tels frères devraient se souvenir que l'examen propre *peut* dégénérer en une introspection morbide, alors que le but principal devrait être de s'orienter vers la bonne direction et d'avancer ensuite hardiment. Ils devraient, pour revenir sur l'histoire précitée, d'abord remplir leurs cœurs de l'amour de Dieu, puis, sans gaspiller leur temps à chercher si cet amour croît ou diminue, porter toute leur attention vers l'expression pratique de cet amour envers leurs semblables. Il faut savoir qu'une telle expansion est non seulement infiniment plus efficace que n'importe quelle coque, mais encore qu'elle est un placement à intérêts fabuleux. Car l'homme qui, par altruisme, ne songe pas aux résultats, est précisément celui qui produit le plus grand de tous les résultats.

Nous avons lu ce que dit la donnée théosophique de la magnifique abnégation des Nirmanakayas, qui, ayant acquis le droit, pour des siècles sans nombre, au repos dans une inexprimable félicité, ont cependant choisi de rester en contact avec la terre afin de pouvoir employer leur temps à générer des courants incalculables de force spirituelle, qui sont reçus dans un puissant réservoir pour être employés à aider l'évolution de leurs semblables moins développés. À la grande Hiérarchie des Adeptes est confiée la dispensation de cette force pour le bien de la "grande orpheline", l'humanité, et c'est là que ces derniers la puisent (ainsi que leurs disciples, sous leur direction), lorsque c'est nécessaire. En vain essayerions-nous de mesurer la distance qui nous sépare des perfections merveilleuses des Nirmanakayas ; cependant il est vrai qu'il est en notre pouvoir d'ajouter une goutte infime au contenu de ce puissant réservoir, car toutes les fois que nous épandons de nous-même de l'amour ou du dévouement exempts de toute pensée égoïste, nous produisons des résultats dépassant de beaucoup notre portée. Toute affection et tout dévouement, si nobles soient-ils, qui contiennent en eux la moindre pensée de retour sur soi, projettent leur force suivant des courbes fermées qui reviennent sur ceux qui les ont générés, et le Karma, créé par une telle force, attache l'homme à une nouvelle naissance, afin qu'il puisse en recevoir le résultat aussi sûrement que si le Karma était mauvais.

Mais lorsque nous nous sommes absolument oubliés, lorsque la courbe n'est plus fermée, mais ouverte, le Karma ne lie plus l'homme à la terre. Cependant l'effet est produit, à un point même que notre imagination ne peut envisager, car cette courbe ouverte va jusqu'au Logos et c'est du Logos même que vient la réponse. Cette réponse amène inévitablement aussi son résultat pour l'homme d'amour et de dévouement, mais elle ajoute en même temps de la force spirituelle au grand réservoir des Adeptes. Ainsi donc, l'expansion de l'amour est une meilleure protection que la coque la plus solide, et l'homme rempli du pouvoir de cet amour divin n'a pas besoin de protection, parce qu'il vit dans le cœur même du Logos.

FIN DU TOME PREMIER

TABLE DES MATIÈRES

PREMIÈRE SECTION

Un aperçu plus vaste. — La quatrième dimension. —
Le monde supérieur. — Le but de la vie.

DEUXIÈME SECTION
COMMENT NOUS SOMMES INFLUENCÉS

Les radiations. — La divinité du système solaire. —
Les différents types de matière. — Les centres de vie.
— Leur influence. — La liberté d'action.

La chaleur du soleil. — Les feuilles de saule. — La
vitalité. — Le globule de vitalité. — L'absorption de
la vitalité. — Vitalité et santé. — Vitalité n'est pas
magnétisme.

Charles Webster Leadbeater
(16 février 1854 - 1ᵉʳ mars 1934)

Charles Webster Leadbeater était un membre influent de la Société Théosophique, auteur de sujets occultes et co-initiateur de l'Église Catholique Libérale. À l'origine un prêtre de l'Église d'Angleterre, son intérêt pour le spiritualisme l'a amené à mettre fin à son affiliation à l'Anglicanisme en faveur de la Société Théosophique où il s'associa à Annie Besant. Leadbeater a écrit plus de 69 livres et brochures. Ses efforts en faveur de la société lui ont assuré son statut d'un de ses principaux membres jusqu'à sa mort en 1934.

www.ingramcontent.com/pod-product-compliance
Lightning Source LLC
Chambersburg PA
CBHW072033090426
42733CB00032B/1244